Werner Tappert

Geomarketing in der Praxis

Diesen Titel zusätzlich als **E-Book** erwerben und **60 %** sparen!

Als Käufer dieses Buchs haben Sie Anspruch auf ein besonderes Angebot. Sie können zusätzlich zum gedruckten Werk das E-Book zu 40 % des Normalpreises erwerben.

Zusatznutzen:
– Vollständige Durchsuchbarkeit des Inhalts zur schnellen Recherche.
– Mit Lesezeichen und Links direkt zur gewünschten Information.
– Im PDF-Format überall einsetzbar.

Laden Sie jetzt Ihr persönliches E-Book herunter:
– **www.vde-verlag.de/ebook** aufrufen.
– **Persönlichen, nur einmal verwendbaren E-Book-Code** eingeben:

537686NJ9NHT5SHX

– E-Book zum Warenkorb hinzufügen und zum Vorzugspreis bestellen.

Hinweis: Der E-Book-Code wurde für Sie individuell erzeugt und darf nicht an Dritte weitergegeben werden. Mit Zurückziehung des Buchs wird auch der damit verbundene E-Book-Code ungültig.

Werner Tappert

Geomarketing in der Praxis

Grundlagen – Einsatzmöglichkeiten – Nutzen

2., neu bearbeitete und erweiterte Auflage

Alle in diesem Buch enthaltenen Angaben, Daten, Ergebnisse usw. wurden vom Autor nach bestem Wissen erstellt und von ihm und dem Verlag mit größtmöglicher Sorgfalt überprüft. Dennoch sind inhaltliche Fehler nicht völlig auszuschließen. Daher erfolgen die Angaben usw. ohne jegliche Verpflichtung oder Garantie des Verlags oder des Autors. Sie übernehmen deshalb keinerlei Verantwortung und Haftung für etwa vorhandene inhaltliche Unrichtigkeiten.

Das Werk ist urheberrechtlich geschützt. Jede Verwertung außerhalb der engen Grenzen des Urheberrechtsgesetzes ist ohne Zustimmung des Verlags unzulässig und strafbar. Das gilt insbesondere für Vervielfältigungen, Übersetzungen, Mikroverfilmungen und die Einspeicherung und Verarbeitung in elektronischen Systemen. Die Wiedergabe von Gebrauchsnamen, Handelsnamen, Warenbeschreibungen etc. berechtigt auch ohne besondere Kennzeichnung nicht zu der Annahme, dass solche Namen im Sinne der Markenschutz-Gesetzgebung als frei zu betrachten wären und von jedermann benutzt werden dürfen. Aus der Veröffentlichung kann nicht geschlossen werden, dass die beschriebenen Lösungen frei von gewerblichen Schutzrechten (z. B. Patente, Gebrauchsmuster) sind. Eine Haftung des Verlags für die Richtigkeit und Brauchbarkeit der veröffentlichten Programme oder Anleitungen sowie für die Richtigkeit des technischen Inhalts des Werks ist ausgeschlossen.

Bibliografische Information der Deutschen Nationalbibliothek
Die Deutsche Nationalbibliothek verzeichnet diese Publikation in der Deutschen Nationalbibliografie; detaillierte bibliografische Daten sind im Internet über http://dnb.dnb.de abrufbar.

Dieses Buch wird herausgegeben in Kooperation von der Bernhard Harzer Verlag GmbH und Wichmann, einer Marke der VDE VERLAG GMBH.

© 2021 Wichmann, eine Marke der VDE VERLAG GMBH, und Bernhard Harzer Verlag GmbH

VDE VERLAG GMBH · Berlin · Offenbach
Bismarckstr. 33, 10625 Berlin, www.vde-verlag.de · www.wichmann-verlag.de

ISBN 978-3-87907-686-4 (Buch)
ISBN 978-3-87907-687-1 (E-Book)

Bernhard Harzer Verlag GmbH, Karlsruhe
Ludwig-Marum-Straße 37, 76185 Karlsruhe, www.harzer.de

Titelmotive: easymap © Kartengrafiken: eigene Darstellungen des Autors, Foto Einkaufszentrum: © stock.adobe.com (Andris Piebalgs), Grafik „Zielgruppe – Target – Erfolg": © stock.adobe.com (peterschreiber.media)

Satz: Reemers Publishing Services GmbH, Krefeld
Druck und Bindung: CPI books GmbH, Leck
Printed in Germany   2021-01

Vorwort

Bei einer großen Zahl unternehmerischer Planungen und Entscheidungen – insbesondere, aber nicht nur in Marketing und Vertrieb – spielt der Raumbezug eine zentrale Rolle. Standorte, Erreichbarkeiten, Vertriebsgebiete und viele weitere geographische Gegebenheiten und raumbezogene Strukturen sind zu berücksichtigen, wenn strategische Entscheidungen zu treffen sind. Geoinformationssysteme werden deshalb in Bereichen wie Standort-, Filialnetz- und Expansionsplanung, Marktforschung, Wettbewerbsbeobachtung, Absatzplanung, Außendienststeuerung, Vertriebsoptimierung, Mediaplanung und Werbemittelstreuung eingesetzt. Man spricht von Geomarketing. Gemeint ist nichts anderes als die Digitalisierung des klassischen Marketing durch den Einsatz von Geoinformationssystemen und damit durch das konsequente Einbeziehen der räumlichen Dimension bei entsprechenden Entscheidungen. Kenner sehen darin für das moderne Unternehmen den Schlüssel zur erfolgreichen Marktpräsenz – regional, national und international.

Geomarketing ist ein interdisziplinäres Wissensgebiet im Grenz- und Überschneidungsbereich zwischen Wirtschaftswissenschaften (insbesondere Betriebswirtschaftslehre), Geographie, Geoinformatik, Informatik und Statistik. Einen interdisziplinären Studiengang „Geomarketing" oder eine Berufsausbildung zum „Geomarketer" gibt es in Deutschland leider nicht. In Wirtschaftsgeographie, Geoinformatik und Betriebswirtschaftslehre wird das Thema meist nur am Rande gestreift. Lediglich an der Hochschule Karlsruhe gibt es seit einigen Jahren die Vertiefungsrichtung „Geomarketing" im Rahmen des Bachelorstudiengangs „Geoinformationsmanagement". Wer also heute Geomarketing anwenden möchte und nicht gerade in Karlsruhe diesen speziellen Studiengang absolviert hat, der bringt aufgrund seiner Ausbildung bzw. seines Studiums nur einen Teil des benötigten Wissens mit. Den Rest muss er sich aneignen – aber woher? Dem Geographen fehlen i. d. R. die betriebswirtschaftlichen Kenntnisse, der Betriebswirt hat oft keinen geographischen Background; beide haben meist nur Grundkenntnisse in der Informatik. Der Informatiker muss sich erst einmal in Geographie und Marketing „hineindenken". Ein Geoinformatiker ist vermutlich aufgrund seines Studiums von allen noch „am nächsten" dran am Thema Geomarketing, denn er hat Geoinformationssysteme im Rahmen seines Studiums kennengelernt und weiß, raumbezogene Daten adäquat zu nutzen – allerdings nicht primär im betriebswirtschaftlichen Umfeld. Die „Denke" der Marketing- oder Vertriebsspezialisten wird ihm weniger vertraut sein.

Genau hier möchte ich mit diesem Buch ansetzen. Ich stütze mich dabei auf meine Erfahrung aus 36 Berufsjahren im Geomarketing, in denen ich zusammen mit meinen Mitarbeitern Geomarketing-Software, digitale Karten und maßgeschneiderte Lösungen entwickelt und in zahlreichen Beratungsprojekten raumbezogene Unternehmensdaten und Marktdaten gegenübergestellt habe, um daraus z. B. Schlüsse für eine Vertriebsoptimierung oder Vertriebsreorganisation zu ziehen. Fasziniert hat mich dabei immer die große Vielfalt der Einsatzmöglichkeiten von Geomarketing: Nutzer von Geomarketing-Lösungen finde ich heute in nahezu allen Branchen – bei Global Playern ebenso wie im Mittelstand. Unglaublich groß ist auch das Spektrum der Nutzungsmöglichkeiten. Einige typische Anwendungsbeispiele aus der Praxis habe ich in Kapitel 4 beschrieben. Die Beispiele sollen den Leser anregen, eigene Ideen für den Geomarketing-Einsatz zu entwickeln und erfolgreich umzusetzen.

Während sich die deutschsprachige Literatur zum Thema Geomarketing eher auf B2C-Märkte und Mikromarketing konzentriert, lege ich Geomarketing umfassender aus und beziehe B2B-Märkte gleichwertig mit ein.

Mit diesem Buch möchte ich eine praxisnahe Einführung in das Thema Geomarketing bereitstellen und Geomarketing-spezifisches Know-how vermitteln. Das Buch liefert das notwendige Grundlagenwissen, um Geomarketing zu verstehen und erfolgreich zu nutzen. Es stellt keine Marktübersicht über verfügbare Lösungen dar; dies würde den Rahmen dieses Werks sprengen. Wenn an manchen Stellen dennoch konkrete Lösungen zu bestimmten Fragestellungen dargestellt werden, so dient dies lediglich zur Illustration und ist somit immer nur exemplarisch zu verstehen, also keineswegs als Empfehlung des Autors für eine bestimmte Lösung oder einen bestimmten Anbieter.

Gegenüber der ersten Auflage dieses Buchs wurden folgende Themen neu aufgenommen: Grundlagen: geometrische Operationen in Geoinformationssystemen; Nutzungsmöglichkeiten von Mobile Data und IP-Targeting; Abgrenzung von Geomarketing gegenüber Google Maps, Business Intelligence, CRM, Tourenplanung u. a.; die europäische Datenschutz-Grundverordnung (DSGVO); Geomarketing bei Werbung in sozialen Medien und im Adressable TV; Energie-Geographie und Geomarketing.

Das Buch wendet sich an Verantwortliche in den angesprochenen Unternehmensbereichen, die sich solides Grundlagenwissen über Geomarketing aneignen möchten. Es wendet sich aber gleichermaßen auch an interdisziplinär interessierte Studierende der Betriebswirtschaftslehre, Geographie und Informatik, die sich auf ihre berufliche Zukunft in einem Tätigkeitsfeld vorbereiten möchten, das viel Entwicklungspotenzial bietet. Spezielle Vorkenntnisse sind nicht erforderlich.

Bonn, im November 2020 *Werner Tappert*

Danksagung

Mein besonderer Dank gilt der Lutum+Tappert DV-Beratung GmbH, die mir ihre Software easymap © für die Erstellung von Kartengrafiken für dieses Buch zur Verfügung gestellt hat, sowie der infas360 GmbH, die mir für den gleichen Zweck ihre Kaufkraftdaten bereitgestellt hat. Außerdem bedanke ich mich bei all den Experten, die mich mit ihrem Fachwissen und ihrer Erfahrung beim Schreiben dieses Buchs unterstützt haben und mir Material dafür zur Verfügung gestellt haben.

Inhaltsverzeichnis

Vorwort	....	5
Danksagung	....	7
1	**Grundlagen**	13
1.1	Einleitung	13
1.2	Unternehmens- und Wirtschaftsdaten mit räumlichem Bezug	16
1.3	Was ist Geomarketing?	17
1.4	Geomarketing und Mikromarketing	20
1.5	Aufbau eines Geomarketing-Systems	20
1.6	Geodaten	22
1.6.1	Vektor- und Rasterkarten	22
1.6.2	Flächenhafte regionale Gliederungen in Deutschland	23
1.6.3	Flächenhafte regionale Gliederungen in Österreich	42
1.6.4	Flächenhafte regionale Gliederungen in der Schweiz	48
1.6.5	Straßen und Gebäude als Raumbezug	53
1.6.6	Bezugsquellen	54
1.7	Sachdaten	54
1.7.1	Unternehmensinterne Daten	56
1.7.2	Regionalisierte Marktdaten	57
1.7.3	Amtliche Statistik	58
1.7.4	Daten von Marktforschungsinstituten	62
1.7.5	Adressdaten	68
1.7.6	Daten von Verbänden	68
1.7.7	Mobile Daten	69
1.7.8	Lokalisierung von Internetnutzern mittels IP Geotargeting	71
2	**Methodik**	73
2.1	Geocodierung und räumliche Referenzierung	73
2.1.1	Geocodierung	74
2.1.2	Räumliche Referenzierung	76
2.2	Datenaggregation und Disaggregation	77
2.2.1	Aggregation	77
2.2.2	Disaggregation	78
2.3	Berechnung der regionalen Marktausschöpfung	78

2.4	Digitale Konstruktion von Gebietsgrenzen	80
2.4.1	Gebietsaggregation	80
2.4.2	Voronoi-Polygone zur Überführung von Kundenzuordnungen in Vertriebsgebiete	81
2.5	Geometrische Analysen: Verschneidungen, Puffer, Isochronen, Routen und mehr	86
2.6	Visualisierung von Unternehmensdaten und Marktdaten mittels Karten	94
2.6.1	Standortdarstellungen mit Symbolkarten	95
2.6.2	Datendarstellung durch Flächenfärbung	100
2.6.3	Diagrammkarten und weitere Darstellungsformen	109
2.6.4	Dokumentation von räumlichen Organisationsstrukturen	111
3	**Leitfaden zum Einsatz von Geomarketing**	**123**
3.1	Einbettung in die Unternehmens-Organisation	123
3.2	Einbettung in die Unternehmens-IT	124
3.3	Weitere IT-Lösungen mit Raumbezug	127
3.3.1	Geo Intelligence	127
3.3.2	Internet-Kartendienste	128
3.3.3	CRM	129
3.3.4	Besuchs- und Tourenplanung	129
3.4	Rechtliche Aspekte	130
3.4.1	Datenschutz	130
3.4.2	Arbeitsrecht	132
3.5	Praxistipps	133
4	**Anwendungsbeispiele aus der Praxis**	**137**
4.1	Marktbeobachtung	137
4.1.1	Preisvergleiche	137
4.1.2	Gewonnene und verlorene Kunden	142
4.1.3	Einzugsbereichs- und Kundenstrukturanalysen mittels PLZ-Abfrage an der Kasse	144
4.2	Außendienststeuerung und Vertriebsorganisation	146
4.2.1	Vertriebsstrategieentwicklung	147
4.2.2	Gebietsorganisation und Gebietsdokumentation	149
4.2.3	Gebietsoptimierung für den Vertriebsaußendienst	152
4.3	Standort- und Filialnetzplanung	162
4.3.1	Die Standorte der Tankstellen und Raststätten an den Autobahnen	166
4.3.2	Standortplanung für die DHL Packstationen	169
4.3.3	Die Planung von Standorten für Marketing-, Vertriebs- und PR-Events	171

4.4	Mediaplanung	173
4.4.1	Werbung in Tageszeitungen und Anzeigenblättern	174
4.4.2	Radiowerbung	179
4.4.3	Adressable TV	180
4.4.4	Postalische Werbung, E-Mail- und Social-Media-Marketing	181
4.5	Mikromarketing	183
4.5.1	Mikrogeographische Marktsegmentierung	183
4.5.2	Sinus-Milieus® in der Mikrogeographie und Limbic® Geo Types	185
4.5.3	Mikrogeographische Scoringmodelle	188
4.5.4	CASA Consumer – eine hausgenaue mikrogeographische Marktdatenbank	189
4.5.5	Bewertung von Out-of-Home-Medien	189
4.6	Energiegeographie und Geomarketing	191
4.6.1	Die Bedeutung des Raumbezugs beim Vertrieb von Strom und Gas	191
4.6.2	Der Wettbewerb um Konzessionen zum Betrieb von Strom- und Gasverteilnetzen	192

Schlusswort ... 195

Anhang ... 197
- A1 Literatur- und Quellenverzeichnis ... 197
- A2 Abbildungsnachweis ... 201

1 Grundlagen

1.1 Einleitung

In manchen Unternehmen werden Verkaufsgebiete auch heute noch von Hand verteilt. Da steht der Vertriebsleiter vor der Deutschlandkarte; Stecknadeln kennzeichnen Kundenstandorte; sie haben das Kartenbild längst zerstochen. Einige Stecknadeln liegen am Boden, aber nicht, weil einige Kunden „fallen gelassen" wurden, sondern weil die Reinigungskraft unachtsamerweise mit dem Besenstiel an die Karte gekommen ist. Grenzen der Verkaufsgebiete sind mit dem Markerstift eingezeichnet. Spätestens nach der dritten Änderung herrscht Chaos. Man fragt sich: Gelten jetzt eigentlich die Grenzen in Rot, Blau oder Grün?

In anderen Unternehmen wurde der Gebietsschutz für freie Handelsvertreter durch Postleitzahllisten im Vertrag dokumentiert. Stellt man aber einmal die Postleitzahllisten aller Handelsvertreter mit einem Geoinformationssystem gemeinsam in einer Karte dar, so erkennt man, dass die Gebietsorganisation grob fehlerhaft ist und der „Gebietsschutz" keineswegs gewährleistet ist, denn einige Postleitzahlen erscheinen in den Listen mehrerer Handelsvertreter; andere Postleitzahlen erscheinen bei keinem Handelsvertreter, obwohl man glaubt, Deutschland komplett abgedeckt zu haben.

Sieht es bei Ihnen ähnlich aus? Dann wird es Zeit, sich mit Geomarketing zu beschäftigen!

Oder sieht es bei Ihnen ganz anders aus? Vielleicht so, wie es kürzlich der Vertriebsleiter eines mittelständischen Unternehmens formulierte: „Bei uns ist die IT bestens aufgestellt. Die betriebswirtschaftlichen Daten liegen im SAP-System, im Vertrieb läuft ein CRM-System und der Außendienst nutzt selbstverständlich Routenplaner und das Navi im Fahrzeug. Wozu braucht man da Geomarketing?"

Die Antwort: Der immer härter werdende Wettbewerb, Kostendruck im Vertrieb und die Globalisierung zwingen dazu, auch in Marketing und Vertrieb alle Potenziale zur Effizienzsteigerung zu mobilisieren. Dies gilt nicht nur für die Mediaplanung, also die Auswahl von Werbeträgern mit räumlich begrenzter Reichweite. Auch bei der Expansion, beim Erschließen neuer Märkte, beim Etablieren neuer Vertriebswege, bei der Vertriebsreorganisation ist es unerlässlich, die räumlichen Aspekte in ihre Marketing- und Vertriebsstrategien mit einzubeziehen, um Planungsfehler zu vermeiden und von Anfang an effizient zu arbeiten.

Hier bietet sich ein Vergleich zum Profisport an. Zum Instrumentarium eines Profitrainerstabs gehören heute selbstverständlich auch moderne Methoden aus der Informatik. Um die Stärken und Schwächen der eigenen Mannschaft und des Gegners zu analysieren, werden z. B. Fußballspiele elektronisch aufgezeichnet und ausgewertet (s. Abb. 1.1).

1 Grundlagen

Abb. 1.1 Elektronische Spielanalyse der deutschen Fußball-Nationalmannschaft

Die so entstandenen Bewegungsprofile nutzt der Trainer, um Schwächen der eigenen Mannschaft zu erkennen und zu eliminieren und Schwächen der gegnerischen Mannschaft zum eigenen Vorteil auszunutzen. Die Aufgabe eines Vertriebsleiters hat in dieser Hinsicht gewisse Ähnlichkeiten mit der Aufgabe eines Trainers: Auch der Vertriebsleiter muss seine Außendienstmannschaft zum Erfolg führen. Er muss die Leistung seiner Mannschaft optimieren, Schwächen erkennen und beseitigen und nicht genutzte Potenziale mobilisieren. Auch eine Außendienstmannschaft bewegt sich in einem genau abgegrenzten „Spielfeld", denn ein Außendienstmitarbeiter hat meist ein genau festgelegtes Reisegebiet. In diesem „Spielfeld" begegnet er regelmäßig dem Wettbewerb als Gegner. Stellen Sie sich Ihre letzte Vertriebsoffensive vor. Mit Geomarketing könnten Sie die „Spielfeldaufteilung" Ihrer Außendienstmannschaft so grafisch darstellen, wie in Abbildung 1.2 dargestellt.

Welche Schlüsse müssten Sie als Vertriebsleiter ziehen, wenn die Geomarketing-Analyse Ihrer Außendienstmannschaft wie folgt lauten würde:

- Zu oft steht meine Mannschaft im Abseits.
- Wir dringen zu selten in den Strafraum der Gegner vor.
- Zu viele Angriffe werden durch die Mitte vorgetragen. Zu wenig kommt über die Außenbahnen.
- Die rechte Abwehrseite ist die Schwachstelle. Hier kommt der Gegner am häufigsten zum Erfolg.

1.1 Einleitung

Abb. 1.2 Raumaufteilung der Vertriebsmannschaft

Dieses Beispiel lässt erahnen, dass Geomarketing bei Steuerung und Controlling von Marketing und Vertrieb helfen kann, ungeahnte Reserven zu mobilisieren. Ein interessanter Zusatznutzen des Geomarketing ergibt sich übrigens auf einem „Nebenkriegsschauplatz": Mit Geomarketing können Sie Ihre Bank besser davon überzeugen, dass Ihr Unternehmen auch in Marketing und Vertrieb optimal aufgestellt ist und z. B. auch dort über fundierte Marktanalysen und präzises Controlling verfügt.

Wer Geomarketing richtig einsetzt, kann also mehrfachen Nutzen erwarten:

- Effizienzsteigerung in Marketing und Vertrieb
  (Umsatzsteigerung, Erhöhung der Marktanteile, Kostensenkung)
- Risikominimierung bei unternehmerischen Entscheidungen
- Handfeste Wettbewerbsvorteile gegenüber Mitbewerbern
- Höhere Motivation der Mitarbeiter

Kontinuierlich und kompetent angewendet unterstützt und sichert Geomarketing nachhaltig den Unternehmenserfolg.

1.2 Unternehmens- und Wirtschaftsdaten mit räumlichem Bezug

Nach einer weit verbreiteten These besitzen rund 80 Prozent aller Unternehmens- und Wirtschaftsdaten einen Raumbezug. Folglich hat eine dementsprechend große Zahl an unternehmerischen Entscheidungen einen räumlichen Bezug. In Marketing und Vertrieb hat der räumliche Bezug deutlich höhere Relevanz als im Durchschnitt aller unternehmerischen Entscheidungen.

Häufig ist der räumliche Bezug durch die Adresse von Standorten gegeben:

- Kunden
- Verkaufsstandorte
- Filialen
- Vertriebsbüros
- Wohnsitze der Außendienstmitarbeiter
- Produktionsstandorte
- Lager
- Standorte der Wettbewerber
- Standorte von Werbeträgern (Kino, Plakat etc.)

Gerade in Marketing und Vertrieb spielen oft auch flächenhafte Raumbezüge eine Rolle. Dies gilt z. B. für die Gebiete, die sich durch regional abgegrenzte Zuständigkeiten innerhalb des Unternehmens und bei Handels- und Vertriebspartnern ergeben:

- Niederlassungen
- Regionaldirektionen
- Vertriebsgebiete
- Filialbereiche
- Arbeitsgebiete der Außendienstmitarbeiter
- Franchisegebiete
- Vertragsgebiete von freien Handelsvertretern und Agenten
- Liefergebiete

In einigen Branchen sind zusätzlich politische Grenzen oder Verwaltungsbezirke zu beachten:

- Regierungsbezirke, Kreise und Gemeinden z. B. in der Bau- und Entsorgungsbranche
- Zulassungskreise in der Kfz-Branche
- Die Bezirke der kassenärztlichen Vereinigungen in der Pharma-Branche

In anderen Branchen sind Gebiete und Grenzen zu berücksichtigen, die technisch bedingt sind, z. B.:

- Die Netzgebiete der Strom- und Gasnetzbetreiber in der Energieversorgung sowie bei deren Zulieferern
- Die Telefon-Vorwahlbezirke (AVON) beim Telefonmarketing und bei der Callcenter-Organisation

Weitere marketing- oder vertriebsrelevante Unternehmens- und Wirtschaftsdaten mit Raumbezug sind z. B.:

- Einzugsgebiete (von Verkaufsstandorten, Veranstaltungsorten etc.)
- Verbreitungsgebiete der Werbeträger
- Zustellbezirke (Tageszeitungen, Prospektverteilung)
- Tourenpläne für den Außendienst

Angesichts dieser Fülle an Daten mit räumlichen Bezügen ist es mehr als nahe liegend, bei unternehmerischen Planungen und Entscheidungen räumliche Informationen durch entsprechende Methoden angemessen zu berücksichtigen.

Microsoft hat bei Untersuchungen festgestellt, dass Entscheidungen deutlich schneller getroffen werden und signifikant besser ausfallen, wenn die Informationen, die der Entscheidung zugrunde liegen, visuell präsentiert werden. Diese Erkenntnis legt dringend nahe, bei allen unternehmerischen Planungen und Entscheidungen, die einen räumlichen Bezug haben, die Karte als „Präsentationsform" zu nutzen.

1.3 Was ist Geomarketing?

In der wissenschaftlichen Literatur finden sich verschiedene Ansätze zur Definition des Begriffs „Geomarketing". Dies zeigt, dass der Begriff „Geomarketing" keineswegs eindeutig definiert ist. Die meisten Definitionen von „Geomarketing" greifen auf Begriffe wie „Geographisches Informationssystem" oder „Geo-Informationssystem" zurück. Deshalb ist dieser Begriff vorab zu klären. Aber auch für diesen Begriff bietet die Fachliteratur verschiedene Definitionen. Die folgende erscheint als Grundlage für die Definition von „Geomarketing" am besten geeignet:

> „Ein Geo-Informationssystem ist ein rechnergestütztes System, das aus Hardware, Software, Daten und Anwendungen besteht. Damit können raumbezogene Daten digital erfasst und redigiert, gespeichert und reorganisiert, modelliert und analysiert sowie alphanumerisch und grafisch präsentiert werden" (Bill 2006).

1 Grundlagen

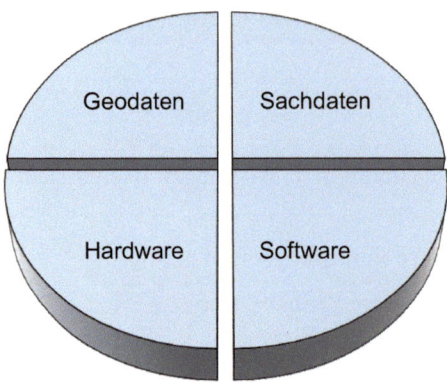

Abb. 1.3 Grundstruktur eines Geographischen Informationssystems (GIS)

Zu ergänzen bleibt noch, dass „GIS" sowohl als Abkürzung für „Geographisches Informationssystem" als auch als Abkürzung für „Geo-Informationssystem" gebräuchlich ist.

Eine der ersten Definitionen des Begriffs „Geomarketing" aus der deutschsprachigen Fachliteratur lautet:

> „Geomarketing bezeichnet die Planung, Koordination und Kontrolle kundenorientierter Marktaktivitäten von Unternehmen mittels Geographischer Informationssysteme. Es werden Methoden angewendet, die den Raumbezug der untersuchten unternehmensinternen und -externen Daten herstellen, analysieren und visualisieren sowie sie zu entscheidungsrelevanten Informationen aufbereiten" (Schüssler 2000, 9).

Ist Ihnen diese typisch wissenschaftliche Definition zu wenig pragmatisch? Dann biete ich Ihnen meine „Definition in einem Satz" als Alternative an:

> Geomarketing bedeutet Optimierung von Marketing und Vertrieb durch Einsatz von Geoinformationssystemen.

Zugegeben: Diese Definition ist kurz und knapp gefasst. Ausführlicher ist die folgende Beschreibung, die Geomarketing als Teildisziplin des Marketings sieht:

> Die Zusammenhänge aus Marketing und Raum ermöglichen unzählige Anwendungsgebiete, die den klassischen Marketingmix aus Produkt, Preis, Distribution und Kommunikation um die räumliche Betrachtungsweise ergänzen. Es lassen sich für den gesamten Marketingmix Geomarketing-Anwendungen finden, wie z. B.:

1.3 Was ist Geomarketing?

- Produktspezifische Versorgung und Absatz nach Gebieten
- Betrachtung räumlich unterschiedlicher Preisniveaus
- Optimierung des stationären Distributionsnetzes
- Zielgruppengenaue Steuerung des Kommunikationsmixes

Diese Beschreibung von Herter/Mühlbauer mündet in folgender Definition:

„Geomarketing analysiert aktuelle wie potenzielle Märkte nach räumlichen Strukturen, um den Absatz von Produkten effektiver planen und messbar steuern zu können" (Herter/Mühlbauer 2018, 25).

Geomarketing ist als Wissensgebiet anzusiedeln im Überschneidungsbereich von Wirtschaftswissenschaften, Geographie, Informatik und Statistik. Die Geomarketing-Idee ist einfach und bestechend zugleich. Sie nutzen ein Geoinformationssystem, um Unternehmensdaten, Marktdaten und digitale Karten miteinander zu verknüpfen. Dadurch kann der Raumbezug der Daten angemessen berücksichtigt werden. Markt- und Vertriebsdaten können nun unter geographischen Aspekten recherchiert, selektiert, visualisiert und analysiert werden. Geomarketing wird somit zu einem Instrument unternehmerischer Entscheidungsfindung und verspricht Effizienzsteigerung und Kostensenkung in Marketing und Vertrieb.

„Für Unternehmen, wie Deutschen Post, Deutsche Bank, Deutsche Bahn, TUI, Tchibo, Edeka u. a. ist die Nutzung von Geomarketing erfolgskritisch", schreibt Claudia Feix 2007 in Ihrer Dissertation „Bedeutung von Geo Business Intelligence und Geomarketing zur Entscheidungsunterstützung unternehmerischer Planungsprozesse im Kontext wirtschaftlicher Liberalisierung" (Feix 2007).

Die Einsatzmöglichkeiten sind äußerst vielfältig und reichen von der Marktbeobachtung über Vertriebsoptimierung, Außendienststeuerung und Standortplanung bis zur Mediaplanung. In Kapitel 4 dieses Buchs werden zahlreiche Einsatzmöglichkeiten anhand von Praxisbeispielen detailliert beschrieben.

Wer Geomarketing einsetzt, hat verstanden, dass die angemessene Berücksichtigung der „Geographie" bei unternehmerischen Entscheidungen wesentlichen Einfluss auf die Qualität der Entscheidungen und damit auf den Unternehmenserfolg hat. Die Analyse von Markt- und Vertriebsdaten aus der geographischen Sicht liefert oft völlig neue Erkenntnisse über die Marktsituation eines Unternehmens. Der Vertriebsleiter einer Versicherung formulierte dies einmal so: „Wir sehen unsere Vertriebsdaten plötzlich wie mit einer neuen Brille!"

Geomarketing ist grundsätzlich in jeder Branche einsetzbar, im B2C ebenso wie im B2B. Auch die Unternehmensgröße spielt keine Rolle. Global Player nutzen Geomarketing ebenso erfolgreich wie mittelständische Unternehmen oder kleinere Unternehmensberatungen. Dennoch gilt:

Je größer die Zahl der Kunden, desto größer der Nutzen des Geomarketing!

Wenn Ihr Unternehmen nur zehn Kunden hat, die durch langfristige Lieferverträge gebunden sind, Sie sich keine Sorgen um die Kundenbindung machen und Expansion für Sie kein Thema ist, dann sollten Sie dieses Buch getrost aus der Hand legen und sich unterhaltsamerer Lektüre zuwenden!

1.4 Geomarketing und Mikromarketing

Mikromarketing ist ein Spezialgebiet innerhalb des Geomarketing, das durch besonders kleinräumige (= mikrogeographische) Betrachtungsweise charakterisiert ist. Typische mikrogeographische, räumliche Analyse-Ebenen sind Häuser (also Einzeladressen), Gebäudegruppen (kleine Gruppen benachbarter Häuser), Straßen, Straßenabschnitte (z. B. bei längeren Straßen), Straßenseiten, Baublöcke, Blockseiten. Begriffe wie „Wohnquartier" oder „Mikromarkt" stehen meist für solche mikrogeographischen Raumeinheiten. Als nicht mikrogeographisch gelten großflächige Raumeinheiten wie Bundesländer, Kreise, Gemeinden und Postleitzahlgebiete. Ob die innerstädtische kleinräumige Gliederung (Stadtteile, Ortsteile, statistische Bezirke, Stimmbezirke) als mikrogeographisch einzustufen sind, ist unter Experten strittig, für das Verständnis des Begriffs Mikromarketing aber unerheblich.

Mikromarketing hat sich aufgrund seiner Vielfalt und seiner Eigenheiten als Disziplin verselbständigt. Manche stufen deshalb Mikromarketing als gleichwertiges Wissensgebiet neben dem Geomarketing ein. Andere sehen Mikromarketing als analytische Weiterentwicklung des Geomarketing, da Mikromarketing auch völlig losgelöst von Koordinaten allein auf Basis von Adressen betrieben werden kann. Da zu Mikromarketing schon einiges an Fachliteratur vorliegt, zum Teil sogar unter dem Titel „Geomarketing" schwerpunktmäßig Mikromarketing behandelt wird, soll dieses Buch als Schwerpunkt diejenigen Anwendungsgebiete des Geomarketing behandeln, die nicht als Mikromarketing einzustufen sind. Um dem Leser dennoch einen Einblick ins Mikromarketing zu geben, werden im Kapitel 4 einige typische Mikromarketing-Beispiele vorgestellt. Wer sich ins Mikromarketing vertiefen möchte, dem sei die einschlägige Fachliteratur empfohlen, insbesondere die Werke von Herter/Mühlbauer (2018) und von Nitsche (1998).

1.5 Aufbau eines Geomarketing-Systems

Geographische Informationssysteme (GIS) werden in Unternehmen, Verwaltung und Wissenschaft schon seit vielen Jahren eingesetzt. Zu den klassischen Einsatzgebieten zählen Vermessungs- und Katasterwesen, Stadt- und Verkehrsplanung, Leitungsdokumentation und Störfallmanagement in Strom-, Gas- und Wasserversorgung und Telekommunikation, Straßen- und Kanalbau, Mobilfunknetzplanung sowie militärische Anwendungen. Von Marketing- und Vertriebsleuten wurden die Einsatzmöglichkeiten Geographischer Informationssysteme erst deutlich später entdeckt. Dies dürfte unter anderem damit zusammenhängen, dass GIS früher einmal spezielle Hardware erforderte, die nur in den Technik-Abteilungen der Unternehmen vorhanden war. Erst mit der Verbreitung der PCs zogen GIS auch in Marketing und Vertrieb ein. Das Aufkommen grafischer Benutzeroberflächen (insbesondere Mikrosoft Windows als Quasi-Standard in der Bürowelt) beschleunigte die Verbreitung noch einmal zusätzlich.

Ein Geomarketing-System ist ein GIS, bei dem alle Elemente auf die Anforderungen in Marketing und Vertrieb zugeschnitten sind. Was charakterisiert ein Geomarketing-System im Vergleich zu einem GIS?

Hardware

Geomarketing-Systeme erfordern heute normalerweise keine spezielle Hardware mehr. Sie laufen meist auf PCs unter gängigen Betriebssystemen (z. B. Mikrosoft Windows) und kommen mit Standard-Office-Druckern aus. Spezielle Erfassungsgeräte (wie z. B. Digitalisiertabletts oder Scanner) sind für die meisten Geomarketing-Anwendungen nicht erforderlich, da digitale Karten von den Geomarketing-Systemanbietern „ready to use" mitgeliefert werden oder am Markt erhältlich sind.

Software

Von einem GIS wird ein universeller Funktionsumfang erwartet. Um ein solches System zu beherrschen, ist Expertenwissen (z. B. Hochschulabschluss in Geographie, Geodäsie oder Geoinformatik) und eine oft langwierige Einarbeitung erforderlich. Um ein solches System flüssig bedienen zu können, muss es der Anwender regelmäßig nutzen; sonst kommt er aus der Übung.

Der Funktionsumfang eines Geomarketing-Systems ist zugeschnitten auf die Anforderungen in Marketing und Vertrieb. Er ist gegenüber einem universellen GIS oft deutlich reduziert. Dadurch bleibt das Geomarketing-System übersichtlich. Die Bedienung wird einfacher, das System ist schneller erlernbar und somit auch von sporadischen Benutzern ohne geowissenschaftliche Hochschulausbildung beherrschbar.

Geodaten

Für Geomarketing-Systeme typische Geodaten sind z. B.:

- Postleitgebiete
- Verwaltungsgrenzen
- Straßennetze und Gebäude (speziell im Mikromarketing)
- Spezielle Marktgebiete einzelner Branchen (z. B. Nielsengebiete, regionaler pharmazeutischer Markt, Strom- und Gasnetzgebiete)

Sachdaten

Für Geomarketing-Systeme typische Sachdaten sind z. B.:

- Vertriebsdaten aus dem Unternehmen (Kunden, Umsatz, Besuchszeiten etc.)
- Marktdaten und Potenzialdaten von Marktforschungsinstituten

1.6 Geodaten

Karten dienen seit jeher dazu, den Raumbezug geographischer Gegebenheiten darzustellen und zu archivieren. In der Karte werden z. B. Städte durch Punkte markiert, Grenzen durch Linien, Seen durch Flächen. So ist erkennbar, ob die Grenze am Seeufer entlang oder durch den See verläuft oder der See vollständig diesseits bzw. jenseits der Grenze liegt. Ist die Karte maßstäblich, so kann die Entfernung der Stadt vom See bestimmt werden. Die systematische Vermessung und ihre ständig zunehmende Präzision haben dazu geführt, dass heute unzählige Geodaten in hoher vermessungstechnischer Genauigkeit vorliegen. Umfassende Digitalisierung der Geodaten in den letzten Jahrzehnten des zwanzigsten Jahrhunderts haben umfangreiche Geodatenbanken hervorgebracht. Man spricht von Geodaten, Geobasisdaten, Geometriedaten und letztendlich von digitalen Karten.

1.6.1 Vektor- und Rasterkarten

Aufgrund der Art der Digitalisierung der Karten unterscheidet man Vektorkarten und Rasterkarten (s. Tab. 1.1). Rasterkarten sind nichts Anderes als digitalisierte Bilder. Sie werden in gängigen Bilddateiformaten gespeichert und bestehen aus matrizenartig angeordneten Farbwerten von einzelnen Bildelementen, sog. Picture Elements (kurz: Pixel).

Vor Beginn der Kartendigitalisierung lagen ausschließlich gedruckte Karten auf Papier vor (abgesehen von handgezeichneten historischen Karten). Durch einfaches Einscannen der gedruckten Karten entstanden die ersten Rasterkarten. Rasterkarten sind georeferenziert, wenn sie z. B. im Dateiformat GeoTIFF vorliegen; d. h., ergänzend zum eigentlichen Kartenbild sind auch die Koordinaten der Bildecken in der Datei gespeichert. Dadurch können diese Rasterkarten von GIS automatisch eingepasst werden und somit lagetreu mit anderen digitalen Karten verwendet werden.

Vektorkarten wurden hingegen durch aufwendige Digitalisierung aus gedruckten Karten hergestellt. Dabei werden die Koordinaten der Karteninhalte manuell erfasst und mit Attributen versehen. Je nach Art der Kartenobjekte werden diese als Punkt (= ein Koordinatenpaar), als Linie (Folge von Koordinatenpaaren, auch „Polylinie" genannt) oder als Fläche (= Polygon) digitalisiert. Gelegentlich werden auch noch weitere geometrische Formen digitalisiert (z. B. Kreise bzw. Kreissegmente zur Darstellung des Kurvenverlaufs von Straßen). Vektordaten sind besonders gut zur Verwaltung und Analyse von Geodaten geeignet, die durch einfache geometrische Objekte (Punkt, Linie, Fläche) darstellbar sind, aber eine Vielzahl von Attributen aufweisen (z. B. Gemeindegrenzen, Katasterflächen oder Straßenverläufe). Mit der vektoriellen Kartendigitalisierung ist meist auch eine Modellbildung verbunden. Oft werden nur die für den Verwendungszweck relevanten Karteninhalte erfasst (z. B. Standorte als Punkte, ausgewählte Straßen als Linien, Postleitgebiete als Flächen).

Rasterkarten werden gerne genutzt, um thematische Karten mit vertrauten Kartenansichten zu hinterlegen. Neben gescannten topographischen Karten werden dazu häufig auch Luftbildaufnahmen und Satellitenbilder eingesetzt. Außerdem eignen sich Rasterdaten besonders zur Beschreibung und Analyse flächenhafter Phänomene und bei kontinuierlich in der Fläche verteilten Daten. So kann z. B. anhand von Luftbildern (Orthofotos) die forst- bzw. landwirtschaftlich genutzte Fläche vermessen werden und dadurch Subventionsmissbrauch festgestellt werden.

	Rasterkarten	**Vektorkarten**
Datenstruktur	einfach	komplex; hoher Organisationsgrad
Datenmenge	hoch (insbesondere bei hoher Auflösung)	gering
Auflösung	fest	variabel (stufenlos vergrößerbar)
Erscheinungsbild	vertrautes Aussehen (bei gescannten topographischen Karten); natürliches Aussehen (bei Luftbildaufnehmen und Satellitenbildern)	abstrakt, symbolhaft
Analysemöglichkeiten	begrenzt, da nur auf Pixelebene möglich	Überlagerung von Flächen und Objekten ist gut lösbar; Induktive Objektbildung durch Überlagerungen und Verschneidungen möglich
Datenbankanbindung/ Datenverknüpfung	begrenzt	umfassend

Tabelle 1.1 Gegenüberstellung von Raster- und Vektorkarten

Aufgrund der Historie waren lange Zeit mehr Rasterkarten als Vektorkarten verfügbar. Heute kehrt sich der Produktionsprozess mehr und mehr um. Dies ist dadurch bedingt, dass vektoriell digitalisierte Geobasisdaten in Deutschland und den meisten anderen industrialisierten Ländern flächendeckend und sehr detailliert vorliegen und Rasterkarten sowie gedruckte Karten aus den Vektorkarten automatisiert generiert werden können.

1.6.2 Flächenhafte regionale Gliederungen in Deutschland

Regionale Gliederungen spielen im Geomarketing eine besondere Rolle, da regional gegliederte soziodemographische und sozioökonomische Daten sich immer auf bestimmte Gebietsstrukturen beziehen (z. B. die Kaufkraft in den Stadt- und Landkreisen in Deutschland). Deshalb sollen an dieser Stelle die für das Geomarketing wichtigsten regionalen Gliederungen in Deutschland (und in den nachfolgenden Kapiteln die wichtigsten regionalen Gliederungen in Österreich und der Schweiz) erläutert werden.

1 Grundlagen

Administrative Gliederung

Bezeichnung der Gliederungsebene	Anzahl Gebiete	Gebietsnummer
Länder	16	2-stellig
Regierungsbezirke	19 (in 4 Ländern)	3-stellig
Kreise	401 Kreise (davon 291 Landkreise, 107 kreisfreie Städte und 3 Regionalverbände)	5-stellig
Gemeinden	11.010 (darunter 213 gemeindefreie Gebiete)	8-stellig

Tabelle 1.2: Übersicht der Verwaltungseinheiten in Deutschland (Stand: 31.12.2019)

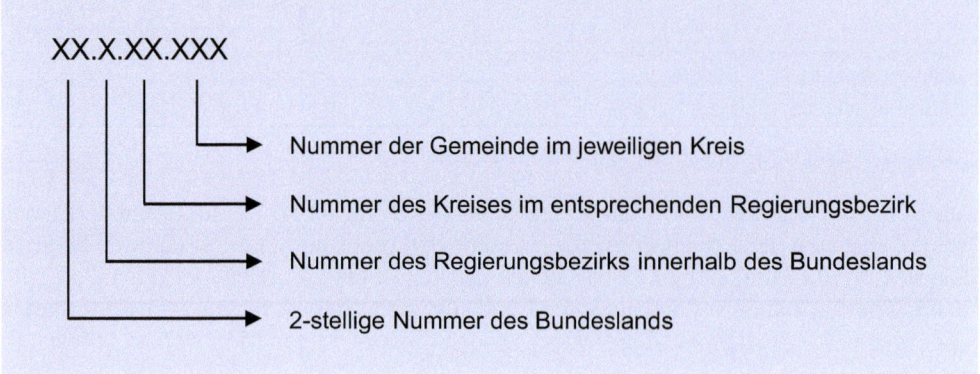

Aufbau der 8-stelligen amtlichen Gemeindekennziffer in Deutschland (schematische Darstellung)

Beispiel:	Bad Staffelstein	
	09478165	Gemeinde Bad Staffelstein
	09478	Landkreis Lichtenfels
	094	Regierungsbezirk Oberfranken
	09	Bundesland Bayern

1.6 Geodaten

Abb. 1.4 Administrative Gliederung in Deutschland: Bundesländer und Regierungsbezirke

Auf der Ebene der Bundesländer werden die drei Stadtstaaten Berlin, Hamburg und Bremen sowie 13 Flächenstaaten unterschieden. Die alten Bundesländer mit den Nummern 1 bis 9 sind von Nord nach Süd nummeriert; Saarland erhielt wegen des nachträglichen Beitritts die Nummer 10. Berlin hat die Ländernummer 11. Es folgen die neuen Bundesländer mit den Nummern 12 bis 16 in alphabetischer Reihenfolge.

Nur in den Bundesländern Baden-Württemberg, Bayern, Hessen und Nordrhein-Westfalen gibt es Regierungsbezirke (s. Abb. 1.4). In Niedersachsen, Rheinland-Pfalz, Sachsen und Sachsen-Anhalt sind die Regierungsbezirke mittlerweile abgeschafft worden. Um die Kreis- und Gemeindekennziffern in diesen Ländern nicht ändern zu müssen, hat man sich in Niedersachsen, Rheinland-Pfalz und Sachsen entschlossen, die dritte Ziffer im Kreis- und Gemeindeschlüssel dieser Länder nach Auflösung der Regierungsbezirke unverändert zu lassen, obwohl ansonsten in Ländern ohne Regierungsbezirke die dritte Ziffer im Kreis- und Gemeindeschlüssel üblicherweise eine 0 ist.

Abb. 1.5 Administrative Gliederung in Deutschland: Kreisgrenzen im Regierungsbezirk Oberfranken

1.6 Geodaten

Die verschiedenen Kreistypen werden von Land zu Land unterschiedlich bezeichnet (s. Abb. 1.5). Am klarsten ist die Bezeichnungsweise in Baden-Württemberg: Hier heißt es „Stadtkreis" bzw. „Landkreis". Anstelle von „Stadtkreis" ist in den anderen Ländern „Kreisfreie Stadt" gebräuchlich; in einigen Ländern heißt ein „Landkreis" einfach „Kreis". Die „Region Hannover", „Städteregion Aachen" und der „Stadtverband Saarbrücken" fallen zwar mit ihrer Bezeichnung aus dem Schema, werden aber vom Statistischen Bundesamt als Landkreis eingestuft. Sie entstanden jeweils durch Zusammenlegung der betreffenden kreisfreien Stadt mit dem umliegenden Landkreis.

Zur Straffung der Verwaltung haben die Preußen 1856 in ihrem Staatsgebiet die bis dahin existierenden Bürgermeistereien in sogenannte „Ämter" umgewandelt und damit Verwaltungsaufgaben der Gemeinden gebündelt. In den einigen Bundesländern gibt es auch heute noch zahlreiche Kleingemeinden mit nur wenigen hundert Einwohnern. Deshalb existiert in diesen Ländern nach wie vor eine zwischen Kreis und Gemeinde angesiedelte Zwischenebene der Verwaltung. Lediglich in Nordrhein-Westfalen, Hessen und im Saarland wurde diese Zwischenebene im Zuge der Gemeindereformen in den 1970er-Jahren aufgehoben. Manche amtlichen Statistiken werden in der Gliederung nach Gemeindeverbänden veröffentlicht. Bei der Nutzung von statistischen Daten aus Ländern, in denen es Gemeindeverbände gibt, sollte man sich deshalb stets vergewissern, ob sich die Daten auf Gemeinden oder Gemeindeverbände beziehen (zumal Gemeindeverbände oftmals nach der größten Gemeinde im Verband benannt sind und deshalb Verwechslungsgefahr besteht). Hier eine Übersicht über Bundesländer mit Gemeindeverbänden und deren Bezeichnungsweise:

Land	Bezeichnung der Gemeindeverbände
Baden-Württemberg	Verwaltungsgemeinschaften und Verwaltungsverbände
Bayern	Verwaltungsgemeinschaften
Brandenburg	Ämter
Mecklenburg-Vorpommern	Ämter
Niedersachsen	Samtgemeinden
Rheinland-Pfalz	Verbandsgemeinden
Sachsen	Verwaltungsgemeinschaften und Verwaltungsverbände
Sachsen-Anhalt	Verwaltungsgemeinschaften
Schleswig-Holstein	Ämter und Kirchspielslandgemeinden
Thüringen	Verwaltungsgemeinschaften

Gemeindefreie Gebiete sind Flächen, die zu einem Landkreis, aber keiner Gemeinde gehören. Dies sind überwiegend unbewohnte Gebiete, wie z. B. Wälder, Seen, Nordseeinseln, Truppenübungsplätze. Lediglich drei gemeindefreie Gebiete sind bewohnt. Gemeindefreie Gebiete sind für die Flächenstatistik erforderlich, denn ohne die Flächen der gemeindefreien Gebiete würde die Summe aller Gemeindeflächen nicht die Fläche der Bundesrepublik Deutschland ergeben. Für die meisten anderen Statistiken sind die

1 Grundlagen

gemeindefreien Gebiete irrelevant. Deshalb werden sie oft in gemeindebezogenen Datentabellen gar nicht ausgewiesen.

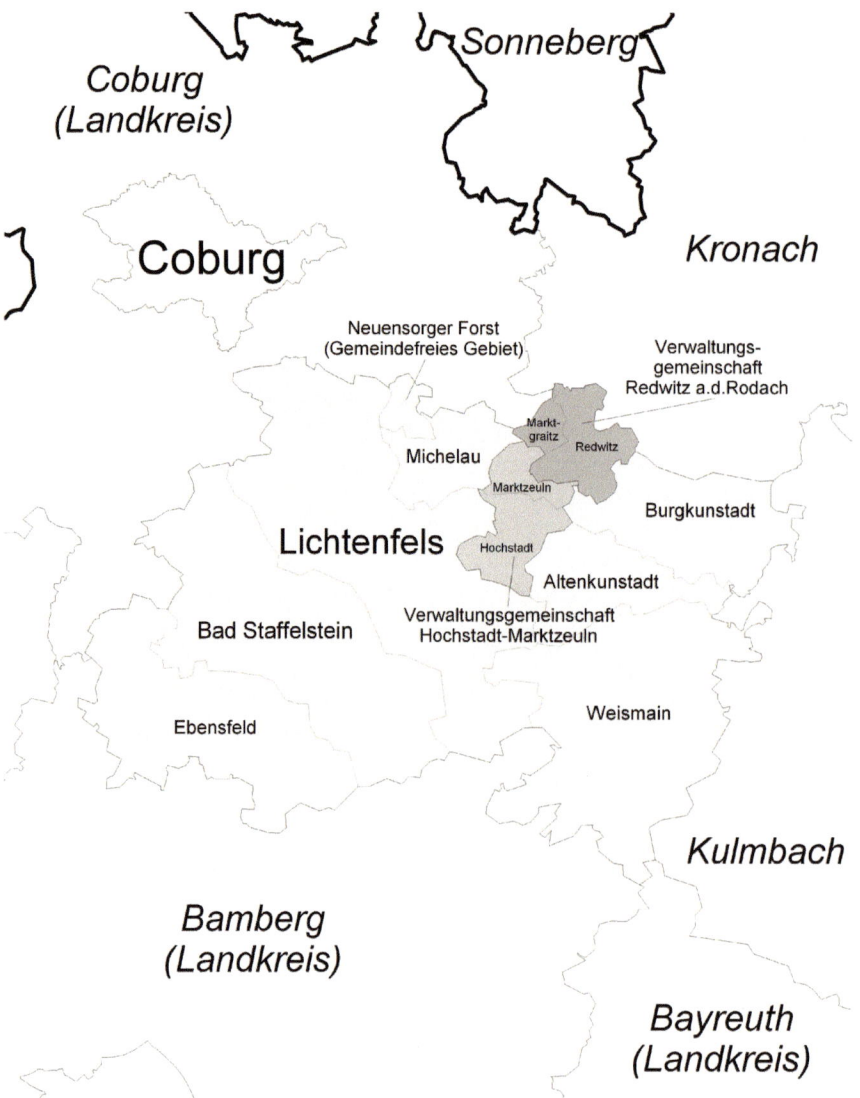

Abb. 1.6 Administrative Gliederung in Deutschland: Landkreis Lichtenfels mit Gemeindegrenzen

1.6 Geodaten

Postalische Gliederung

Bezeichnung der Gliederungsebene	Anzahl Gebiete	Gebietsnummer
Postleitzone	10	1-stellig (die erste Ziffer der PLZ)
Postleitregion	95	2-stellig (die ersten beiden Ziffern der PLZ)
Postleitgebiet	8.174	5-stellig

Tabelle 1.3 Postalische Gliederung Deutschlands (Stand: 31.12.2019)

Beispiel:	53639	Königswinter
	5	Postleitzone 5
	53	Postleitregion Bonn
	53639	Postleitgebiet Königswinter

Für das Postleitzahlensystem in Deutschland zeichnet die Deutsche Post AG verantwortlich. Sie hat zum 1.7.1993 das heute noch gültige System der fünfstelligen Postleitzahlen eingeführt. Anlass für die Reform des Postleitzahlensystems war die deutsche Wiedervereinigung. Die Post nutzte die Gelegenheit und strukturierte das neue Postleitzahlensystem viel stärker als vorher unter logistischen Gesichtspunkten. Die einzelnen Postleitzahlen wurden so konstruiert, dass alle Postleitzahlen ähnlich hohe Briefaufkommen repräsentieren (innerhalb einer Toleranzbreite). Dies führte dazu, dass die Großstädte in kleine Flächen mit verschiedenen Postleitzahlen aufgeteilt wurden. So wurde ein Teil der Vorsortierarbeit insbesondere für das hohe Briefaufkommen in den Großstädten geschickt auf den Postkunden abgewälzt. Im ländlichen Bereich hingegen wurden oftmals verschiedene Gemeinden unter einer gemeinsamen Postleitzahl zusammengefasst. Administrative Gebietsstrukturen wurden bei der Konstruktion des Postleitzahlensystems nicht berücksichtigt, da die Postleitzahlen logistischen Zwecken der Post dienen sollen (s. Abb. 1.7).

Die Deutsche Post AG definiert und dokumentiert Postleitgrenzen flächendeckend für ganz Deutschland nur zur ersten Stelle der Postleitzahlen (= „Postleitzonen") und zu den ersten zwei Stellen der Postleitzahlen (= „Postleitregionen"), nicht jedoch zu den fünfstelligen Postleitzahlen. Zur Ermittlung der korrekten fünfstelligen Postleitzahl zu einer Adresse bietet die Deutsche Post AG unter der Adresse „postdirekt.de/plzserver" einen Service im Internet; für IT-Lösungen stellt sie außerdem ihre PLZ-, Orts- und Straßenverzeichnisse digital bereit.

1 Grundlagen

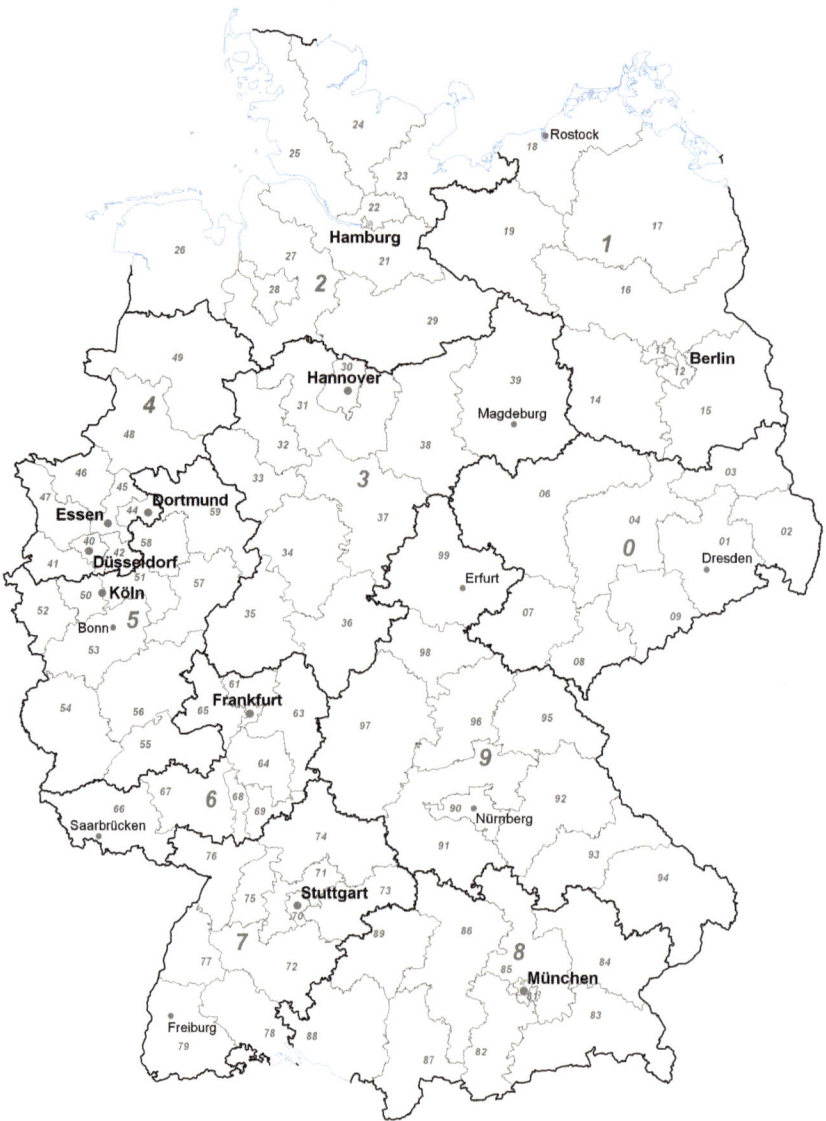

Abb. 1.7 Postalische Gliederung in Deutschland: Postleitzonen und Leitregionen

Dennoch sind Karten mit Grenzen der 5-stelligen Postleitzahlgebiete als Printprodukte und als digitale Karten im Umlauf. Diese Karten stammen von Kartenverlagen, GIS- oder Geomarketing-Anbietern bzw. anderen Dienstleistern. Diese haben die Grenzen der 5-stelligen Postleitzahlgebiete durch systematische Auswertung der Orts- und Straßenverzeichnisse der Deutschen Post AG ermittelt. Auch wenn die verschiedenen Hersteller unterschiedliche Methoden zur Ermittlung der fünfstelligen Postleitgrenzen anwenden, können hier einige Grundprinzipien erläutert werden.

1.6 Geodaten

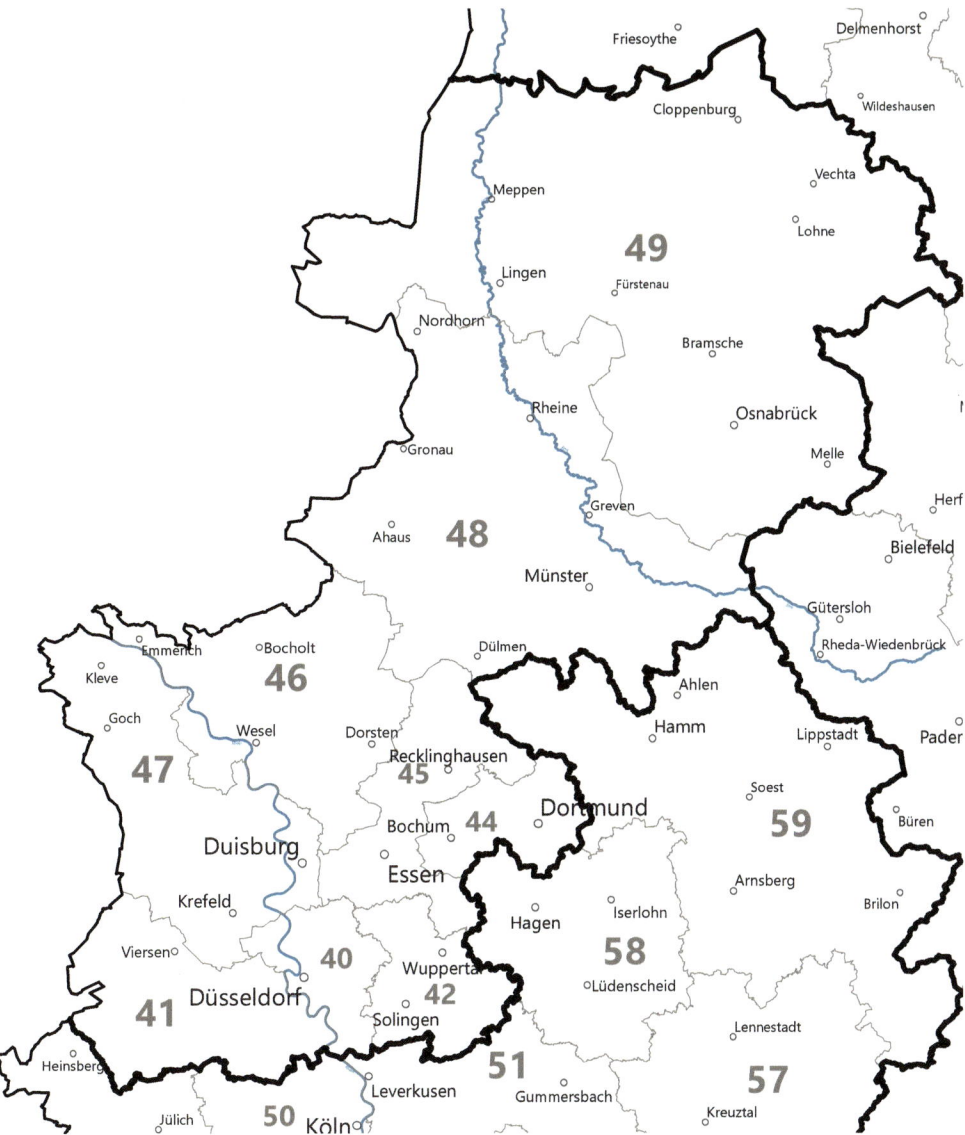

Abb. 1.8 Postalische Gliederung in Deutschland: Postleitzone 4 mit Leitregionen

Bei der Ermittlung der Postleitgrenzen im ländlichen Raum orientiert man sich an den Gemeindegrenzen: Kommt eine Postleitzahl nur in einer Gemeinde vor und gibt es in dieser Gemeinde keine andere Postleitzahl, so sieht man die Gemeindegrenze als Grenze dieses Postleitzahlgebiets an. Kommt eine Postleitzahl in mehreren Gemeinden vor, während es in keiner dieser Gemeinden eine andere Postleitzahl gibt, so fasst man die Flächen dieser Gemeinden zur Postleitgebietsfläche zusammen. Sind die Gemeinden nicht benachbart, so entstehen Postleitzahlgebiete mit mehreren nicht zusammenhängenden Teilflächen.

1 Grundlagen

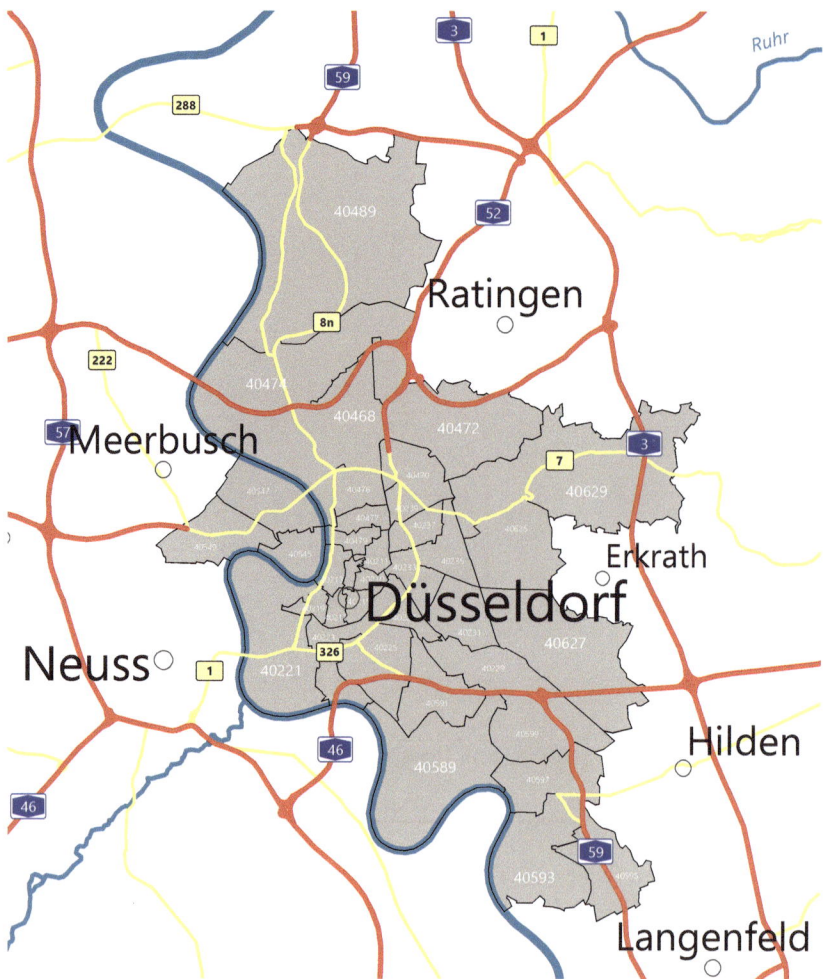

Abb. 1.9 Postalische Gliederung in Deutschland: 5-stellige Postleitzahlgebiete in Düsseldorf

Bei der Ermittlung der Postleitgrenzen in den Städten orientiert man sich an den Straßen. Gilt z. B. auf der linken Seite einer Straße eine andere Postleitzahl als auf der rechten Seite, so bildet diese Straße ein Teilstück der Grenze zwischen diesen beiden Postleitzahlen. Auch wenn eine Straße der Länge nach auf verschiedene Postleitzahlen verteilt ist, erhält man Anhaltspunkte über den Grenzverlauf. Gilt z. B. auf einer Straße von Hausnummer 1 bis n eine bestimmte Postleitzahl, während für höhere Hausnummern eine andere Postleitzahl gilt, so kann man annehmen, dass die Grenze zwischen diesen Postleitzahlen die Straße hinter Hausnummer *n* kreuzt. Wegen der Komplexität der Methoden zur Ermittlung der Postleitgrenzen in den Städten kann hier auf weitere Details nicht eingegangen werden.

Karten mit Grenzen der fünfstelligen Postleitzahlgebiete berücksichtigen immer nur die zustellbezogenen Postleitzahlen, da nur diese einen flächenhaften Raumbezug repräsen-

1.6 Geodaten

tieren. Zu einer Postfachpostleitzahl kann der Standort des Postfachschranks ermittelt werden, aber nicht der Standort des Postfachbesitzers. Auch eine Großempfängerpostleitzahl repräsentiert lediglich eine einzelne Adresse.

MikroPLZ und PLZ8

Für viele kleinräumige Betrachtungen sind die 5-stelligen PLZ-Gebiete nicht ausreichend, da sie zum einen nicht fein genug gegliedert, zum anderen untereinander oft nicht vergleichbar sind; sowohl in der Fläche als auch in der Bevölkerungszahl unterscheiden sich die 5-stelligen PLZ-Gebiete mitunter drastisch. Hinzu kommt, dass die postalische Gliederung häufig nicht mit den Gemeindegrenzen konform ist, sodass eine Gebietsplanung, die sowohl Postleitgebiete als auch Verwaltungsgrenzen berücksichtigt, auf Basis der 5-stelligen PLZ-Gebiete nicht möglich ist. Deshalb bietet die Michael Bauer Micromarketing GmbH, Düsseldorf, mit der MikroPLZ eine Raumgliederung an, welche die amtliche und postalische Welt miteinander verbindet. Mithilfe dieser Gebietseinteilungen lässt sich Deutschland in feinräumige Strukturen aufteilen, die jeweils durchschnittlich 450 Haushalte umfassen. Damit ist die *MikroPLZ* wesentlich genauer als die üblichen fünfstelligen Postleitzahlen. Sie weist für Deutschland 92.258 Gebiete auf und ist dabei an Siedlungsgebieten und topographischen Begebenheiten ausgerichtet. Identifiziert wird ein MikroPLZ-Gebiet durch die jeweilige 5-stellige PLZ und einer daran angehängten zusätzlichen dreistelligen Unterscheidungsnummer (Michael Bauer Micromarketing 2020) (s. Abb. 1.10).

Abb. 1.10 5-stellige PLZ und MikroPLZ im Raum Düsseldorf

Auch die DDS Digital Data Services GmbH, Karlsruhe, bietet mit der sogenannten PLZ8-Struktur eine Raumgliederung, die nicht nur kleinräumiger als die der 5-stelligen PLZ-Gebiete ist, sondern durch die Zusammenfassung von je ca. 500 Haushalten in einem Gebiet auch wesentlich homogener. Sie umfasst ca. 84.000 Gebiete. Die PLZ8-Gebiete wurden durch Unterteilung der 5-stelligen PLZ-Gebiete konstruiert. Sie enthalten im Durchschnitt 500 Haushalte, während die 5-stelligen PLZ-Gebiete im Mittel 10.000 Einwohner mit einer Streuung von 0 bis 50.000 enthalten. Die Nummer der PLZ8-Gebiete besteht aus der 5-stelligen PLZ und einer daran angehängten zusätzlichen dreistelligen Unterscheidungsnummer. Zur Optimierung wurden die Grenzverläufe teilweise manuell bereinigt: Grenzbildende lineare Elemente, wie z. B. Autobahnen, Eisenbahnen und Flüsse, sind bei der Generierung der PLZ8 vielfach berücksichtigt. Für alle Städte in Deutschland mit mehr als 50.000 Einwohnern liegen die Grenzen der PLZ8 weitgehend hausgenau vor, für alle übrigen Regionen wurden sie straßenabschnittsgenau generiert (DDS 2019).

Sowohl die *MikroPLZ*-Grenzen als auch die PLZ8-Grenzen passen grenzscharf zu den PLZ5- und Gemeindegrenzen, sodass sie beliebig mit den entsprechenden Daten kombiniert werden können. Ihre Einsatzgebiete sind neben der Planung und Organisation von Haushaltswerbung oder Zustellbezirken von Tageszeitungen auch die kleinräumige Analyse von Standorten und Filialnetzen.

Nielsengebiete

Die Nielsengebiete wurden vom Marktforschungsunternehmen The Nielsen Company für regionalisierte Marktstudien definiert. Sie werden heute nicht nur in der Marktforschung, sondern auch in der Mediaplanung und der Außendienststeuerung eingesetzt. Die Nielsengebiete sind hauptsächlich in der Konsumgüterbranche gebräuchlich.

Nielsen-Gebiet	umfasst
1	Schleswig-Holstein, Hamburg, Niedersachsen, Bremen
2	Nordrhein-Westfalen
3a	Hessen, Rheinland-Pfalz, Saarland
3b	Baden-Württemberg
4	Bayern
5+6	Berlin, Mecklenburg-Vorpommern, Brandenburg, Sachsen-Anhalt
7	Sachsen, Thüringen

Wegen ihrer sehr großflächigen Struktur (in den 7 Nielsengebieten sind z. T. mehrere Bundesländer zusammengefasst; s. o.) kommen die Nielsengebiete im Geomarketing nur selten zum Einsatz. Etwas interessanter für das Geomarketing sind die 36 Nielsen-Mikro-Regionen, die eine weitere Untergliederung der Nielsengebiete darstellen und der administrativen Gliederung der Regierungsbezirke entsprechen, wobei auch in den Ländern, in denen es heute keine Regierungsbezirke mehr gibt, die Grenzen der Nielsen-Mikro-Regionen den ehemaligen Regierungsbezirksgrenzen folgen.

1.6 Geodaten

Abb. 1.11 Nielsengebiete und Nielsen-Mikro-Regionen in Deutschland

Marktgebiete in der Pharmabranche

Verschiedene Marktforschungsinstitute, in Deutschland vor allem IQVIA und Insight Health, beliefern die Pharmaindustrie mit sehr differenzierten Daten über den Absatz von Arzneimitteln. Die Industrie benötigt diese Daten feinräumig differenziert für die Markt- und Wettbewerbsbeobachtung, die Außendienststeuerung und verschiedene Planungsaufgaben. Allerdings erweisen sich weder die administrative noch die postalische Gliederung für diese Zwecke als geeignet: Die Stadt- und Landkreise sind zu großflächig, die Gemeinden zu heterogen (Berlin mit über 3 Mio. Einwohnern ist ebenso *eine* Gemeinde wie Welschenbach in der Eifel mit seinen 49 Einwohnern). Die fünfstelligen Postleitzahlen bieten gute Unterteilungsmöglichkeiten in den großen Städten, sind aber im ländlichen Bereich vielfach zu großflächig. Aus diesem Grunde definieren die Marktforschungsinstitute oftmals eigene Marktzellen. Dabei stützen sie sich häufig sowohl auf die administrative als auch auf die postalische Gliederung. In den größeren Städten werden überwiegend die Postleitzahlen genutzt, um Marktzellen zu definieren; wo diese nicht feinräumig genug sind, definiert man die Marktzellen anhand von Straßen. Im ländlichen Bereich werden verschiedene Gemeinden innerhalb eines Landkreises zu einer Marktzelle zusammengefasst. Außerdem werden bei Bedarf die Zuständigkeitsgebiete der kassenärztlichen Vereinigungen sowie die Ländergrenzen berücksichtigt. Um den Anforderungen des Datenschutzes gerecht zu werden, müssen außerdem die Marktzellen so konstruiert sind, dass die Wahrung der Anonymität gewährleistet ist. Werden z. B. Daten über den Arzneimittelabsatz in den Marktzellen veröffentlicht, so müssen mindestens drei Apotheken in jeder Marktzelle enthalten sein; sonst wären aus den Daten zur Marktzelle Rückschlüsse auf eine einzelne Apotheke und somit auf den Apotheker möglich. Da die verschiedenen Marktforschungsinstitute alle ihre eigenen Marktzellen definieren und diese häufig modifizieren, restrukturieren oder gänzlich neu entwickeln, kann hier auf bestimmte Marktgebietsstrukturen nicht weiter eingegangen werden. Stattdessen kann nur auf die Gebietsdokumentation der betreffenden Marktforschungsinstitute verwiesen werden. IQVIA nennt seine Gebietsstrukturen in Deutschland „Landscape" und „Exponent", Insight Health nennt seine Gebietsstrukturen in Deutschland „RPI" und „RVI".

Netz- und Grundversorgungsgebiete für die Strom- und Gasversorgung

Die Liberalisierung der Strom- und Gasmärkte Anfang des neuen Jahrtausends und der dadurch entstehende Wettbewerb im Strom- und Gasmarkt rückte Gebietseinteilungen in den Fokus von Marketing und Vertrieb, die davor nur für die Technik von Belang waren: die Netzgebiete der Strom- und Erdgas-Verteilnetzbetreiber und die Versorgungsgebiete der Strom- und Erdgas-Grundversorger. Jeder Verbraucher, ganz gleich, ob Privathaushalt oder gewerblicher oder industrieller Verbraucher, kann seit der Liberalisierung seinen Strom- und Gaslieferanten frei wählen. Die Strom- und Gaslieferanten beziehen ihren Strom von den Kraftwerken und ihr Gas von den Erdgasimporteuren, nutzen für die Energielieferung an ihre Kunden die vorhandenen Verteilnetze und zahlen dafür Netzentgelte. Da die Strom- und Gasversorgung in Deutschland bis zur Liberalisierung der Strom- und Gasmärkte über mehr als hundert Jahre historisch als Monopolstruktur entstanden war, existieren in Deutschland heute rund 860 Stromverteilnetze und rund 700 Gasverteilnetze von Stadtwerken, Gemeindewerken und Regionalversorgern. Jeder solcher Netzbetreiber legt die Netzentgelte für sein Netzgebiet nach wirtschaftlichen

1.6 Geodaten

Gesichtspunkten fest. Die Netzentgelte werden allerdings von der Bundesnetzagentur reguliert. Somit gelten in jedem der rund 860 Stromverteilnetze und rund 700 Gasverteilnetze andere Netzentgelte. Da die Netzentgelte einen wesentlichen Kostenfaktor für die Kalkulation der Strom- und Gaspreise darstellen, ist es für die Strom- und Gaslieferanten essentiell, für jede Kundenadresse sicher feststellen zu können, in welchem Netzgebiet sie liegt und welche Netzentgelte somit anfallen. Um dies festzustellen, können sie die digitalisierten Grenzen der Netzgebiete der Strom- und Erdgas-Verteilnetzbetreiber nutzen. Zur Bedeutung der Grundversorgungsgebiete sei auf das Kapitel 4.6 „Energiegeographie und Marketing" verwiesen.

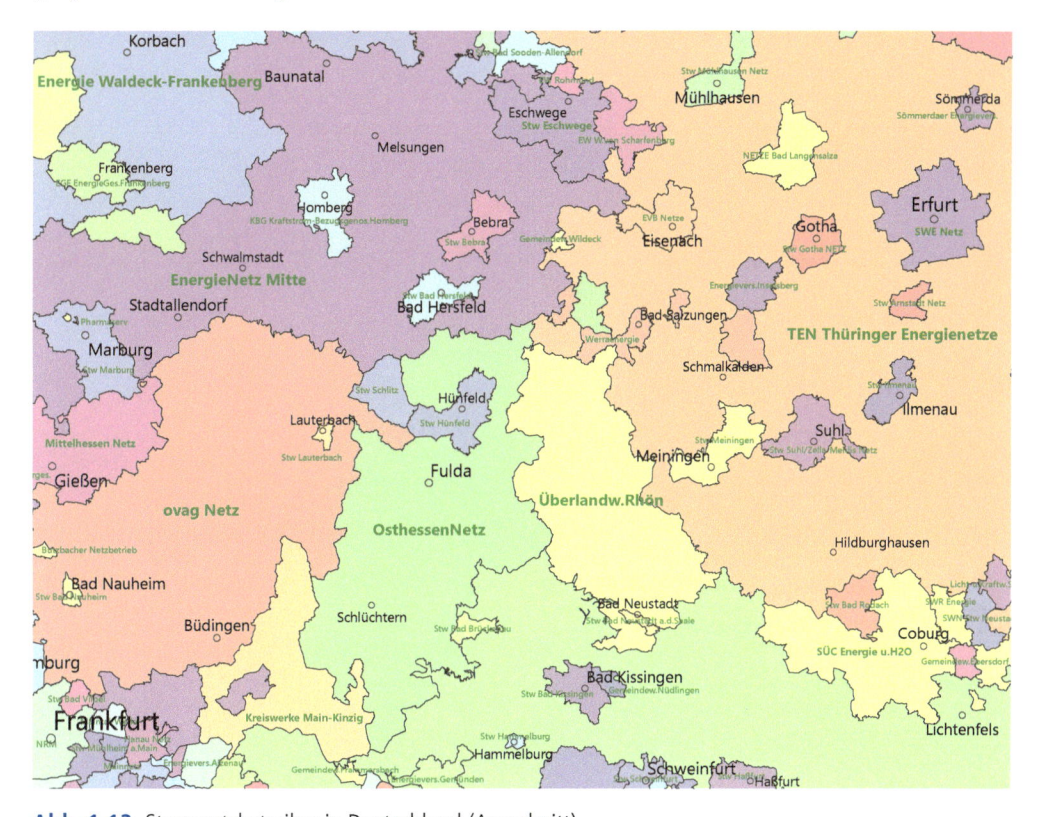

Abb. 1.12 Stromnetzbetreiber in Deutschland (Ausschnitt)

Gitterzellen (100-m- und -1-km-Gitter)

Die flächendeckenden Ergebnisse aus dem Zensus 2011 (Stichtag 9. Mai 2011) zu Personen, Haushalten, Familien, Gebäuden und Wohnungen liegen auch für 100-m- und 1-km-Gitterzellen vor. Die Zensus-Ergebnisse werden unter Verwendung der Geokoordinaten, die auf Anschriftenebene vorliegen, einer Gitterzelle zugewiesen. Durch die Nutzung der Gitterzellen sind Auswertungen und räumliche Vergleiche unabhängig von administrativen oder postalischen Grenzen möglich (s. Abb. 1.13).

1 Grundlagen

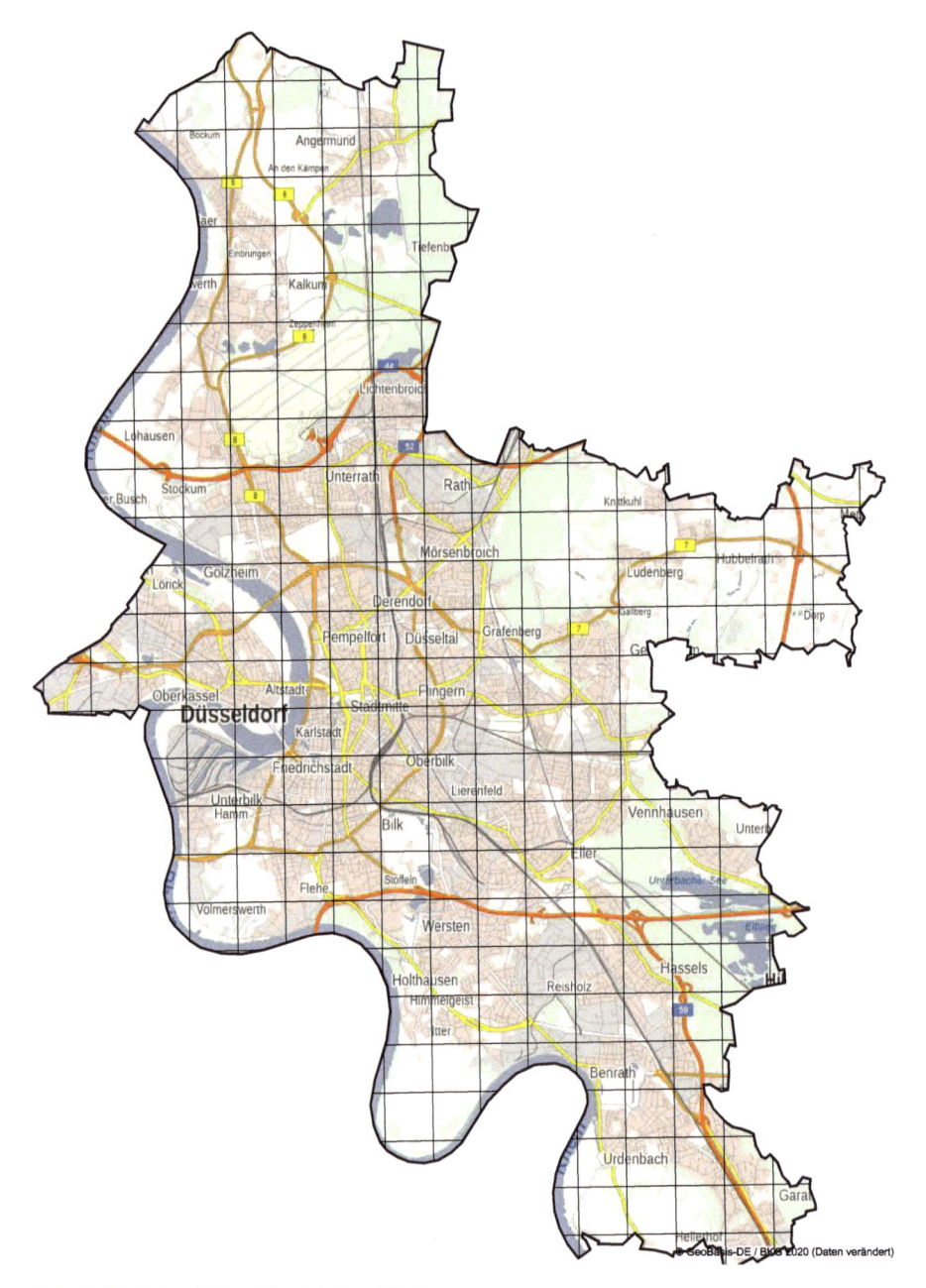

Abb. 1.13 1-km-Gitterzellen in Düsseldorf

Die Zensusergebnisse wurden für diese Auswertung in INSPIRE-konforme Gitterzellen zusammengefasst. Entsprechend der INSPIRE-Richtlinie wurde dazu die azimutale flächentreue Lambert-Projektion verwendet, in der auch die Koordinaten der Zellmittelpunkte ausgewiesen werden. Geographische Shapefiles für die Gitterzellen werden als „Open Data" durch das Dienstleistungszentrum des Bundes für Geoinformation und Geodäsie angeboten (www.geodatenzentrum.de) (Zensus 2011).

Räumliche Gliederungen der Städte

Die Städte sind wegen ihrer hohen Bevölkerungsdichte für Geomarketing- und Mikromarketinguntersuchungen besonders interessant. Da die Bevölkerungs- und Gewerbestruktur in den verschiedenen Teilen einer Stadt meist sehr unterschiedlich ist, muss beim Geomarketing und Mikromarketing die räumliche Gliederung einer Stadt angemessen berücksichtigt werden.

In der kommunalen Statistik kommt dem Raumbezug schon allein aufgrund des Umfangs und der Gliederungstiefe der raumbezogenen Daten große Bedeutung zu. Die kleinräumige Gliederung ist dabei sehr vielfältig und reicht von der Gemeindeebene bis auf die Ebene von Baublöcken und in der weiteren Untergliederung bis hin zu Blockseiten oder Straßenabschnitten.

Die deutschen Städte sind bei der Definition ihrer räumlichen Gliederung autonom. Dies führt leider dazu, dass die Gliederungsprinzipien und folglich die Gliederungssysteme von Stadt zu Stadt unterschiedlich sind. Ergebnis ist ein nahezu unüberschaubares Wirrwarr, das als *„Statistische Bezirke"* oder *„kleinräumige Gliederung der Städte"* bezeichnet wird. Es gibt keinerlei Anhaltspunkte, die von der Bezeichnung der Gliederungsebene auf deren Einordnung in der Gliederungshierarchie oder auf die Einwohnerzahl eines Gebiets dieser Ebene schließen lassen. Beispiele:

Stadt	Einwohner	Gliederungsebene 1	Ebene 2	Ebene 3
Berlin (LOR)	ca. 3.645.000	60 Prognoseräume	138 Bezirksregionen	448 Planungsräume
Köln	ca. 1.086.000	9 Stadtbezirke	86 Stadtteile	294 Stadtviertel
Nürnberg	ca. 518.000	10 Statistische Stadtteile	87 Statistische Bezirke	316 Distrikte
Soest	ca. 178.000	8 Stadtbezirke	34 Stadtteile	84 Statistische Bezirke

Aus diesem Grunde stützen sich manche Mikromarketingspezialisten auf *Wahlbezirke* oder *Stimmbezirke*. Hier gilt nämlich: Die Wahlkreise sollen so eingeteilt sein, dass jeder Wahlkreis die ungefähr gleiche Zahl der deutschen Bevölkerung umfasst. Die Abweichungen vom Durchschnitt aller Wahlkreise sollen bestimmte Maße nicht übersteigen (§ 3 Abs. 1 Nr. 3 Bundeswahlgesetz). Ein Wahlkreis ist der Teilraum eines Wahlgebiets, in dem über die konkrete Besetzung eines Sitzes im gewählten Organ entschieden wird. Üblicherweise werden die Wahlkreise in Stimmbezirke unterteilt. Ein Stimmbezirk umfasst den Einzugsbereich eines Wahllokals und wird vom Gemeindedirektor festgelegt. Weil Wahlbezirke eine ungefähr gleich große Bevölkerung haben und bei Wahlen exakte Straßenverzeichnisse zu den Stimmbezirken veröffentlicht werden, haben einige Mikromarketingspezialisten diese Gebietseinheiten gerne für ihre Zwecke genutzt. Um die ursprüngliche Gebietsdefinition nicht so offen in Erscheinung treten zu lassen, haben sie

1 Grundlagen

allerdings neutralere Begriffe eingeführt (z. B. *„Wohnquartiere"*). Auch die Bezeichnungen *„Mikromärkte"* und *„Mikrozellen"* wurden von Mikromarketingspezialisten eingeführt, um die von ihnen verwendete innerstädtische, kleinräumige Gliederung zu beschreiben. Es gibt deshalb keine allgemeingültige Definition dieser Begriffe. Dem Anwender bleibt somit nur das genaue Studium der von den Anbietern herausgegebenen Dokumentationen ihrer Gebietsgliederungen.

Das Fachwörterbuch *Benennungen und Definitionen im Deutschen Vermessungswesen* definiert den Begriff *„Baublock"* wie folgt:

> „Ein Teil eines überwiegend bebauten Baugebietes, der in der Regel allseits von topographischen Linien, insbesondere von Straßen oder Wegen, umschlossen ist".

Baublöcke stellen eine wichtige Raumbezugsebene der amtlichen Städtestatistik dar. Sie dienen als Ordnungs- und Schlüsselsystem zur Identifizierung, Lokalisierung und Visualisierung der statistischen Sachdaten nach räumlich geographischen Gesichtspunkten. In der Städtestatistik werden Baublöcke gelegentlich weiter heruntergebrochen in Blockseiten. In den regelmäßig bebauten Innenstädten entspricht eine Blockseite einer Straßenseite zwischen zwei Kreuzungen.

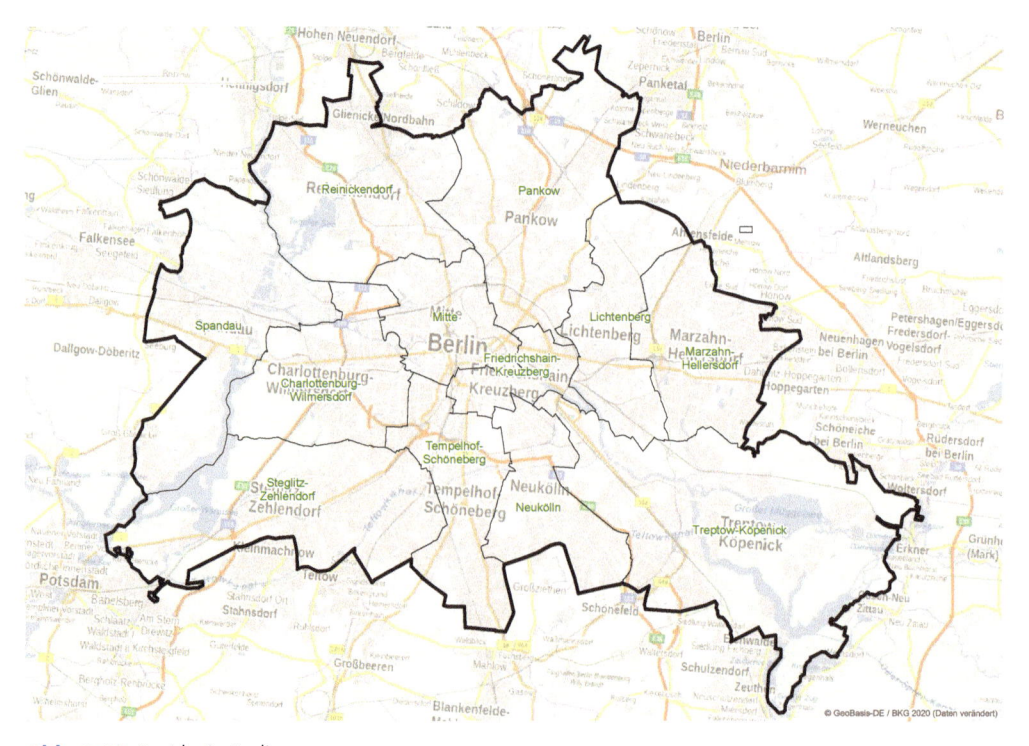

Abb. 1.14 Bezirke in Berlin

1.6 Geodaten

Die *„Lebensweltlich orientierten Räume" (LOR)* sind 2006 als neue räumliche Grundlage für Planung, Prognose und Beobachtung demographischer und sozialer Entwicklungen *in Berlin* festgelegt worden. Ziel war die Abbildung lebensweltlicher Homogenität bei gleichzeitiger Wahrung einer Vergleichbarkeit der Planungsraumeinheiten. Kriterien für die Abgrenzung der „Lebensweltlich orientierten Räume" waren daher unter anderem einheitliche Baustrukturen bzw. Milieubildung, große Straßen und Verkehrstrassen sowie natürliche Barrieren, aber auch eine Begrenzung der Einwohnerzahl oder die Vorgabe, keine statistischen Blöcke zu schneiden. Die bisher für die kleinräumige Statistik allein verfügbare Raumhierarchie war sehr stark von der Verkehrsplanung („Verkehrszellen") dominiert, die vor allem die Verkehrstrassen als Mittelpunkt und nicht als Grenze von Räumen ansah und damit für sozialräumliche Planung eher ungeeignet war.

Mit der neuen Raumhierarchie hat Berlin verbesserte Analyse-, Prognose- und Planungsgrundlagen z. B. für die Stadtplanung, Spielplatzplanung, Jugendhilfeplanung, Gesundheits- und Sozialplanung. Dies ist eine wichtige Voraussetzung für ressortübergreifendes und raumbezogenes Planen und Verwaltungshandeln („Ressortübergreifende Sozialraumorientierung"). Ziel dieses Ansatzes ist es, die Grundlagen zu schaffen, damit öffentliche Ressourcen künftig auf Ebene der Planungsräume zielgerichteter und sozial gerechter, d. h. besser an der Lebenslage der Bewohner orientiert, eingesetzt werden können. Die Lebensweltlich orientierten Räume in Berlin (LOR) bestehen ab 1.1.2019 aus den folgenden drei Ebenen: 448 Planungsräume, 138 Bezirksregionen, 60 Prognoseräume (Senatsverwaltung für Stadtentwicklung und Wohnen, Berlin) (s. Abb. 1.15).

Abb. 1.15 LOR in Berlin (Prognoseräume, Bezirksregionen, Planungsräume)

Statistische Bezirke in der Kfz-Zulassungs- und Bestandsstatistik

Die Automobilhersteller und -Importeure verwenden zur Marktbeobachtung und Vertriebssteuerung die Kfz-Zulassungs- und Bestandsdaten des Kraftfahrtbundesamts in einer individuell für ihre Zwecke konstruierten kleinräumlichen Gliederung, die sie „Statistische Bezirke" nennen. Es handelt sich um eine flächendeckend für ganz Deutschland definierte Gebietseinteilung, die auf der Gemeindegliederung basiert. Sie besteht aus allen deutschen Gemeinden, wobei die Städte räumlich weiter heruntergebrochen werden. Dabei stützt man sich auf die von der jeweiligen Stadt verwendete kleinräumige Gliederung. Allerdings wird in jeder Stadt nur eine Gliederungsebene genutzt. Vielfach wird die feinste Gliederungsebene verwendet. Sind die Gebiete darin jedoch zu klein für den Verwendungszweck, wurde eine höhere Gliederungsebene gewählt. In einigen Städten wurden die Gebiete der feinsten Gliederungsebene zu „maßgeschneiderten" Marktzellen zusammengefasst. Die Nummerierung der statistischen Bezirke in der Kfz-Zulassungsstatistik ist 11-stellig. Dabei entsprechen die ersten acht Ziffern der Gemeindekennziffer. Es folgen drei Ziffern zur Unterscheidung der statistischen Bezirke innerhalb der Gemeinde. Sind die letzten drei Ziffern des 11-stelligen Schlüssels gleich 000, so ist die betreffende Gemeinde kleinräumig nicht weiter untergliedert.

PAGS: ein durchgängiges makro- und mikrogeographisches Raumordnungssystem

Leider sind die in Deutschland gängigen Raumordnungssysteme untereinander hochgradig inkompatibel. Auf der makrogeographischen Ebene ist die administrative Gliederung (Länder, Regierungsbezirke, Kreise, Gemeinden) nicht mit der postalischen Gliederung kompatibel. Auf der mikrogeographischen Ebene gibt es keine bundeseinheitliche Gliederungssystematik für kleinräumige Gliederungen und die Städtestatistik; dazu gibt es mehrere Ansätze zur kleinräumigen Untergliederung der 5-stelligen PLZ-Gebiete (s. o.: MikroPLZ und PLZ8). Um dieser Problematik Herr zu werden, hat infas360 (Bonn) mit seinem PAGS ein durchgängiges makro- und mikrogeographisches Raumordnungssystem für Deutschland entwickelt. PAGS steht für postalisch-amtliche Gliederung nach homogenen Siedlungsstrukturen für Wohnen und Gewerbe. Dieses neue Gliederungssystem basiert auf den flächendeckend verfügbaren amtlichen Gebäudedaten. Es beinhaltet sowohl die komplette postalische als auch die amtliche Struktur, denn es berücksichtigt Deutschlands Gemeinden und Postortsteile und weist alle bebauten (Siedlungen) und nicht bebauten Flächen aus. Innerhalb dieser werden Quartiere nach Gewerbe, Misch- oder Wohnnutzung unterteilt, wobei eine homogene Bebauungsstruktur maßgeblich ist. So bildet PAGS die siedlungsstrukturelle Realität des Raums ab. PAGS ist Basis für alle nachgelagerten Analysen und Datenberechnungen von infas360. Es dient außerdem zur Erstellung flächendeckender Small Statistic Areas mittels einer Bewertung aller Häuser und somit der Bebauungsstruktur inklusive statistischer Aussagen zur Homogenität (infas360 PAGS Flyer).

1.6.3 Flächenhafte regionale Gliederungen in Österreich

Für Österreich werden hier nur die administrativen und postalischen Gebietsstrukturen sowie die wichtigsten regionalen Gliederungen der amtlichen Statistik beschrieben. Darüber hinaus existieren auch in Österreich branchenspezifische Gebietsstrukturen. Deren

1.6 Geodaten

Beschreibung würde jedoch an dieser Stelle zu weit führen. Weiterführende Informationen hierzu finden sich z. B. im Internet unter www.geomarketing.at und www.easymap.at.

Administrative Gliederung

Der Aufbau der örtlichen Zuständigkeit von Verwaltungseinheiten Österreichs ist hierarchisch. Die oberste regionale Verwaltungseinheit bilden die neun Bundesländer, die zweite Ebene die Politischen Bezirke (Bezirke und Statutarstädte), in der dritten und untersten Verwaltungsebene sind die Gemeinden angesiedelt.

Das Bundesgebiet gliedert sich in 94 Politische Bezirke und zwar 15 Statutarstädte und 79 Landbezirke (s. Abb. 1.16). Die Politischen Bezirke stellen die unterste Verwaltungseinheit der staatlichen Verwaltung dar. Sie umfassen jeweils den Bereich aller Gemeinden, für die eine bestimmte Bezirkshauptmannschaft als Verwaltungs-behörde zuständig ist. Die 3-stellige Kennziffer des Politischen Bezirks setzt sich zusammen aus einer Stelle für das Bundesland (1 für Burgenland, 2 für Kärnten, 3 für NÖ, 4 für OÖ, 5 für Salzburg, 6 für Steiermark, 7 für Tirol, 8 für Vorarlberg und 9 für Wien) plus 2-stelliger Laufnummer, wobei die Statutarstädte den Landbezirken vorangestellt sind.

Bezeichnung der Gliederungsebene	Anzahl Gebiete	Gebietsnummer
Bundesländer	9	1-stellig
Politische Bezirke	94 (15 Statutarstädte, 79 Landbezirke)	3-stellig
Gemeinden	2.095	5-stellig

Tabelle 1.4 Übersicht der Verwaltungseinheiten in Österreich (Gebietsstand 2020) (Statistik Austria: Regionale Gliederungen)

Abb. 1.16 Administrative Gliederung in Österreich: Bundesländer und politische Bezirke

1 Grundlagen

Die offizielle, von Statistik Austria verwendete 5-stellige Gemeindekennziffer ist wie folgt aufgebaut:

1. Stelle: Bundesland

2. + 3. Stelle: Politischer Bezirk bzw. Statutarstadt

4. + 5. Stelle: Gemeinde

Beispiel:	Gemeinde Hopfgarten im Brixental
	70406 Gemeinde Hopfgarten im Brixental
	704 Politischer Bezirk Kitzbühel
	7 Bundesland Tirol

Abb. 1.17 Administrative Gliederung in Österreich: politischer Bezirk Kitzbühel mit Gemeindegrenzen

1.6 Geodaten

Postalische Gliederung

Bezeichnung der Gliederungsebene	Anzahl Gebiete	Gebietsnummer
Leitzonen	9	1-stellig
Leitgebiete	77	2-stellig
Leitstrecken	653	
Leitorte	2.222	4-stellig

Tabelle 1.5 Postalische Gliederung Österreichs (Stand: März 2020)

Beispiel:	Oberndorf	
	6372	Leitort Oberndorf in Tirol
	63	Leitgebiet Wörgl-Kufstein-Kitzbühel
	6	Leitzone Nordtirol, Vorarlberg

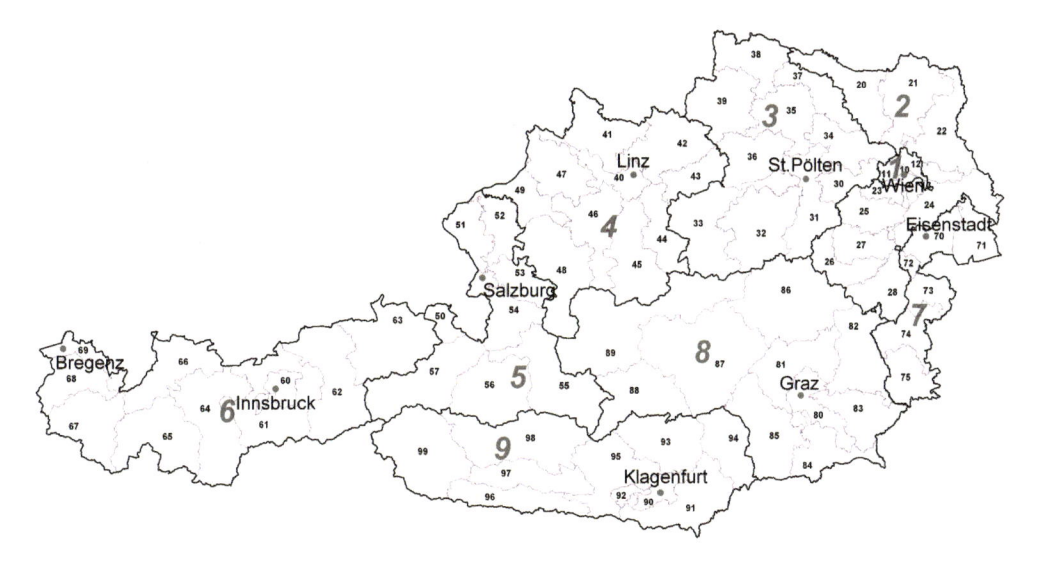

Abb. 1.18 Postalische Gliederung in Österreich: Postleitzonen und Postleitgebiete

1 Grundlagen

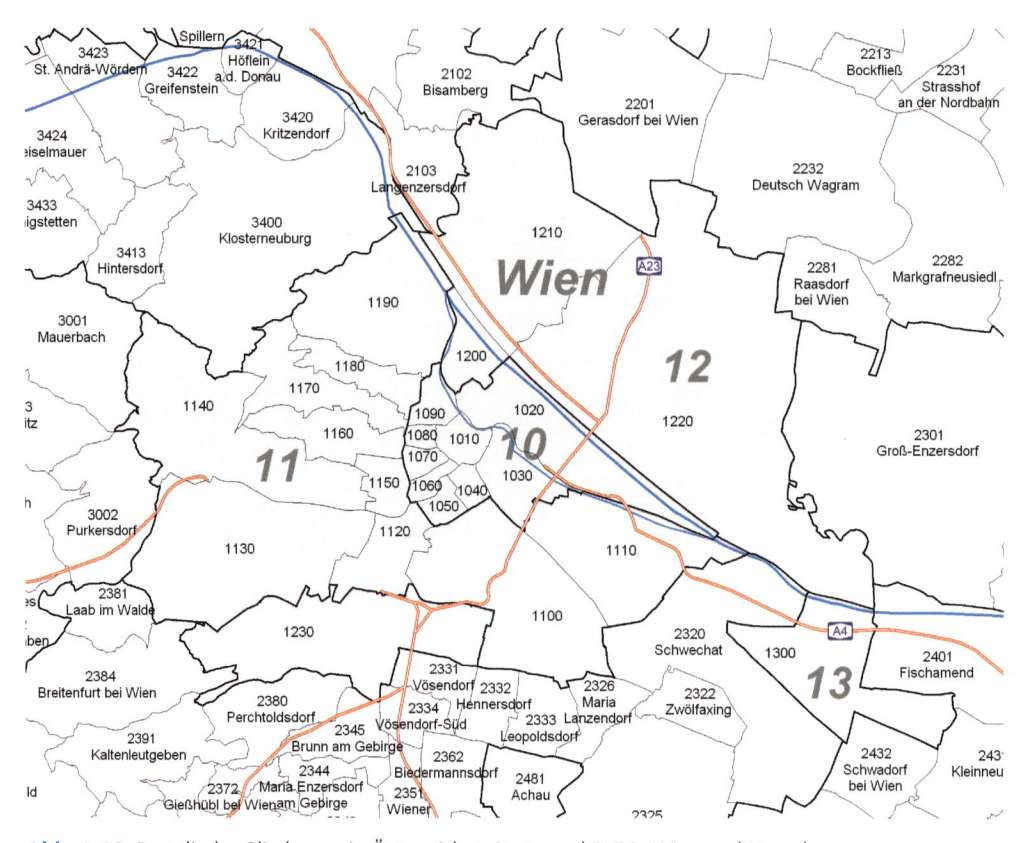

Abb. 1.19 Postalische Gliederung in Österreich: Leitorte und PLZ in Wien und Umgebung

Zählsprengel

Die 8.825 Zählsprengel (Stand 1.1.2019) stellen in territorialer Hinsicht neben den Regionalstatistischen Rastereinheiten (s. u.) die kleinsten Einheiten dar, für welche in Österreich Strukturdaten standardmäßig angeboten werden. Zählsprengel sind Teilflächen einer Gemeinde. Die Zählsprengelnummer ist 8-stellig; die führenden fünf Ziffern sind die Kennziffer der Gemeinde, zu der der Zählsprengel gehört.

Nicht jede Gemeinde ist in Zählsprengel unterteilt. Demnach unterscheidet man Zählsprengelgemeinden und Nichtzählsprengelgemeinden. Aus praktischen Gründen kann man Nichtzählsprengelgemeinden aber auch als einen mit der Gemeinde identischen Zählsprengel betrachten, wobei dieser Zählsprengel wie bei den Zählsprengelgemeinden mit 000 bezeichnet wird. Nur in Wien beginnen die Zählsprengel (Zählgebiete) mit 010. Die Zählsprengel Wiens werden als Zählgebiete bezeichnet (Statistik Austria: Regionale Gliederungen).

1.6 Geodaten

Beispiel:	Zählsprengel in Villach	
	20201223	Zählsprengel Fellach-West
	20201	Gemeinde Villach
	202	Politischer Bezirk Villach (Stadt)
	2	Bundesland Kärnten

Regionalstatistische Rastereinheiten

Die regionalstatistischen Rastereinheiten sind als quadratische Raster (100 m × 100 m, 250 m × 250 m, 500 m × 500 m, ...) flächendeckend über das gesamte Bundesgebiet gelegt. Die Raster sind sowohl von Verwaltungsgrenzen als auch von Grenzen sonstiger Raumgliederungen unabhängig und erlauben daher eine stärker sachbezogene Gebietsabgrenzung. Aufgrund ihrer Kleinräumigkeit können räumliche Verteilungen wesentlich besser erkannt werden.

Für Österreich bietet die Statistik Austria den europaweiten Raster gemäß der EU-Richtlinie INSPIRE an. Dieser Raster beruht, wie in den Datenspezifikationen der EU-Richtlinie INSPIRE zu den Gittersystemen angegeben, auf der azimutalen flächentreuen Lambert-Projektion (Lambert Azimuthal Equal Area Projection). Der ETRS-LAEA-Raster wird ausgehend von dem Punkt 10°E 52°N parallel zum Längengrad 10°E und parallel zum Breitengrad 52°N aufgezogen. Ein einheitliches europäisches Projektionssystem ist insbesondere für den Geodatenaustausch in Europa von Vorteil, da die Geodaten somit nicht mehr aufwendig transformiert werden müssen. Auch für kleinräumige, grenzüberschreitende Darstellungen und Auswertungen in Europa bietet dies eine Erleichterung. Das Bundesministerium für Land- und Forstwirtschaft, Umwelt und Wasserwirtschaft (BMLFUW) bietet auch Daten auf Basis dieses Rasters an. Ausnahme ist der 250-m-Raster, der vom BMLFUW in einer 200-m-Auflösung angeboten wird.

Die verfügbaren Rastergrößen im ETRS-LAEA-Raster sind 100 m, 250 m, 500 m, 1.000 m, 2.000 m, 5.000 m und 10.000 m. Die Statistik Austria bietet zurzeit das Paket Bevölkerungsstand, das Paket Gebäude und Wohnungen, Daten aus der Registerzählung 2011, Daten der Gebäude- und Wohnungszählung 2011, Daten der Arbeitsstättenzählung 2011 und Daten der Abgestimmten Erwerbsstatistik an. Fallzahlen werden ab einer Rastergröße von 100 m angeboten, Merkmale zu den Fallzahlen werden ab 250 m zur Verfügung gestellt (Statistik Austria: Regionale Gliederungen).

Das Rastermodell wird u. a. gerne für Einzugsbereichsanalysen eingesetzt, da dadurch eine sehr scharfe Abgrenzung möglich wird.

Vorteile der Rasterstruktur:

- Rastereinheiten ermöglichen gegenüber den ungleichen Flächengrößen von Verwaltungsgliederungen eine neutrale, wenn auch schematische Raumgliederung.
- Da sich die statistischen Daten auf gleiche Flächen beziehen, stellen die Absolutwerte zugleich auch Dichtewerte dar.

- Flächen gleicher Dichteklassen können ohne trennende Zwischenlinien zu einheitlichen Dichtegebieten zusammengefasst werden.
- Da es bei dem fix definierten Raster keine Grenzänderungen gibt, können Veränderungen von einer statistischen Zählung zur nächsten genau festgestellt werden.

1.6.4 Flächenhafte regionale Gliederungen in der Schweiz

Neben der administrativen und postalischen Gliederung spielt gerade in der Schweiz die naturräumliche Gliederung eine besondere Rolle. Schließlich ist insbesondere im Außendienst und in der Logistik immer die durch die Alpen geprägte Verkehrssituation zu berücksichtigen. Im Geomarketing ebenso wichtig ist die Gliederung der Schweiz in drei Sprachregionen (s. Abb. 1.23 und 1.24).

Administrative Gliederung

Die institutionellen Gliederungen der Schweiz (Gemeinde, Bezirke, Kantone) sind als historisch gewachsene Verwaltungseinheiten häufig verwendete statistische Bezugsräume. Der schweizerische Bundesstaat gliedert sich in 26 gleichberechtigte Kantone (davon 6 Halbkantone). Die Bundesverfassung spricht allerdings von 23 Kantonen und subsumiert darin die drei mal zwei Halbkantone (Basel-Stadt und Basel-Landschaft; Ob- und Nidwalden; Appenzell A. Rh. und I. Rh.). Obwohl die Kantone sehr wichtige und häufig verwendete Raumeinheiten der Schweizer Statistik darstellen, eignen sie sich nur bedingt für räumliche Analysen: Ihre Grenzziehungen stimmen wenig mit funktionalen Gesichtspunkten überein und ihre Größen bzw. Bevölkerungszahlen sind sehr unterschiedlich.

Die nächstfeinere administrative Einheit nach dem Kanton ist der Bezirk bzw. eine vergleichbare administrative Einheit des Kantons. Aktuell umfasst die Schweiz insgesamt 143 Bezirke (1.1.2019). Kantone ohne Bezirksunterteilung sind UR, OW, NW, GL, ZG, BS, AI und GE. Die Bezirke sind keine politischen Körperschaften, sondern reine Verwaltungseinheiten. Sie nehmen teilweise dezentrale Verwaltungsaufgaben der Kantone wahr und entsprechen in verschiedenen Kantonen den Wahlkreisen, den Regionen oder den Verwaltungskreisen.

Die Gemeinde ist die kleinste Verwaltungseinheit der Schweiz. Die 2.202 politischen Gemeinden (Stand 1.1.2020) stellen in zahlreichen statistischen Erhebungen das niedrigste Erfassungsniveau dar. Wegen ihrer stark schwankenden Größe bezüglich Einwohnerzahl und Fläche und ihrer aufgrund von Gemeindereformen, Fusionen und Trennungen sich jährlich ändernden Zahl eignen sie sich indessen nur begrenzt für räumliche und zeitliche Analysen (Bundesamt für Statistik: Institutionelle Gliederungen).

1.6 Geodaten

Abb. 1.20 Die administrative Gliederung der Schweiz: Kantone und Grenzen der Bezirke innerhalb der Kantone

Bezeichnung der Gliederungsebene	Anzahl Gebiete	Gebietsnummer
Kanton	26	2 Buchstaben
Bezirk	143	4-stellig
Gemeinde	2.202	1- bis 4-stellig (ab 1 fortlaufend nummeriert)

Tabelle 1.6 Übersicht der Verwaltungseinheiten in der Schweiz (Stand: 1.1.2020)

Hinweis: Anders als in Deutschland und Österreich ist in der Schweiz die Kantons- und Bezirksnummer nicht in der amtlichen Gemeindenummer enthalten. Die Zugehörigkeit der Gemeinden zu Kanton und Bezirk geht aus einer separaten Zuordnungstabelle hervor.

1 Grundlagen

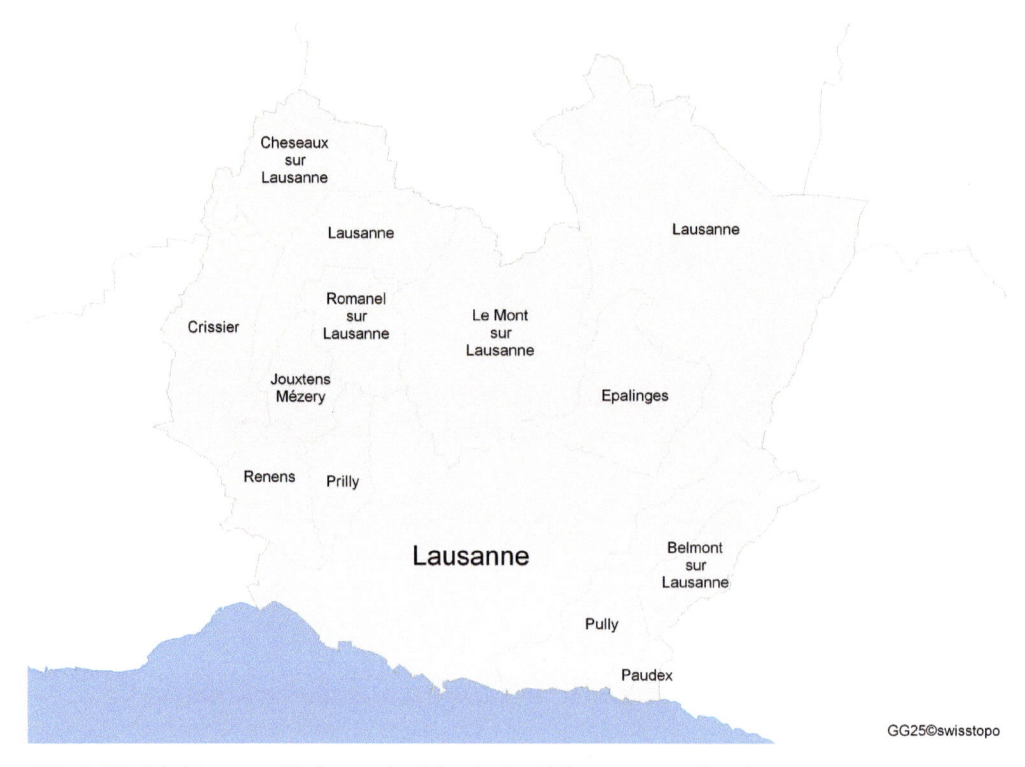

Abb. 1.21 Administrative Gliederung der Schweiz: Bezirk Lausanne mit Gemeinden

Postalische Gliederung

Die Schweiz ist in neun geographische Leitkreise eingeteilt, die von West nach Ost nummeriert sind. Jeder Leitkreis ist wiederum in Leitgebiete unterteilt, diese wiederum in maximal 100 Einheiten. Die Postleitzahlen werden wie folgt aufgebaut:

Beispiel:	Zollbrück
3	Leitkreis (Bern)
34	Leitgebiet (Burgdorf)
343	Strecke (Burgdorf-Langnau)
3436	Nummer der Poststelle (Zollbrück)
(Post CH AG: Adresspflege/Straßenverzeichnis mit Sortierdaten)	

1.6 Geodaten

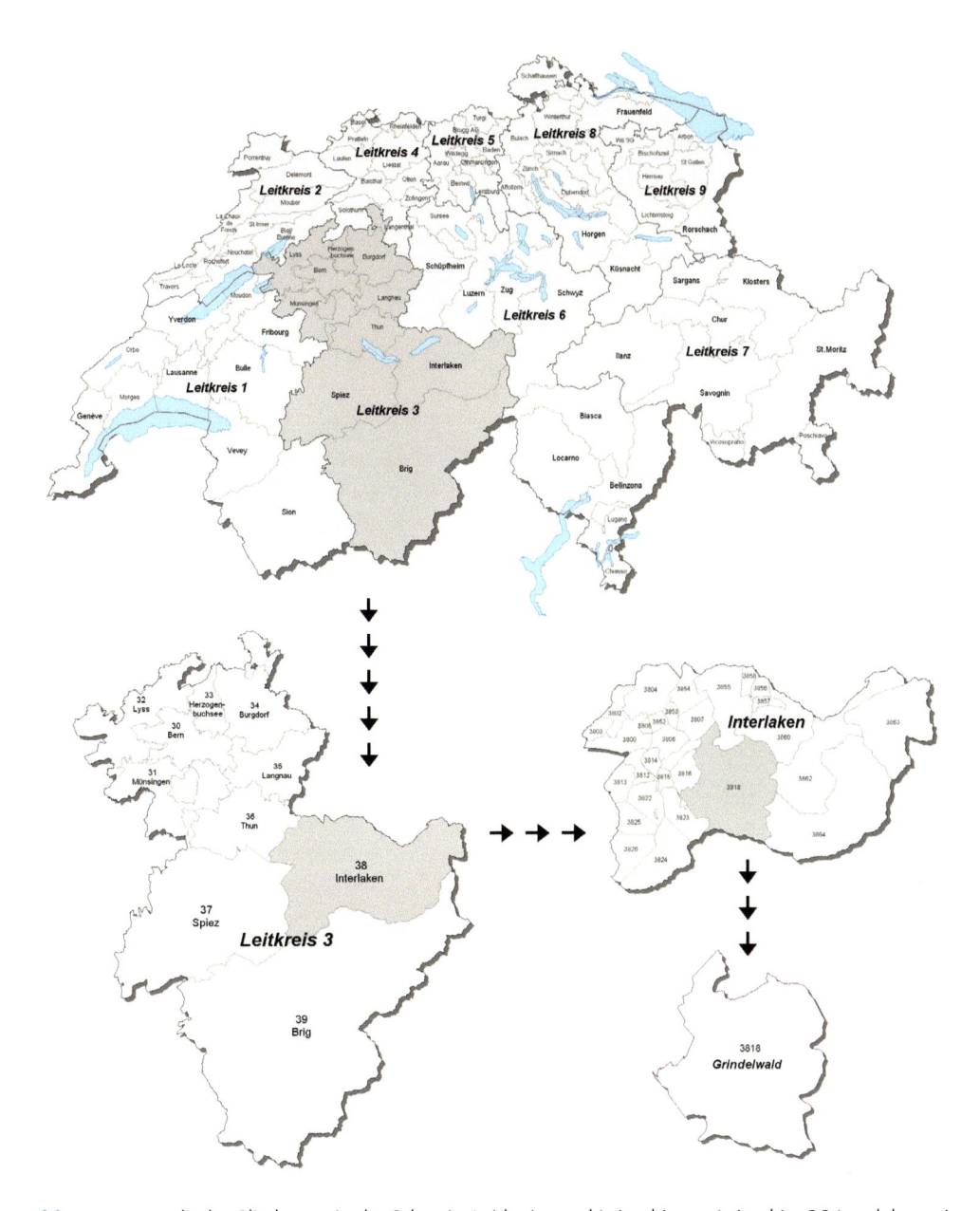

Abb. 1.22 Postalische Gliederung in der Schweiz: Leitkreise und Leitgebiete – Leitgebiet 38 Interlaken mit Postleitzahlen der Poststellen

1 Grundlagen

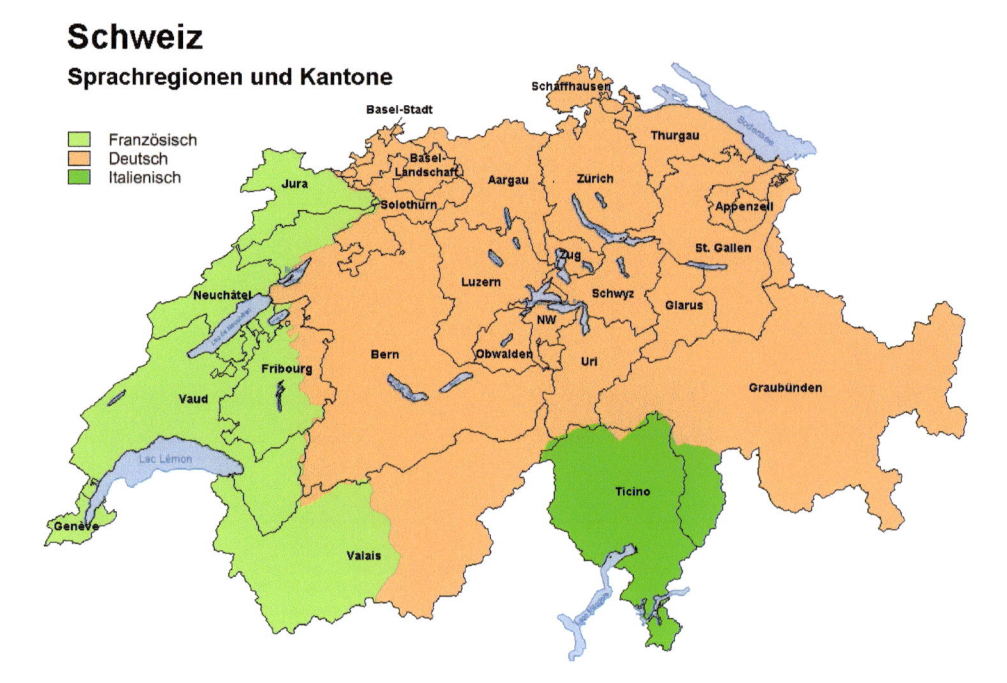

Abb. 1.23 Sprachregionen und Kantone in der Schweiz – die Sprachgrenzen verlaufen quer durch einige Kantone

Abb. 1.24 Kanton Wallis mit Sprachregionen

1.6.5 Straßen und Gebäude als Raumbezug

Straßen als Raumbezug zu nutzen, ist mehr als nahe liegend. Schließlich ist die Straßenangabe wesentlicher Bestandteil der Adresse. Dennoch sind Straßen wegen ihrer Heterogenität als Raumbezugsebene nur eingeschränkt nutzbar. Es gibt kurze Straßen, auf denen nur ganz wenige Häuser stehen. Statistische Daten zu solchen Straßen dürften oftmals zur Wahrung der Anonymität gar nicht veröffentlicht werden. Andererseits gibt es sehr lange Straßen (z. B. die Aachener Straße in Köln mit über 1.000 Hausnummern), auf denen so viele Menschen wie anderswo in einem ganzen Stadtteil wohnen. Aus diesem Grunde unterteilen die auf Mikromarketing spezialisierten Marktforschungsinstitute die Straßen in *Straßenabschnitte*. Dies ermöglicht ihnen die Definition von „Mikrozellen" mit homogener Bevölkerungs- und Bebauungsstruktur.

In Deutschland gibt es rund 1,1 Mio. Straßen. Die Hersteller von digitalen Straßenkarten für die Fahrzeugnavigation geben an, alle befahrbaren Straßen in Deutschland digitalisiert zu haben. Ein flächendeckendes, einheitliches und genormtes Nummerierungssystem für die Straßen gibt es nicht. Als Ersatz stehen bestenfalls die von den Herstellern digitaler Straßenkarten vergebenen Straßennummern zur Verfügung. Dies führt dazu, dass bei der Verknüpfung von Straßendaten aus verschiedenen Quellen regelmäßig große Zuordnungsprobleme entstehen. Diese sind dadurch begründet, dass dieselbe Straße in verschiedenen Datenbeständen unterschiedlich geschrieben sein kann (z. B. durch Verwendung von Abkürzungen). Zusätzliche Probleme entstehen bei Adressbeständen oftmals durch fehlerhaft erfasste bzw. geschriebene Straßennamen. Der offizielle von der Stadt vergebene Straßenname weicht gelegentlich vom „offiziellen" Straßennamen der Post ab. Es kommt sogar vor, dass eine Straße im offiziellen Straßenverzeichnis der Stadt anders geschrieben ist als auf dem Straßenschild vor Ort.

Der feinste Raumbezug in Geomarketing und Mikromarketing ist das einzelne Gebäude mit seiner Lagekoordinate. Bei rund 22 Mio. Gebäuden in Deutschland (über 2 Mio. in Österreich, 1,6 Mio. in der Schweiz) stellt allerdings schon eine Tabelle aller Gebäude mit vollständiger Adresse sowie Lagekoordinate einen riesigen Datenbestand dar. Die amtlichen Hauskoordinaten Deutschland (HK-DE) definieren die genaue räumliche Position von rund 22 Mio. adressierten Gebäuden bundesweit. Datenquelle ist das Liegenschaftskataster der Länder und somit das amtliche Verzeichnis aller Flurstücke und Gebäude in Deutschland. Anders als durch Interpolation berechnete oder anderweitig erhobene Daten, beruhen die amtlichen Hauskoordinaten in der Regel auf einer individuellen Vermessung vor Ort. Sie werden durch die Katasterbehörden kontinuierlich aktualisiert und garantieren den Nutzern eine langfristige Investitionssicherheit. Die beim Landesamt für Digitalisierung, Breitband und Vermessung Bayern eingerichtete „Zentrale Stelle Hauskoordinaten und Hausumringe" (ZSHH) bündelt die HK-DE der Vermessungsverwaltungen der Bundesländer und stellt Kunden diese im Auftrag der Länder zu einheitlichen Gebühren- und Lizenzmodellen sowie im bundesweit einheitlichen ASCII-Datenformat zentral bereit. Derzeit stellt die ZSHH ihren Kunden auf Wunsch einmal jährlich einen aktualisierten HK-DE Datenbestand zur Verfügung. Die ZSHH wird immer dann aktiv, wenn Nutzer Daten aus mehr als einem Bundesland lizenzieren möchten.

Die oben beschriebene Problematik der eindeutigen Identifikation einer Straße setzt sich naturgemäß bei der eindeutigen Identifikation von Gebäuden fort. Die Verwendung der Gebäude als Raumbezugsebene ist aber auch unter datenschutzrechtlichen Aspekten problematisch. Dies gilt insbesondere für Ein- und Zweifamilienhäuser, denn Daten des Wohngebäudes (z. B. geschätzte Miete laut Mietspiegel) könnten ohne Wahrung der Anonymität den ein bis zwei im Gebäude wohnenden Haushalten zugeordnet werden.

1.6.6 Bezugsquellen

Die wichtigsten Bezugsquellen für Geodaten zum Geomarketing sind:

a) Hersteller

- Ämter (in Deutschland z. B. das Bundesamt für Kartographie und Geodäsie (BKG), die Landesvermessungsämter und das Landesamt für Digitalisierung, Breitband und Vermessung Bayern als zentrale Vertriebsstelle für Hauskoordinaten und Hausumringe)
- Deutsche Post und Deutsche Telekom (bieten jeweils eigene flächendeckende Gebäudekoordinaten)
- Hersteller von Fahrzeugnavigationssystemen bzw. deren Vertriebspartner
- Hersteller von Geomarketing-Systemen

b) Sonstige Anbieter

- Anbieter von Geomarketing- und GIS-Systemen
- Geodatenhändler
- Marktforschungsinstitute

1.7 Sachdaten

Bei den im Geomarketing eingesetzten Sachdaten unterscheidet man üblicherweise:

- unternehmensinterne Daten,
- unternehmensexterne Daten.

Unternehmensinterne Daten stammen aus dem Unternehmen selbst, unternehmensexterne Daten stammen aus externen Quellen.

1.7 Sachdaten

Bezirk	Besuchszeit/Q.	Umsatz	Potenzial	PKW-Bestand gesamt	Mercedes	BMW
0105 Vetters	20.940	1.253.625		-15,22%		4,0%
0107 Conrad	20.790	935.463				3,0%
0108 Gebel	20.880	560.967		-55,18%		1,8%
0109 Krämer	21.090	1.016.853		-15,60%		4,3%
0110 Zeisig	21.030	742.010		-21,83%		2,3%
0111 Feldkamp	21.000	2.069.528		114,67%		4,7%
0112 Kunz	20.850	1.649.409		25,95%		3,5%
0116 Bauer	21.000	1.409.749		10,07%		3,3%
0201 Daller	21.000	1.030.446		-48,44%		2,6%
0202 Egger	20.970	1.258.776		-11,44%		4,3%
0204 Ott	20.850	765.833		-64,52%		1,8%
0215 Schuster	21.030	889.032		-65,99%		2,1%
0216 Hasslinger	20.970	879.747		-64,32%		2,3%
0219 Lehmann	20.970	800.157		-59,20%		2,0%
0220 Fiedler	20.940	965.418		-54,15%		2,2%
0221 Kaiser	20.940	762.751		-58,84%		1,9%
0303 Schindler	20.820	984.052		46,29%		2,5%
0305 Bauer	20.730	904.550		-26,20%		2,5%
0314 Schmitz	20.970	1.082.269		-25,35%		3,4%
0317 Eckert	20.910	1.040.151		17,88%		2,9%
0321 Bachmann	20.940	945.772		-8,78%		2,3%
0322 Papp	20.820	936.794		-14,92%		1,9%
0323 Teipel	20.940	1.329.155		30,92%		3,7%
0324 Kessler	20.730	1.281.572		9,19%		3,2%
0325 Krause	20.820	701.986		-52,40%		1,5%
0406 Möller	21.000	801.522		-52,56%		2,2%
0407 Müller	20.850	1.594.712		117,00%		4,6%
0408 Antoni	20.850	1.225.128		48,48%		3,6%
0411 Thomson	**20.820**	**874.404**		**-7,53%**		**2,3%**
0413 Lindner	21.000	876.234		-19,17%		2,2%
0414 Meier	20.880	970.949		35,86%		2,6%
0415 Baier	21.060	1.155.246		79,82%		2,9%
0418 Walter	21.090	1.098.493		94,77%		2,9%
0419 Hintze	20.880	1.624.554		44,36%		3,1%

Abb. 1.25 Typische Geomarketing-Datentabelle – sie stellt für jedes Vertriebsgebiet unternehmensinterne Daten (hier: Umsatz und Besuchszeit pro Quartal in Minuten) und Marktdaten gegenüber (hier: Potenzial, Pkw-Bestand gesamt, Mercedes-Pkw-Bestand, BMW-Pkw-Bestand)

Unabhängig von der Herkunft werden Daten nach der Art ihrer Skalierung unterschieden:

- *Nominale Daten*: Bezeichnungen, Namen;
  z. B. Branche, Vertriebsgebietsname, Familienstand, Heizungsart.
- *Ordinale Daten* sind untereinander vergleichbare Daten (größer, kleiner, gleich); ordinale Daten sind sortierbar;
  z. B. Schulnoten, ABC-Kundenklassifizierung, Hierarchieebene innerhalb einer Organisation.
- *Metrische Daten* haben eine Maßeinheit bzw. Dimension; mit metrischen Daten kann man rechnen;
  z. B. Anzahl Kunden, Absatzmengen, Umsatz, Besuchszeiten, Pkw-Bestand.

Die Art der Skalierung der Daten hat Auswirkungen auf die Verarbeitungsmöglichkeiten dieser Daten, insbesondere hinsichtlich Berechnungen und Klassifizierungen. Außerdem hat die Art der Skalierung der Daten Konsequenzen auf die Möglichkeiten der Darstellung in thematischen Karten (siehe Kapitel 2 und Olbrich et al. 1996).

Ein weiterer wichtiger Ansatz zur Beurteilung von Daten ist die Unterscheidung von ursprünglichen und abgeleiteten Daten. Ursprüngliche Daten werden unverändert, so wie sie erhoben wurden, verwendet (z. B. Einwohnerzahlen, Absatzmengen, Umsätze). Abgeleiteten Daten sind hingegen das Ergebnis von Verarbeitungen bzw. Berechnungen (z. B. Kaufkraft, ABC-Kundenklassifizierung). Bei abgeleiteten internen Daten ist der Verarbeitungs- bzw. Berechnungsweg bekannt. Dagegen werden bei abgeleiteten externen Daten die Verarbeitungs- bzw. Berechnungswege keineswegs immer präzise und vollständig beschrieben. Deshalb können Inhalt und Qualität und damit die Nutzbarkeit abgeleiteter externer Daten nicht immer zweifelsfrei beurteilt werden.

1.7.1 Unternehmensinterne Daten

Umfang und Qualität der unternehmenseigenen Datenverarbeitung legen fest, welche Daten verfügbar sind. Beim Geomarketing können grundsätzlich alle Marketing- und Vertriebsdaten relevant sein, insbesondere Kundenbestand, Umsätze, Absatzzahlen, Kontaktdaten, Besuchsberichte, Kosten und Ergebnisse von Werbekampagnen. Entscheidend für die Einsatzmöglichkeit der Daten im Geomarketing ist, ob die Daten einen Raumbezug enthalten bzw. ob ein Raumbezug herstellbar ist. Dabei kommen z. B. folgende Raumbezüge in Betracht:

Standorte:

- Kundenstandorte
- Verkaufsstandorte, Filialen, Vertriebsbüros
- Infrastrukturstandorte (Produktionsstandorte, Lager etc.)
- Wohnsitze der Außendienstmitarbeiter
- Standorte der Wettbewerber
- Standorte von Werbeträgern (Kino, Plakat etc.)

Gebiete von Organisationseinheiten:

- Niederlassungen
- Regionaldirektionen
- Vertriebsgebiete
- Filialbereiche
- Arbeitsgebiete der Außendienstmitarbeiter
- Franchisegebiete
- Vertragsgebiete von freien Handelsvertretern und Agenten
- Liefer- und Versorgungsgebiete

Bei den unternehmensinternen Daten sind Inhalt, Quellen, Erhebungsmethode und Aktualität präzise bekannt, nachvollziehbar und z. T. sogar beeinflussbar. Aus diesen Gründen sind unternehmensinterne Daten vergleichbaren externen Daten immer vorzuziehen. Nutzt man jedoch ausschließlich unternehmensinterne Daten, blickt man nie „über den

1.7 Sachdaten

Tellerrand hinaus". Vergleichsmöglichkeiten bieten solche Daten immer nur unternehmensintern: War der Umsatz in diesem Jahr höher als im letzten Jahr? Ist der Kundenbestand von Filiale A größer als der von Filiale B? Hat Vertreter Meier mehr Neukunden akquiriert als Vertreter Müller? Eine Einschätzung des Gesamtmarkts, von Marktpotenzialen, Marktanteilen und Marktausschöpfung, ist ausschließlich mit unternehmensinternen Daten nicht möglich. Für solche Analysen sind zusätzlich regionalisierte Marktdaten und Potenzialdaten erforderlich.

1.7.2 Regionalisierte Marktdaten

„Die BMW Group hat 2019 mit 2.520.307 (+1,2 %) weltweit ausgelieferten Fahrzeugen der Marken BMW, MINI und Rolls-Royce zum neunten Mal in Folge eine neue Bestmarke erzielt" (aus BMW Group PressClub vom 10.1.2020). So beeindruckend solche Zahlen auch sein mögen, im Geomarketing wären sie unbrauchbar. Hier werden regionalisierte Marktdaten benötigt, um kleinräumig differenzierte Marktpotenziale, Marktvolumina und die Marktausschöpfung zu bestimmen. Liegen nur Gesamtzahlen vor, so sind diese im Geomarketing nur dann einsetzbar, wenn Sie anhand von anderen regionalisierten Kennziffern oder Schlüsseln zumindest näherungsweise regionalisierbar sind.

Kennz.	Zulassungsbezirk	Insgesamt	Benzin	Diesel	Elektro	andere
08111	STUTTGART, STADT	301.793	196.371	96.958	1.590	6.874
08115	BOEBLINGEN	253.000	164.557	82.438	1.253	4.752
08116	ESSLINGEN	329.698	219.852	104.219	906	4.721
08117	GOEPPINGEN	163.772	106.944	54.041	308	2.479
08118	LUDWIGSBURG	329.497	226.185	97.531	875	4.906
08119	REMS-MURR-KREIS	262.043	178.573	79.105	622	3.743
08121	HEILBRONN, STADT	66.712	43.752	21.795	121	1.044
08125	HEILBRONN	241.465	149.133	87.694	619	4.019
08126	HOHENLOHEKREIS	81.994	44.286	36.450	188	1.070

Tabelle 1.7: Regionalisierte Marktdaten (hier: Pkw-Bestand am 1.1.2019; Kraftfahrt-Bundesamt)

Regionalisierte Marktdaten lassen sich aufgrund ihrer Quelle wie folgt kategorisieren:

- Primärdaten der amtlichen Statistik
  (z. B. Bevölkerung pro Gemeinde, Pkw-Bestand pro Zulassungsbezirk)
- Primärdaten aus anderen Quellen (Verbände, Marktforschungsinstitute)
  (z. B. verbreitete Auflage der Tageszeitungen pro Gemeinde)
- Adressdaten
  (z. B. Adressen der Bewohner von Ein- bis Zweifamilienhäusern in einer Gemeinde)
- Abgeleitete Daten
  (z. B. durchschnittliche Kaufkraft pro Kopf in einer Gemeinde)

1.7.3 Amtliche Statistik

Die amtliche Statistik bietet eine Fülle regionalisierter Daten. Soziodemographische Daten beschreiben die Bevölkerungsstruktur im Allgemeinen (z. B. Altersgruppen, Familienstand, Bildung, Nationalität). Sozioökonomische Daten beschreiben die Bevölkerungsstruktur speziell unter ökonomischen Aspekten. Hierunter fallen z. B. Einkommen, Erwerbstätigkeit, Beschäftigte nach Wirtschaftszweigen.

Weitere Statistiken beschreiben Gebäude, Wohnungen, Bautätigkeit, Erwerbstätigkeit etc. Es kann nicht Anspruch dieses Buchs sein, einen vollständigen Datenkatalog für die amtliche Statistik bereitzustellen. Hier kann bestenfalls ein Eindruck und Überblick über verfügbare regionalisierte Daten aus der amtlichen Statistik geliefert werden. Wichtiger ist an dieser Stelle, auf bestimmte Eigenarten der amtlichen Statistik zu verweisen.

Der Föderalismus bringt in Deutschland leider mit sich, dass die meisten Daten der amtlichen Statistik, die flächendeckend für das ganze Bundesgebiet verfügbar sind und als Gesamtdatenbestand bei einer einzigen Quelle zu beziehen sind (z. B. beim Statistischen Bundesamt oder beim Bundesamt für Bauwesen und Raumordnung), lediglich nach Bundesländern, Regierungsbezirken und Kreisen gegliedert sind. Die einzige Statistik, die das Statistische Bundesamt auf Gemeindeebene derzeit anbietet, enthält lediglich die Gesamtbevölkerung und die Fläche der Gemeinden. Weitergehende Daten zu den Gemeinden sind nur über die 16 Statistischen Landesämter erhältlich.

Noch komplizierter wird es bei kleinräumig gegliederten Daten für die deutschen Städte. Diese sind meist nur direkt bei den Städten erhältlich. Sie von den Städten einzusammeln, wäre schon für die 82 Großstädte über 100.000 Einwohner eine echte Aufgabe. Nicht auszudenken, wenn diese Daten für die rund 700 Städte und Gemeinden ab 20.000 Einwohner zusammengetragen werden müssten. Solche Aufgaben übernehmen Marktforschungsinstitute. Sie nehmen dem Kunden die Ochsentour zum Einsammeln der kleinräumigen Daten bei den Städten ab und bieten Gesamtdatenbestände in kleinräumiger innerstädtischer Gliederung an.

Eine der wenigen Behörden, die flächendeckende Daten bis auf die Gemeindeebene und sogar noch weiter kleinräumig differenziert anbieten, ist das Kraftfahrtbundesamt in Flensburg. Hier werden alle in Deutschland zugelassenen Kraftfahrzeuge tagesaktuell registriert und darauf basierend die Kfz-Zulassungsstatistik geführt. Sie beinhaltet im Wesentlichen den Kfz-Bestand, Neufahrzeugzulassungen und Besitzumschreibungen. Sachliche Gliederungsmerkmale in der Kfz-Zulassungsstatistik sind z. B. die Fahrzeugart (Pkw, Transporter, Lkw, Busse, Krafträder etc.), Hubraum, Leistung, Antriebsart, Kraftstoffart, zulässiges Gesamtgewicht, Jahr der ersten Zulassung.

Einen extrem vielfältigen Fundus an Daten bietet INKAR, der interaktive Online-Atlas des Bundesinstituts für Bau-, Stadt- und Raumforschung (s. Abb. 126a-c). Er veranschaulicht die Lebensbedingungen in Deutschland und Europa. Mehr als 700 Indikatoren ermöglichen Stadt-Land-Vergleiche ebenso wie Auswertungen über die letzten zwei Jahrzehnte.

1.7 Sachdaten

INKAR bietet aktuelle regionalstatistische Informationen zu nahezu allen gesellschaftlich wichtigen Themen wie Arbeitsmarkt, Bildung, Sozialleistungen, Demographie, Einkommen, Wirtschaft, Wohnen, öffentliche Finanzen, Verkehr und Umwelt. Mit der interaktiven Anwendung lassen sich in wenigen Schritten informative thematische Karten und tabellarische Übersichten für alle Gemeinden, Kreise und Regionen in Deutschland und Europa erstellen. Die meisten der zugrunde liegenden Statistiken reichen bis zum Jahr 1995 zurück.

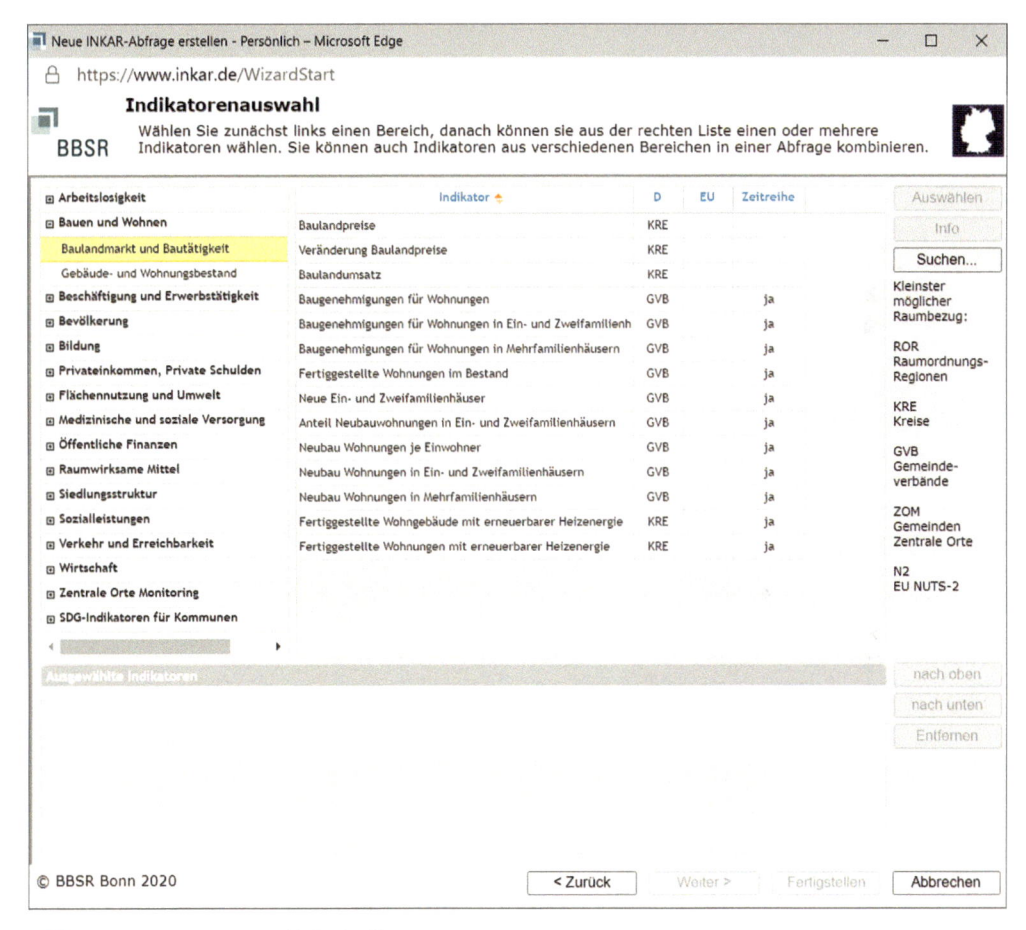

Abb. 1.26a INKAR: Auswahl der Indikatoren

1 Grundlagen

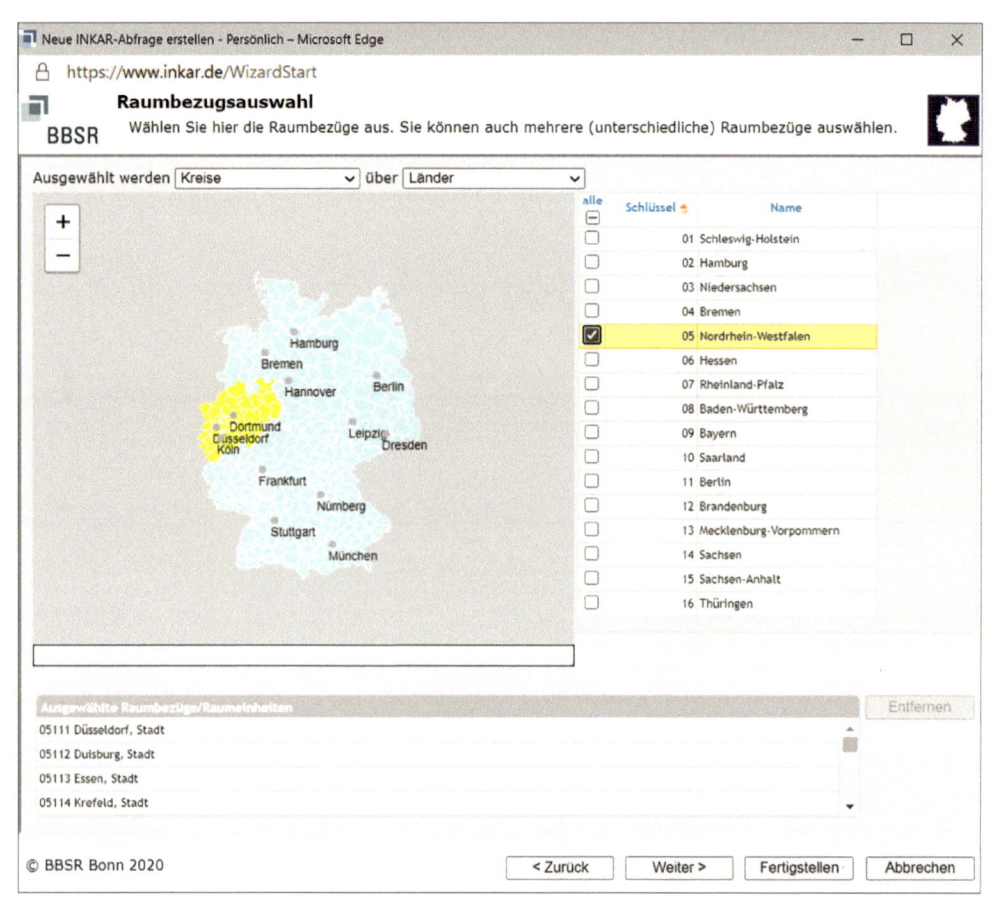

Abb. 1.26b INKAR: Auswahl der Raumbezüge

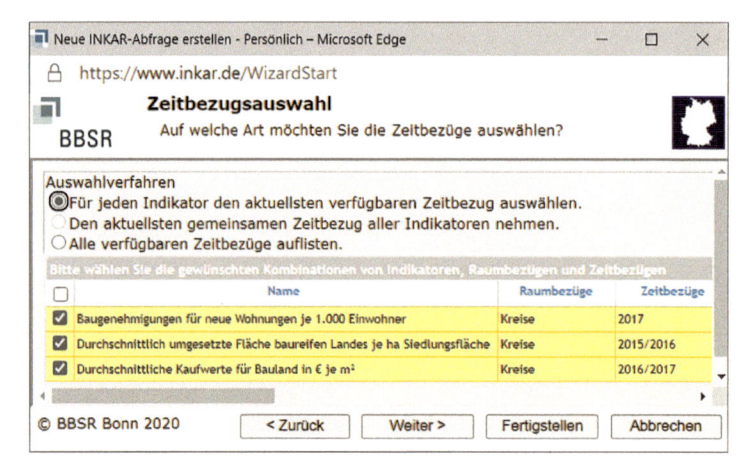

Abb. 1.26c INKAR: Auswahl der Zeitbezüge

1.7 Sachdaten

Eine Eigenheit der amtlichen Statistik ist die Tatsache, dass sie ihre Daten fast ausschließlich nach Verwaltungseinheiten gliedert (also nach Bundesländern, Regierungsbezirken, Kreisen und Gemeinden sowie innerstädtisch entsprechend der kleinräumigen Gliederung des statistischen Amts der betreffenden Stadt). Statistiken mit einer Gliederung nach Postleitzahlen werden von der amtlichen Statistik i. d. R, nicht bereitgestellt. Für den Geomarketing-Anwender stellt dies oft ein ernstes Hindernis dar, denn die unternehmensinternen Daten sind selten mit einer Zuordnung zu politischen Gebietseinheiten versehen. Ohne eine solche Zuordnung lassen sich aber die unternehmensinternen Daten nicht mit den Daten aus der amtlichen Statistik vergleichen.

Ganz anders ist die Situation in Österreich. Hier sind die meisten Daten zentral bei Statistik Austria (Bundesanstalt Statistik Österreich) verfügbar. Dies gilt für alle Ebenen der administrativen Gliederung, also von den Bundesländern über politische Bezirke bis hinab zu den Gemeinden und Zählsprengeln (vgl. Kapitel 1.6.3). Die in Österreich eingesetzte koordinatengebundene Datenspeicherung für alle Informationen, die das Adressregister bzw. das Gebäude- und Wohnungsregister betreffen, ermöglicht sogar, Daten für ein äußerst feingliedriges Flächenraster mit quadratischen Rasterzellen ab 125 m Seitenlänge herauszugeben. Zum Rastermodell von Statistik Austria (vgl. Kapitel 1.6.3) sind folgende Daten verfügbar:

Objekte (Fallzahlen):

- Zahl der Personen mit Hauptwohnsitz
- Zahl der Haushalte
- Zahl der Gebäude
- Zahl der Wohngebäude
- Zahl der Wohnungen
- Zahl der Arbeitsstätten
- Zahl der Beschäftigten

Objekte und Merkmale aus der Volkszählung:

- Zahl der Personen mit Hauptwohnsitz
- Wohnbevölkerung nach Familienstand, Alter und Geschlecht, Bildungsstand, Staatsangehörigkeit, Geburtsland, Lebensunterhalt
- Privathaushalte nach Haushaltsgröße (Zahl der Personen im Haushalt)

Objekte und Merkmale aus der Gebäude- und Wohnungszählung:

- Zahl der Gebäude nach Gebäudenutzung (darunter Wohngebäude nach Anzahl der Wohnungen differenziert)
- Zahl der Wohnungen nach Ausstattungskategorie, Wohnsitzangabe, Wohnraumzahl, Nutzfläche, Energieträger für die Wohnungsbeheizung

Objekte und Merkmale aus der Arbeitsstättenzählung:

- Zahl der Arbeitsstätten nach Beschäftigtengrößengruppen der unselbständig Beschäftigten
- Zahl der selbständig Beschäftigten an der Arbeitsstätte nach Wirtschaftssektoren und Geschlecht
- Zahl der unselbständig Beschäftigten an der Arbeitsstätte nach Wirtschaftssektoren und Geschlecht

Statistische Fallzahlen werden für alle verfügbaren Raster angeboten. Eine Aufgliederung der Fallzahlen ist aus Datenschutzgründen erst ab dem 250-m-Raster möglich.

1.7.4 Daten von Marktforschungsinstituten

Marktforschungsinstitute berechnen regionalisierte Marktdaten durch Auswertung von Daten aus der amtlichen Statistik, von Adressdaten und selbst erhobenen Marktforschungsdaten. Sie rechnen Daten aus der amtlichen Statistik um auf Gebietsstrukturen, für die entsprechende Zahlen in der amtlichen Statistik nicht veröffentlicht werden (z. B. Bevölkerung in den Postleitzahlgebieten). Kaufkraftkennziffern sind ein Beispiel für Marktdaten, die aus der amtlichen Statistik abgeleitet werden. Hingegen werden aus Konsumentenumfragen z. B. Produktaffinitäten berechnet. Diese Daten sollen wegen ihrer herausragenden Bedeutung im Geomarketing hier beschrieben werden.

Kaufkraftkennziffern

„Betrachtet man den Kaufkraftindex der über 60-jährigen Menschen in Deutschland auf Ebene der fünfstelligen Postleitzahlen, stellt man fest, dass Deutschlands reichste Rentner vor allem in Bayern und Schleswig-Holstein wohnen. Gebiete, die bekanntlich als Alterswohnsitze gelten, wie beispielsweise die Einzugsgebiete der bayerischen Seen oder die Deutsche Nordseeküste sind unter den ersten zehn Spitzenplätzen genauso vertreten wie der Großraum München. Ältere Bundesbürger mit durchschnittlich geringerer Kaufkraft wohnen in Mecklenburg-Vorpommern und Berlin" (aus: Acxiom News 03/2006).

Als Kaufkraft bezeichnet man das verfügbare Einkommen für Privathaushalte zu Konsumzwecken. Die Kaufkraft einer Region ist somit die Summe der Kaufkraft aller Haushalte in der Region. Grundlage der Berechnung ist die amtliche Einkommensteuerstatistik auf Gemeindebasis. Hinzugerechnet werden Erlöse von Landwirten und sogenannte Transferleistungen wie Arbeitslosengeld und Renten. Abgezogen werden zum Beispiel nicht konsumrelevante Unternehmereinkünfte aus Personengesellschaften.

Nettoeinkommen aus: selbständiger und unselbständiger Arbeit Land- und Forstwirtschaft Vermietung und Verpachtung Vermögen **Quelle: Lohn- und Einkommenssteuerstatistik**
+
Renten / Pensionen
Arbeitslosengeld und -hilfe
Sozialhilfe
Wohngeld
Kindergeld
BAföG
Steuervergünstigungen der Landwirtschaft
−
Kürzungsbetrag der Einkommensmillionäre
=
Kaufkraft
−
Wohnungsmieten, Nebenkosten
Hypothekenzinsen
Versicherungs- und Sparbeiträge
Auto- und Benzinkosten
Ausgaben für Reisen
Ausgaben für sonstige Dienstleistungen
=
Einzelhandelsrelevante Kaufkraft

Die Kaufkraft bezieht sich auf das laufende Kalenderjahr zum Zeitpunkt der Berechnung. Da Daten aus der amtlichen Statistik die Grundlage bilden und diese Daten sich auf die Vergangenheit beziehen, kann direkt aus diesen Daten nur die Kaufkraft für zurückliegende Jahre berechnet werden. Diese wird dann von den Marktforschungsinstituten anhand geeigneter Schätzmethoden in die Zukunft projiziert.

Sobald die Kaufkraft für alle Gemeinden berechnet ist, kann die Kaufkraft pro Kreis und pro Bundesland durch einfache Summenbildung berechnet werden. Schwieriger ist die Berechnung der Kaufkraft in den Postleitzahlgebieten, insbesondere die Disaggregation in den Städten. Hierzu wenden die Marktforschungsinstitute Umrechnungsschlüssel an, die u. a. auf mikrogeographischen Daten basieren.

1 Grundlagen

Die Division der Kaufkraft in einem Gebiet durch die Einwohnerzahl in diesem Gebiet liefert die durchschnittliche Kaufkraft pro Kopf in diesem Gebiet. Der Kaufkraftindex eines bestimmten Gebiets in Deutschland liefert eine einfache Vergleichsmöglichkeit der durchschnittlichen Kaufkraft pro Kopf in diesem Gebiet mit der durchschnittlichen Kaufkraft pro Kopf in Deutschland insgesamt. Der Kaufkraftindex wird wie folgt berechnet:

$$iKK_G = 100 + (KK_G - KK_D) \times 100 / KK_D$$

mit

iKK_G = Kaufkraftindex für das Gebiet G

KK_G = durchschnittliche Kaufkraft pro Kopf im Gebiet G

KK_D = durchschnittliche Kaufkraft pro Kopf in Deutschland insgesamt

Die durchschnittliche Kaufkraft pro Kopf in Deutschland entspricht einem Kaufkraftindex von 100. Ist in einem bestimmten Gebiet die durchschnittliche Kaufkraft pro Kopf um X % größer als die durchschnittliche Kaufkraft pro Kopf in Deutschland insgesamt, so erhält dieses Gebiet einen Kaufkraftindex von 100 + X. Ist hingegen in einem bestimmten Gebiet die durchschnittliche Kaufkraft pro Kopf um Y % kleiner als die durchschnittliche Kaufkraft pro Kopf in Deutschland insgesamt, so erhält dieses Gebiet einen Kaufkraftindex von 100 – Y. Hat ein Gebiet einen Kaufkraftindex von 119, so besagt dies, dass die durchschnittliche Kaufkraft pro Kopf in diesem Gebiet um 19 % höher ist als die durchschnittliche Kaufkraft pro Kopf in Deutschland insgesamt. Hat ein Gebiet einen Kaufkraftindex von 81, so besagt dies, dass die durchschnittliche Kaufkraft pro Kopf in diesem Gebiet um 19 % niedriger ist als die durchschnittliche Kaufkraft pro Kopf in Deutschland insgesamt.

Die *einzelhandelsrelevante Kaufkraft* beschreibt den Teil der Kaufkraft, der in den Einzelhandel fließt. Sie ergibt sich aus der allgemeinen Kaufkraft nach Abzug der Ausgaben für Mieten, Hypothekenzinsen, Versicherungen, Kraftfahrzeuge, Reisen und Dienstleistungen. Sortimentsbezoge Kaufkraftkennziffern beschreiben den Teil der Kaufkraft, der für bestimmte Sortimente (z. B. Bekleidung, Möbel, Unterhaltungselektronik) verfügbar ist.

Achtung: Die Kaufkraft eines bestimmten Gebiets bezieht sich immer auf die Menschen, die in diesem Gebiet wohnen. Sie sagt nichts darüber aus, wo das Geld tatsächlich ausgegeben wird. Dies ist besonders bei Kaufkraftkennziffern zu beachten, die sich auf Teile einer Stadt beziehen (z. B. Kaufkraftkennziffern zu 5-stelligen Postleitzahlgebieten). Ein hoher Kaufkraftindex in einem Postleitzahlgebiet am Stadtrand muss also keineswegs bedeuten, dass ein exklusiver Schmuckladen dort ideal platziert ist. Möglicherweise gehen die Menschen, die dort wohnen, ihren Schmuck lieber in der Innenstadt einkaufen. Oft möchte man also nicht wissen, wo die Kaufkraft wohnt, sondern wo sie ausgegeben wird. Um diese Diskrepanz aufzulösen, berechnen einige Marktforschungsinstitute Zentralitätskennziffern, andere die sogenannte „Kaufkraftbindung". Diese Kennziffern liefern eine Aussage, wie viel Kaufkraft ein bestimmtes Gebiet „aufsaugt".

Zu beachten ist außerdem, dass die Kaufkraft zwar geeignet ist, um Markt- und Absatzpotenziale für Konsumgüter abzuschätzen. Sie ist hingegen nicht geeignet, um Markt- und Absatzpotenziale im B2B-Bereich abzuschätzen.

Produktaffinitäten

Ein weiteres Manko der Kaufkraft ist, dass sie keinerlei Aussage darüber liefert, für welche Produkte und zu welchem Zeitpunkt die Menschen beabsichtigen, ihr Geld wirklich auszugeben. Um auch zu diesen Fragen valide Daten liefern zu können, führen einige Marktforschungsinstitute regelmäßig Konsumentenumfragen durch. Dabei wird eine möglichst große Personenzahl nach ihren Konsumgewohnheiten und -absichten befragt, z. B.: „Beabsichtigen Sie in den nächsten sechs Monaten den Kauf eines neuen Autos, den Abschluss einer privaten Lebensversicherung, eine Urlaubsreise ins Ausland?" oder „Wären Sie bereit, für Öko-Strom mehr zu bezahlen?" Da die befragten Personen zusätzlich zu ihren Antworten auch Angaben zu ihrer Person und ihrem Wohnort liefern müssen, lassen sich bei hinreichend großer Stichprobe regional differenzierte Produktaffinitäten berechnen. Dazu wird der bundesdurchschnittliche Anteil der Personen, die eine bestimmte Frage mit „Ja" beantwortet haben, gleich einem Indexwert von 100 gesetzt. Weicht in einer bestimmten Region der Anteil der positiven Antworten vom Bundesdurchschnitt ab, so wird der Index entsprechend herauf- oder heruntergesetzt. Regionen mit deutlich überdurchschnittlichem Anteil an positiven Antworten sind dann als besonders affin für das betreffende Produkt einzustufen. Es ist demnach zu erwarten, dass gezielte Werbeaktivitäten für entsprechende Produkte in diesen Regionen überdurchschnittlichen Erfolg haben werden.

	Kaufkraftkennziffern	**Produktaffinitäten**
Datenquelle	Amtliche Statistik	Konsumentenumfragen
Einsatzbereich	B2C	B2C
Regionale Aussagekraft	Hier „wohnt" die Kaufkraft. (nicht: hier wird sie ausgegeben!)	Z. T. auch bevorzugte Einkaufsorte
Konsumabsichten	Nicht berücksichtigt	Berücksichtigt

Weiterführende Informationen stellen die Hersteller von Kaufkraftkennziffern bereit. Dies sind in Deutschland u. a.:

- Acxiom, Neu-Isenburg und Planegg
- GfK, Nürnberg
- infas 360, Bonn
- Michael Bauer Research, Nürnberg
- Nexiga, Bonn

1 Grundlagen

Marktforschungsdaten für spezielle Branchen

Spezialisierte Marktforschungsinstitute in Deutschland, vor allem IQVIA und Insight Health, beliefern die *Pharmaindustrie* mit sehr differenzierten Daten über den Absatz von Arzneimitteln. Für fast alle handelsüblichen Medikamente werden z. B. monatlich die von den Pharmagroßhändlern an die Apotheken ausgelieferten Mengen ermittelt. Dabei wird u. a. nach Indikation, Darreichungsform (Tablette, Salbe, Saft etc.) und Packungsgröße unterschieden. Außerdem werden diese Daten für sehr kleinräumig definierte Marktzellen ausgewiesen. Weitere Marktdaten in der Pharmabranche basieren auf den bei den kassenärztlichen Vereinigungen erfassten Verschreibungsdaten, die ihrerseits aus den Rezepten hervorgehen, welche die niedergelassenen Ärzte für gesetzlich versicherte Patienten ausstellen. Da diese Analysen nicht den Markt der privat versicherten Patienten abdecken, stützen sich andere Untersuchungen auf die Verschreibungsdaten, die in den Praxiscomputern der an dem Marktforschungspanel teilnehmenden Ärzte erfasst sind. Selbstverständlich werden diese Verschreibungsdaten ausschließlich anonym ausgewertet.

Da die *Kliniken* wichtige Abnehmer für die Pharmaindustrie sind (aber auch für die Medizintechnik, den medizinischen Sachbedarf (z. B. Verbandsmittel, Spritzen), Großküchenversorger und viele andere Branchen), bieten bestimmte Marktforschungsinstitute auch detaillierte Daten über alle Krankenhäuser an. Hierzu gehört die Gesamtbettenzahl ebenso wie die Bettenzahl in den einzelnen Fachrichtungen und Fachabteilungen. Die Zahl der Betten in den Intensivstationen wird dabei gesondert ausgewiesen. Darüber hinaus sind Angaben zu den Versorgungsapotheken der Kliniken verfügbar.

Lutum+Tappert bereitet regelmäßig die Qualitätsberichte aus den deutschen Krankenhäusern auf und stellt diese mit seinem QB-Monitor für Analysezwecke bereit. Die Datenbank enthält die Anzahl der jeweiligen Behandlungsfälle, aufgeschlüsselt nach ICD-Diagnosen und OPS-Prozeduren und räumlich differenziert (Lutum+Tappert: QB-Monitor):

- Voll- und teilstationäre Fallzahlen der FABs
- Patienten-Fallzahlen nach Diagnosen
- Behandlungsfallzahlen nach durchgeführten Prozeduren, stationär und ambulant
- Ambulante Operationen nach Prozeduren
- Ärztliches Personal, Pflegepersonal
- Apparative Ausstattung
- Medizinische Leistungsangebote und vieles mehr

„… Seit der Liberalisierung im Jahr 1998 bis April 2018 haben knapp 43 Prozent aller Haushaltskunden mindestens einmal ihren Stromversorger gewechselt, viele davon auch schon mehrfach …" (BDEW: Pressemappe „Entwicklung der Strompreise"). Mit der Liberalisierung des Energiemarkts rückten die *Strom- und Gasversorger* ins Visier der Marktforscher. Seitdem die Möglichkeit gegeben ist, den Strom- und Gaslieferanten frei zu wählen, benötigen die Strom- und Gasversorger für Energielieferungen in fremde Netzgebiete, für die Durchleitung der Energie fremder Lieferanten durch ihr eigenes Netz, aber auch für die Markt- und Wettbewerbsbeobachtung und die Strategieentwicklung umfangreiche Daten auch über die Grenzen ihres eigenen Versorgungsgebiets hinaus. Spezielle Anbieter recherchieren deshalb (z. T. in Zusammenarbeit mit den Branchenverbänden) die Versorgungsnetzgebiete der Strom- und Gasnetzbetreiber und die ***allgemeinen Tarife und Netznutzungsentgelte***. Da die allgemeinen Tarife nur für das Liefergebiet des jeweiligen Energieanbieters gelten und die Netznutzungsentgelte nur für das Netzgebiet des jeweiligen Netzbetreibers, haben die Tarif- und Entgeltdaten einen sehr klaren räumlichen Bezug und sind deshalb sehr gut im Geomarketing einsetzbar. Die Daten werden z. T. täglich aktualisiert. Auch einige große Preisvergleichsportale im Internet liefern wertvolle Daten über den Strom- und Gasverbrauchermarkt. So kann z. B. aus einer überdurchschnittlich hohen Anzahl durchgeführter Preisvergleiche für eine bestimmte Postleitzahl auf eine überdurchschnittlich hohe Bereitschaft der Verbraucher zum Wechsel des Strom- oder Gaslieferanten geschlossen werden. Der für die betroffenen Postleitzahlen zuständige Grundversorger kann diese Informationen z. B. für Maßnahmen zur Kundenbindung und Kündigerprävention nutzen.

Werbung ist für die ***Medien*** eine wichtige Einnahmequelle. Je höher die Auflage eines Printmediums bzw. je höher die Einschaltquoten von Radio und Fernsehen, desto höher der Preis für die Werbung. Aber nicht nur die Auflage bzw. die Einschaltquoten, auch die Struktur der Leserschaft, der Hörer und Zuschauer ist für die Werbung treibende Wirtschaft von größtem Interesse. Die Arbeitsgemeinschaft Media-Analyse e. V. (ag.ma) ermittelt in Deutschland die aktuellen Nutzungsdaten für die Mediengattungen TV, Radio, Zeitungen/Zeitschriften, Kino, Lesezirkel, Konpress, Plakat und Online. Durch die „ma" (***Media-Analyse***) wird das Mediennutzungsverhalten der Bevölkerung ab 14 Jahren in Deutschland abgebildet. Die Ergebnisse dieser kontinuierlichen Befragungen mit Stichproben von teilweise mehr als 50.000 Interviews werden als „Werbewährung" von allen Unternehmen der Branche akzeptiert. Zusätzlich zum Mediennutzungsverhalten bietet das komplexe Datenmaterial auch ausführliche Informationen zum Freizeit- und Einkaufsverhalten (z. B. die Gemeinde, in der eingekauft wird) sowie zur Haushaltsausstattung (beispielsweise technische Geräte im Haushalt). Auch die IVW (= Informationsgemeinschaft zur Feststellung der Verbreitung von Werbeträgern e. V.) liefert wichtige und viel genutzte Daten zur Mediennutzung. Einer ihrer Schwerpunkte ist traditionell die Feststellung der tatsächlichen Nutzerzahlen der Medien (z. B. bei Zeitungen und Zeitschriften anhand der nachgewiesenen Auflagen, bei Filmtheatern anhand der nachgewiesenen Besucherzahlen). Im Geomarketing ist die ***IVW-Verbreitungsanalyse*** der Tageszeitungen besonders relevant. Diese beinhaltet die regionale Verbreitung der verkauften Auflagen der Tageszeitungen, differenziert nach Kreisen und Gemeinden. Einen sehr guten Überblick über den deutschen Tageszeitungsmarkt gibt der ***Zeitungsatlas der ZMG***. Dieser beinhaltet neben der IVW-Verbreitungsanalyse auch Karten der Verbreitungsgebiete der Tageszeitungen inklusive Abgrenzung der Gebiete von Lokal- und Regionalausgaben. Auf Tools für die Planung von Werbung und deren regionaler Streuung, die auch die Werbekosten (z. B. ***Anzeigentarife***) enthalten, wird in Kapitel 4 unter Mediaplanung noch detaillierter eingegangen.

„***Best for planning***" (b4p) analysiert umfassend die Mediennutzung und das Konsumverhalten von Verbrauchern. Mit der Erhebung von ca. 2.400 Marken in mehr als 120 Marktbereichen ist b4p die umfassendste ***Markt-Media-Studie*** in Deutschland. Die Studie fokussiert sich auf das Kauf- und Nutzungsverhalten von Konsum- und Gebrauchsgütern sowie von Dienstleistungen. Durch das Erfassen von individuellen Interessen, Bedürfnissen und Wünschen wird eine Brücke geschlagen zwischen der werberelevanten Zielgruppe und der Marke. Aufgrund der hohen Fallzahl sind zusätzliche Detailanalysen in den einzelnen Branchen möglich. b4p bildet außerdem die wichtigsten Medienkanäle nach dem Vorbild der Studien der Arbeitsgemeinschaft Media-Analyse (ag.ma) ab. Dazu zählen 181 Zeitschriften, 63 Tageszeitungen, 10 TV-Sender, Radio- sowie Online-Audio, Plakat, Kino und einige kleinere Medien. Zusätzlich werden rund 805 Websites, 453 mobile Angebote und 217 Apps ausgewiesen (Stand: März 2020). Diese Vielfalt ermöglicht die Berechnung von crossmedialen Markenreichweiten und damit noch weitergehende Insights und ausführliche Planungsmöglichkeiten (Gesellschaft für integrierte Kommunikationsforschung mbH & Co. KG: Best for planning).

1.7.5 Adressdaten

Kaufkraftkennziffern, Produktaffinitäten und alle anderen bisher dargestellten Marktdaten sind statistische Daten, die sich auf die Gesamtheit der Bewohner einer Region beziehen. Sie liefern eine allgemeine Einschätzung der Marktvolumina und Absatzpotenziale in einem Gebiet. Hat man anhand dieser Kennziffern bestimmte Gebiete für Marketing- und Vertriebsaktivitäten ausgewählt, so schließt sich beim Direktmarketing die Frage nach den Adressen der Zielgruppen an.

Die Antwort bieten Adressverlage. Sie liefern Adressen von privaten Verbrauchern, Freiberuflern, Unternehmen und Institutionen. Die Zielgruppen können nach einem sehr differenzierten Katalog ausgewählt werden. Außerdem können die Adressen regional selektiert werden (z. B. nach Postleitzahlen).

Selbstverständlich behauptet jeder Adressverlag, dass seine Adressen höchstaktuell sind. Um die Aktualität der Adressen weitestgehend zu gewährleisten, werden diese regelmäßig anhand der aktuellen Postleitdaten einer Prüfung auf postalische Korrektheit unterzogen. Von der Post vorgegebene Änderungen von Postleitzahlen, Orts- und Straßennamen werden in den Adressbeständen durchgeführt. Außerdem nutzen die meisten Adressverlage die Umzugsdatenbank und die Verstorbenendatenbank der Deutschen Post Adress GmbH. Dennoch können die Adressverlage nicht für jede einzelne Adresse deren Aktualität garantieren. Der Nutzer solcher Adressen muss also von vornherein einen gewissen Anteil unbrauchbarer Adressen als Streuverlust akzeptieren.

1.7.6 Daten von Verbänden

In einigen Branchen, insbesondere im B2B-Bereich, liefern auch die Wirtschaftsverbände Marktdaten und Adressen, die im Geomarketing einsetzbar sind. Dies beginnt bei den Adressen der im Verband organisierten Unternehmen. In einigen Fällen sind auch weiterführende Kennziffern der Unternehmen (z. B. Mitarbeiterzahl, Umsatz, Produktions- und Absatzkennziffern) erhältlich. Viele Verbände liefern auch Marktvolumina (meist als statistische Daten für zurückliegende Jahre). Leider sind die meisten von den Verbänden bereitgestellten Marktdaten Gesamtzahlen für das betreffende Land; nur vereinzelt sind Daten zu Bundesländern erhältlich. Feinräumige differenzierte Daten sind hingegen eine ausgesprochene Seltenheit. Dennoch können auch solche Gesamtzahlen für das Geomarketing nutzbar gemacht werden. Siehe hierzu „Berechnung von regional differenzierten Marktpotenzialdaten" im Kapitel „Methodik".

1.7.7 Mobile Daten

Die Bewegungsdaten mobiler Endgeräte, insbesondere Smartphones, bieten nicht nur für die Verkehrsplanung, sondern auch im Geomarketing ein riesiges Potenzial an Nutzungsmöglichkeiten. Sie liefern z. B. Aufschluss darüber, in welchen Geschäften meine Kunden vor oder nach dem Besuch meines Ladens auch noch einkaufen, in welchen Restaurants Messebesucher und Aussteller vorzugsweise speisen und welche Sehenswürdigkeiten im Zusammenhang mit einem Messebesuch besonders oft besucht werden oder woher touristische Gäste einer Urlaubsregion kommen und wie lange sie bleiben. In der Marktforschung und bei Einzugsbereichsanalysen kann man sich mit „Mobile Data" auf wesentlich größere Stichproben stützen als bei klassischen Umfragen. Zudem sind Analysen von Bewegungsdaten sogar in Echtzeit möglich und erlauben somit auch sehr kurzfristige Analysen und Prognosen z. B. von Kundenbesucherströmen in Einkaufs- und Fachmarktzentren oder Passantenaufkommen in Fußgängerzonen. Out-of-Home-Media können präziser ausgesteuert werden; Werbegebiete können optimiert werden.

Die Motionlogic GmbH, Berlin, eine 100%ige Tochter der Deutschen Telekom, vertreibt fundierte Analysen von Verkehrs- und Bewegungsströmen, die auf anonymen Signalisierungsdaten aus dem Mobilfunknetz basieren. Motionlogic gibt damit wirtschaftlich vertretbar Antworten auf Fragen, die bisher nicht oder nur mit hohem Aufwand analysiert werden konnten.

Wenn jemand mit dem Handy telefoniert, eine SMS schickt oder das mobile Internet nutzt, wird dies zum Zweck des Netzmanagements an der Mobilfunkzelle gezählt. Weiterhin meldet sich ein Handy in längeren Zeitabständen automatisch im Mobilfunknetz an, wodurch weitere Daten in Bewegungsstromanalysen einfließen können. Die dabei entstehenden Signalisierungsdaten werden mit den Daten des Mobilfunkvertrags des jeweiligen SIM-Kartenbesitzers verknüpft (PLZ, Geschlecht, Alter, Nationalität). Die Daten werden anonymisiert statistisch ausgewertet. Dadurch ist es möglich, tagesaktuell anonyme Aussagen über Verkehrs- und Bewegungsströme zu treffen, die bisher kaum erhoben werden konnten. Durch die Anreicherung der Bewegungsströme mit soziodemographischen Merkmalen sind Aussagen über die Altersgruppen, die Geschlechterverteilung und das Bundesland oder den Wohnort von Kunden oder Verkehrsteilnehmern möglich.

Um absolute Anonymität der bereitgestellten Daten und Analysen zu gewährleisten, wurden die Prozesse zur Verarbeitung der Daten in enger Abstimmung mit der Bundesbeauftragten für Datenschutz und Informationsfreiheit (BfDI) entwickelt. Die Prozesse werden durch externe Prüfstellen für Datenschutz kontrolliert und zertifiziert (motionlogic GmbH).

Auch Telefónica bietet unter dem Produktnamen „Telefónica NEXT" die Analyse von Bewegungsdaten für sein Mobilfunknetz an. „… Die Analysetools von Telefónica NEXT werden von Verkehrssektor, Handel und Tourismus genutzt, um unter anderem den Nahverkehr oder das Einkaufserlebnis besser an den tatsächlichen Bedarf anzupassen. Die Daten für diese Analyse entstehen im normalen Geschäftsprozess von Telefónica Deutschland, wenn Handys, z. B. beim Surfen oder Telefonieren, mit Mobilfunkdaten kommunizieren. Dabei werden sie über ein TÜV-zertifiziertes Verfahren anonymisiert, sodass keine Rückschlüsse auf Einzelpersonen möglich sind ..." (Telefónica 2018).

Vodafone bietet derzeit keine Analyse von Verkehrsdaten an.

Die Senozon AG, Zürich, nutzt in seinem Mobilitätsmodell u. a. Mobilitätsdaten, um ein detailliertes räumliches und zeitliches Abbild des Landes inklusive der Bewegungen der Bevölkerung zu zeigen. Statistische Daten zu Infrastruktur, Landnutzung und Verkehr bilden die Grundlage des Modells.

„Das Senozon-Mobilitätsmodell ist ein detailliertes räumliches und zeitliches Abbild des Landes, das die Infrastruktur in hoher Auflösung repräsentiert. Als Grundlagen verwendet Senozon zum einen OSM-Karten (OpenStreetMap), zum anderen aktuelle Infrastrukturdaten der jeweiligen Statistikämter. Die Bevölkerung wird am Wohnort auf der Basis von Register- und Strukturerhebungen als einzelnes Individuum modelliert und mit der entsprechenden Vielfalt an demographischen und soziodemographischen Attributen ergänzt. Diese synthetische Bevölkerung ist ein statistisch repräsentatives Abbild der realen Wohnbevölkerung eines Untersuchungsgebiets, die wir als Agenten bezeichnen. In der Schweiz und Österreich hat Senozon je über 8 Millionen, in Deutschland knapp 85 Millionen Agenten im Modell. Simuliert wird das Mobilitätsverhalten auf der Basis von Mobilitätserhebungen. Durch die Modellierung entsteht ein Abbild der Bewegungen der Bevölkerung im öffentlichen Raum. Damit kann Senozon Standortpotenziale und Erreichbarkeiten zielgruppenspezifisch ausweisen. Das Modell wird unter Verwendung von Verkehrs- und Fahrgastzählungen, Reisedistanz- und Zeitverteilungen für jedes Verkehrsmittel kalibriert und validiert" (senozon.com).

Mobile Trace Data

Die von den Mobilfunknetzbetreibern bereitgestellten Daten erweisen sich zwar in vielen Bereichen als sehr nützlich, allerdings haben auch sie ihre Nachteile: Die Mobilfunkgeräte können räumlich nicht besonders genau verortet werden, denn die Verortung basiert auf der Lage der drei Basisstationen, die dem Gerät am nächsten sind, sowie der Laufzeit des Signals zwischen Mobilfunkgerät und Basisstation, woraus die ungefähre Entfernung zur Station geschätzt werden kann. Ein weiterer Nachteil ist, dass ein Mobilfunknetzbetreiber nur die soziodemographischen Daten seiner eigenen Kunden kennt (Geschlecht, Alter etc.; s. o.), diese Daten jedoch nicht zur Verfügung hat von Kunden anderer Mobilfunknetzbetreiber, die im Rahmen des Roamings in seinem Netz angemeldet sind.

Den genannten Nachteilen versucht man, mit einem anderen Ansatz zu begegnen. MB International, Karlsruhe, bietet dazu Daten an, die auf GPS-genaue Standortdaten der Nutzer von Mobilfunkgeräten basieren und für die Nutzung anonymisiert und verdichtet wurden. Diese Daten entstehen, weil viele Apps den genauen Standort des Geräts zusammen mit einer anonymisierten Handy-ID an den App-Anbieter übermitteln, damit z. B. Werbung mit Ortsbezug über seine App eingespielt werden kann (Location-based Advertising), das Wetter am Standort abgefragt werden kann, Verkehrsverbindungen am

Standort gesucht werden können und vieles mehr. Die so entstehenden riesigen Datenmengen („Big Data"!) haben den Vorteil, dass sie die Nutzer <u>aller</u> Mobilfunkanbieter erfassen. Allerdings basieren sie auf den elementaren Daten Handy-ID/Ort/Datum/Uhrzeit; soziodemographische Daten des Nutzers sind nicht oder nur teilweise bekannt oder unterscheiden sich je nach App-Anbieter sehr stark. Die sehr lückenhaft verfügbaren soziodemographischen Daten sind somit – wenn überhaupt – nur sehr eingeschränkt analytisch nutzbar. Durch eingehende Analyse der Daten jedes einzelnen Geräts kann man jedoch sehr treffsicher den Wohnort des Nutzers ermitteln, denn dort befindet sich das Gerät normalerweise nachts über viele Stunden, ohne dass es bewegt wird. Nach dem gleichen Prinzip lässt sich auch der Arbeitsort der meisten Handynutzer ermitteln: der Ort, an dem sich das Handy werktags tagsüber stundenlang befindet, ohne weit bewegt zu werden. Betrachtet man nun die Daten der Besucher eines bestimmten Ladens, so lässt sich analysieren, wo die Besucher überwiegend wohnen, wo sie arbeiten, welche Verkehrsmittel und Verkehrswege sie nutzen, aber auch, welche andere Geschäfte sie besuchen und ob die Kunden meist vor oder häufiger nach dem Besuch des eigenen Ladens die Wettbewerber besuchen (Michael Bauer International GmbH 2020).

1.7.8 Lokalisierung von Internetnutzern mittels IP Geotargeting

„Geotargeting" (Synonyme: Geolocation/Geolokation) ordnet IP-Adressen oder IPTC/XMP ihrer geographischen Herkunft zu. IP-Adressen können zwar wegen Verfahren wie dynamischer IP-Vergabe, Proxyservern oder NAT nicht immer eindeutig einem Internetnutzer zugewiesen werden, jedoch immer einem Besitzer. Hierbei handelt es sich häufig um Internetprovider, Universitäten und ähnliche Einrichtungen, die nicht nur eine IP-Adresse, sondern Adressräume verwalten. Der Besitzer einer IP-Adresse kann frei entscheiden, welchem Netzknoten er welche Adresse zuteilt. Obwohl die Zuteilung im Prinzip schnell geändert werden kann, wird von dieser Möglichkeit nur selten Gebrauch gemacht. Der dafür entstehende Verwaltungsaufwand ist nicht zu unterschätzen. Dadurch kann aus einer einmal festgestellten Geoposition einer IP-Adresse auf einen Wochen später noch aktuellen Zusammenhang geschlossen werden. Da regionale Einwahlknoten häufig einen eigenen festen IP-Adresspool besitzen, funktioniert das Verfahren meist bei dynamischer IP-Vergabe ebenfalls. Beim Einsatz von Proxyservern kann maximal der Standort jenes Servers, jedoch nicht der des eigentlichen Nutzers ermittelt werden.

„Geointelligenz" geht einen Schritt weiter: Der Standort der Internetnutzer wird mit Regeln verknüpft, die auf der geographischen Herkunft des Internetnutzers basieren. Wenn ein Internetbesucher aus Deutschland eine Website aufruft, erhält er andere Inhalte als ein gleichzeitiger Besucher derselben Website aus Frankreich oder den USA […]" (Wikipedia, Stichwort „Geotargeting").

Da IP Geotargeting den einzelnen Benutzer nur relativ grobräumig und somit ungenau lokalisieren kann, spielt diese Datenquelle im Geomarketing keine große Rolle. Genauere und somit für das Geomarketing interessantere Ansätze, Internetnutzer zu lokalisieren, werden im nächsten Kapitel beschrieben.

2 Methodik

„Zuerst einmal möchte ich in einer Karte sehen, wo wir überhaupt Kunden haben". Mit dieser ersten Anforderung auf den Lippen sind viele Geomarketing-Interessenten in der Vergangenheit auf mich zugekommen. Wenn dann die erste Karte mit der Kundenverteilung vorliegt, schließen sich spontan weitere Wünsche an: Kann man die Symbole, die in der Karte die Kundenstandorte markieren, unterschiedlich groß machen (abhängig vom Umsatz mit dem Kunden)? Kann man durch verschiedene Farben oder Formen der Symbole auch noch eine Klassifizierung darstellen (z. B. ABC-Kunden oder die Zugehörigkeit zu einer Branche)? Bei der Betrachtung der Karte mit der Kundenverteilung werden meist sehr schnell Gebiete mit sehr dichtem Kundenbestand auffallen, aber auch Gebiete mit geringem Kundenbestand bis hin zu Gebieten ohne Kunden, den sogenannten „weißen Flecken". Als Nächstes drängt sich somit die Frage auf: Gibt es in den „weißen Flecken" kein Potenzial, leistet der Vertrieb dort zu wenig oder ist der Wettbewerb dort zu stark? Um dies zu beantworten, benötigt man regionalisierte Potenzialdaten. Und man benötigt Geomarketing-Methoden, um die Unternehmensdaten an den Potenzialdaten messen zu können.

Die diesem Beispiel zugrunde liegende Vorgehensweise ist durch folgende Schritte gekennzeichnet:

- Abbildung des Ist-Zustands anhand von unternehmensinternen Daten,
- Beschaffung von Marktdaten,
- Gegenüberstellung von unternehmensinternen Daten und Marktdaten,
- Analyse,
- Planung von Maßnahmen.

Nicht jedes Geomarketing-Projekt lässt sich jedoch in dieses Schema pressen. Dazu sind die Einsatzmöglichkeiten und Anwendungsfelder des Geomarketing zu vielfältig. Es gibt aber einige allgemeine Methoden und Verfahren, die im Geomarketing von übergreifender Bedeutung sind und deshalb im Folgenden detailliert beschrieben werden sollen. Viele andere Methoden finden zwar im Geomarketing Verwendung, stammen aber ursprünglich aus anderen Wissensgebieten. Hier sind vor allem Wirtschaftswissenschaften, Statistik, Geographie, Geodäsie und Geoinformatik zu nennen. Es muss deshalb auf die umfangreiche Fachliteratur zu diesen Wissensgebieten verwiesen werden, damit sich das vorliegende Buch auf die Geomarketing-typischen Methoden konzentrieren kann.

2.1 Geocodierung und räumliche Referenzierung

Die Ermittlung und Zuordnung von Lagekoordinaten zu einer Adresse nennt man Geocodierung. Hingegen spricht man von räumlicher Referenzierung, wenn man den Adressen keine Lagekoordinaten zuordnet, sondern nur ihre Zugehörigkeit zu einem bestimmten Gebiet bestimmt und dann lediglich die Identifikationsnummer des Gebiets (= Raumbezugsschlüssel) der Adresse zuordnet. Man nennt dies auch die Herstellung eines Raumbezugs.

2.1.1 Geocodierung

Eine vollständige Adresse besteht aus Landeskennzeichen, Postleitzahl, Ortsname, ggfs. Ortsteilname, Straßenname und Hausnummer. Ist eine Referenzdatenbank verfügbar, die zu jeder Adresse eine Lagekoordinate enthält, so kann durch Verknüpfung der Adresstabelle mit der Referenzdatenbank jeder Adresse eine Lagekoordinate zugeordnet werden. Was auf den ersten Blick ganz simpel erscheint, erweist sich jedoch in der Praxis oft als sehr komplex.

Erstes Problem: Die Referenzdatenbank. In Deutschland gibt es derzeit drei Referenzdatenbanken mit Gebäudekoordinaten. Die amtlichen Hauskoordinaten Deutschland (HK-DE) basieren auf dem Liegenschaftskataster der Länder und sind somit das amtliche Verzeichnis aller Flurstücke und Gebäude in Deutschland. Anders als durch Interpolation berechnete oder anderweitig erhobene Daten beruhen die amtlichen Hauskoordinaten in der Regel auf einer individuellen Vermessung vor Ort. Sie werden durch die Katasterbehörden kontinuierlich aktualisiert und garantieren den Nutzern eine langfristige Investitionssicherheit. Die beim Landesamt für Digitalisierung, Breitband und Vermessung Bayern eingerichtete „Zentrale Stelle Hauskoordinaten und Hausumringe (ZSHH)" vertreibt die HK-DE. Alternative Referenzdatenbanken bieten die Deutsche Post und die Deutsche Telekom. Ein entsprechendes Verzeichnis für Österreich bietet das Adress-, Gebäude- und Wohnungsregister von Statistik Austria, das allerdings nicht öffentlich zugänglich ist. Gebäudekoordinaten der Schweiz bietet die Schweizerische Post (Post CH AG).

Wegen des riesigen Datenvolumens und der komplexen und sehr anspruchsvollen Aufgabe der Programmierung der Adresssuche in einem Referenzdatenbestand bevorzugen viele Anwender die Nutzung eines Geocodierungsservices, der von vielen Anbietern bereitgestellt wird. Das Handling ist dabei für den Anwender denkbar einfach, denn er muss lediglich die zu geocodierenden Adressen an den Geocodierungsservice übergeben (i. d. R. hochladen) und erhält dann die um Koordinaten angereicherten Adressen zurück. Die Geocodierungsservices greifen zur Ermittlung der Koordinaten natürlich ihrerseits auf entsprechende Referenzdatenbanken zurück.

Zweites Problem: Fehlerhafte und differierende Schreibweisen derselben Adresse im Adressbestand und in der Referenzdatenbank. Beispiel: Die folgenden Adressen sind postalisch korrekt:

Acherstr. 10, 53111 Bonn
Ackerstr. 10, 53179 Bonn

Die folgende Adresse wäre postalisch falsch:

Ackerstr. 10, 53111 Bonn

Aber was ist falsch in dieser Adresse? Ist die Postleitzahl korrekt und bei der Erfassung wurde aus dem „h" ein „k"? Oder ist der Straßenname korrekt und die Postleitzahl wurde fälschlicherweise unter „Acherstr." recherchiert? Solche Erfassungsfehler sind grundsätzlich bei allen Adressbestandteilen möglich. Hinzu kommen willkürliche Abkürzungen bei Ortsnamen und Straßennamen oder fehlende Adressbestandteile. In Stuttgart gibt es z. B. eine „Königstraße" und ein „Königsträßle". Die gängige Abkürzung „Königstr." wäre also in Stuttgart (ohne Postleitzahl oder Ortsteilangabe) nicht eindeutig einer Straße zuzuordnen. Diese Beispiele lassen bereits erahnen, welche Schwierigkeiten bei der Adresszuordnung entstehen können, wenn Adressbestandteile abgekürzt, fehlerhaft oder unvollständig sind.

Eine hundertprozentig sichere Zuordnung einer Koordinate aus der Referenzdatenbank ist somit nur möglich, wenn alle Adressbestandteile vollständig und fehlerfrei sind. In der Realität ist dieser Idealzustand jedoch bei vielen Adressen nicht gegeben. Deshalb verfügt Geocodierungssoftware üblicherweise über ein hohes Maß an Fehlertoleranz. Dahinter steckt eine sog. „Fuzzy Logic", die zu einer „unscharfen" Suche führt. Ist beispielsweise eine Straße fehlerhaft geschrieben, so sucht die Software ähnlich lautende Straßennamen und misst den Grad der Abweichung z. B. an der Anzahl der Buchstaben, die unterschiedlich sind.

Erfolgt die Geocodierung in Verbindung mit einer manuellen Adresseingabe, so kann sofort eine Liste mit Korrekturvorschlägen angeboten werden und der Anwender einen Korrekturvorschlag auswählen. Ist hingegen eine große Adressenzahl automatisch zu geocodieren, so kann die Software die „wahrscheinlichste" Korrekturmöglichkeit automatisch auswählen.

Wäre bei einer Adresse eine automatische Korrektur zu unsicher, so muss entweder auf die automatische Geocodierung dieser Adresse verzichtet werden oder es sind Koordinaten zu verwenden, die sich lediglich auf die korrekten Bestandteile einer Adresse beziehen und dementsprechend ungenauer sind. Ist lediglich die Hausnummer unbekannt, so könnte ersatzweise die Koordinate der „nächsten" Hausnummer verwendet werden. Fehlt die Hausnummer, so könnte ersatzweise die Mittelpunktskoordinate der Straße eingesetzt werden. Fehlt die Straße oder ist diese falsch geschrieben, so könnte ersatzweise der Flächenmittelpunkt des entsprechenden Postleitzahlgebiets genutzt werden. Selbstverständlich ist die in solchen Fällen ersatzweise eingesetzte Koordinate umso ungenauer, je mehr Adressbestandteile fehlen oder fehlerhaft sind. Deshalb bietet gängige Geocodierungssoftware dem Anwender die Möglichkeit, die Fehlertoleranz einzustellen. Üblicherweise wird jede geocodierte Adresse mit einer Qualitätskennziffer versehen. Diese liefert dem Nutzer eine Einschätzung der Treffsicherheit der Geocodierung und der Genauigkeit der ermittelten Koordinate. Sie beinhaltet Hinweise auf fehlerhafte Adressbestandteile, automatisch vorgenommene Korrekturen und ersatzweise verwendete Koordinaten.

2.1.2 Räumliche Referenzierung

Ziel der räumlichen Referenzierung von Adressen ist nicht die Zuordnung von Koordinaten, sondern lediglich die Identifikation von Gebieten, in denen die Adressen liegen. Ergebnis einer räumlichen Referenzierung von Adressen ist somit deren Ergänzung um Raumbezugsinformationen. Typisches Beispiel für eine räumliche Referenzierung ist die Ermittlung von Bundesland, Kreis oder Gemeinde zu einer gegebenen Adresse und die Ergänzung der 2-stelligen Bundeslandnummer, des 5-stelligen Kreisschlüssels oder der 8-stelligen Gemeindekennziffer. Als Zweck steht meist dahinter, dass man durch Kumulation aus den Adressdaten statistische Daten für die entsprechenden Gebiete berechnen möchte, um diese mit Daten aus der amtlichen Statistik vergleichen zu können (z. B. Bestand an Kfz-Versicherungsverträgen und Kfz-Bestand pro Kreis). Die räumliche Referenzierung mittels einer Referenzdatenbank erfolgt nach dem gleichen Verfahren wie die Geocodierung. Einziger Unterschied ist, dass abschließend keine Koordinate, sondern ein Raumbezugsschlüssel (z. B. Gemeindekennziffer) der Adresse beigefügt wird. Solange nur Nielsengebiet, Bundesland, Kreis oder Gemeinde zu ermitteln ist, sind lediglich Postleitzahl und Ortsname, nicht jedoch Straße und Hausnummer auszuwerten. Dies vereinfacht die räumliche Referenzierung erheblich.

Sind Adressen bereits geocodiert und die Koordinaten der Flächenumrisse der zuzuordnenden Gebiete verfügbar, so kann die räumliche Referenzierung analytisch erfolgen. Dazu werden die Punktkoordinaten der Adressen mit den Gebietsflächen verschnitten und für jeden Punkt ermittelt, in welcher Gebietsfläche er liegt. Der hierbei verwendete „Point-in-Polygon-Test" beruht auf geometrischen Grundlagen.

Praxistipps

a) Sie können die Qualität einer Geocodierung oder räumlichen Referenzierung signifikant erhöhen, indem Sie die Adressen vorab auf postalische Korrektheit prüfen und ggfs. korrigieren. Die Deutsche Post AG, Adressverlage, Geomarketing-Spezialisten und andere Spezialdienstleister bieten entsprechende Tools und Services an. Bedenken Sie: Jährlich ziehen in Deutschland rund acht Millionen Privatpersonen und rund 300.000 Firmen um; hinzu kommen pro Jahr ca. 955.000 Sterbefälle und ca. 1.585.000 Personen, die aus dem Ausland nach Deutschland ziehen (Daten für 2018; Quelle: destatis.de).

b) Eine aufwendige Geocodierung oder räumliche Referenzierung von Adressen erübrigt sich natürlich, wenn die Postleitzahl als Raumbezugsschlüssel ausreicht, da die Postleitzahl normalerweise immer Bestandteil einer Adresse ist.

c) Ein häufig auftretendes Problem ist der Vergleich von Daten mit verschiedenen Raumbezügen. Dies tritt z. B. immer dann auf, wenn unternehmensinterne Daten mit Gliederung nach Postleitzahlen vorliegen und diese mit Daten aus der amtlichen Statistik verknüpft werden sollen, die sich auf Verwaltungseinheiten beziehen. In dieser Situation hat sich häufig bewährt, den unternehmensinternen Daten die Raumbezugsschlüssel der Verwaltungseinheiten zuzuordnen (also z. B. Kreis- oder Gemeindeschlüssel), denn dies ist meist mit wenig Aufwand und zuverlässigem Ergebnis machbar. Der umgekehrte Ansatz, nämlich die Daten der amtlichen Statistik auf Postleitgebiete umzurechnen, würde eine Disaggregation erfordern und meist zu weniger zuverlässigen Ergebnissen führen.

2.2 Datenaggregation und Disaggregation

Eine Kernaufgabe im Geomarketing ist die Bewertung und der Vergleich von Gebieten, z. B. die Ermittlung von Umsatzpotenzial und Marktausschöpfung in bestimmten Regionen. Dazu müssen die Gebiete mit Daten „hinterlegt" werden. Solange Daten vorliegen, die sich exakt auf die Fläche der zu untersuchenden Gebiete beziehen, ist dies kein grundsätzliches Problem. Häufig liegen jedoch Daten vor, die einen anderen Raumbezug haben. Zwei grundsätzliche Vorgehensweisen in dieser Situation sollen hier beschrieben werden.

2.2.1 Aggregation

Bei der Aggregation geht man „bottom up" vor. Daten, die kleinräumig differenziert vorliegen, werden zusammengefasst. Liegen Adressdaten vor (z. B. Umsatz oder Vertragsbestand pro Kunde), so müssen die Adressen zunächst geocodiert oder georeferenziert werden (s. o.). Danach kann durch einfache Summenbildung der Umsatz oder Vertragsbestand pro Postleitzahl, Gemeinde, Kreis, Vertriebsgebiet etc. berechnet werden. Liegen Daten zu flächenhaften Gebieten vor, so können diese zu übergeordneten Gebietseinheiten zusammengefasst werden, sofern die Gebietsstruktur streng hierarchisch ist. Dies bedeutet, dass alle Gebiete der gleichen Hierarchieebene untereinander lückenlos und überschneidungsfrei sind und dass durch Zusammenfassung die Flächen der Gebiete der übergeordneten Hierarchieebene entstehen. Bei allen in Kapitel 1.6 beschriebenen Gebietsstrukturen ist dies der Fall. So entsteht z. B. die Fläche eines Kreises durch Zusammenfassung der Flächen aller Gemeinden des Kreises; durch Zusammenfassung der Flächen aller Kreise eines Bundeslandes entsteht die Fläche des Bundeslandes. Dementsprechend ergibt sich durch Addition der Einwohner aller Gemeinden eines Kreises die Einwohnerzahl des Kreises.

Sind die Gebietsnummern hierarchisch strukturiert, so ergibt sich die Zuordnung zu einem Gebiet in einer übergeordneten Hierarchieebene durch einfaches Verkürzen der Gebietsnummer. Verkürzt man z. B. die 8-stellige Gemeindekennziffer 09478165 der deutschen Gemeinde Bad Staffelstein auf 5 Ziffern, so ergibt sich die 5-stellige Kreiskennziffer 09478 und man erkennt, dass Bad Staffelstein zum Landkreis Lichtenfels gehört.

Diese Eigenschaft hierarchisch aufgebauter Gebietsnummern kann man in Tabellenkalkulations- und Datenbankprogrammen nutzen, um Daten hierarchisch zu aggregieren. In vielen Fällen ergeben sich jedoch Gebietszuordnungen nicht allein aus der Gebietsnummer, sondern aus Zuordnungstabellen. Diese überführen eine Gebietsstruktur in eine andere. Gängig sind z. B. Tabellen, die jeder Postleitzahl eine Vertriebsgebietsnummer zuordnen. Bei der Aggregation der Daten zu Postleitzahlgebieten auf Daten zu Vertriebsgebieten müssen dann diese Zuordnungstabellen zusätzlich berücksichtigt werden.

Die Datenaggregation „bottom up" liefert meist sehr zuverlässige Daten, da die Statistik hierzu vielfältige Methoden bietet.

2.2.2 Disaggregation

Die Disaggregation ist meist wesentlich problematischer, in manchen Fällen sogar unmöglich. Bei der Disaggregation geht man „top down" vor. Daten, die sich auf große Flächen beziehen, werden kleinräumig heruntergebrochen. Eine Methode zur Disaggregation, die oft mit vertretbarem Aufwand brauchbare Daten liefert, stützt sich auf die kleinräumige Verteilung vergleichbarer Daten und nutzt diese als „Verteilungsschlüssel". Ist z. B. das Marktvolumen für Zahnbürsten in Deutschland insgesamt bekannt, so könnte man es relativ genau kleinräumig herunterbrechen anhand der Einwohnerzahl pro Kreis, Gemeinde oder Postleitzahl. Ist bekannt, was durchschnittlich für den Pkw-Führerschein bezahlt wird, so kann man für das nächste Jahr das Marktpotenzial der Fahrschulen kleinräumig sehr gut abschätzen (anhand der Bevölkerungszahl der heute 17-Jährigen). Im Konsumgüterbereich wird die kleinräumige Verteilung der Kaufkraft gerne als Verteilungsschlüssel herangezogen, um Marktdaten, die sich auf das ganze Land beziehen, kleinräumig herunterzubrechen.

Die Disaggregation anhand eines Verteilungsschlüssels wird also immer dann brauchbare Daten liefern, wenn unterstellt werden kann, dass die räumliche Verteilung der zu disaggregierenden Daten im Wesentlichen der räumlichen Verteilung des Verteilungsschlüssels entspricht.

2.3 Berechnung der regionalen Marktausschöpfung

Zur Berechnung der regionalen Marktausschöpfung hat sich folgendes Verfahren in der Praxis bewährt. Es setzt voraus, dass die unternehmensinternen Daten zur Marktleistung (z. B. Umsatz, Absatz) und die Daten zu Marktvolumen oder Marktpotenzial in derselben räumlichen Gliederung vorliegen. Für alle Gebiete in dieser Gliederung berechnet man für beide Datenreihen zunächst den Promilleanteil, der auf die Gebiete entfällt. Dann bildet man den Quotienten dieser Promilleanteile. Den Marktanteilskoeffizient für Umsatz und Potenzial berechnet man also wie folgt:

$$\text{Marktanteilskoeffizient pro Gebiet} = \frac{\text{Promilleanteil des Umsatzes pro Gebiet}}{\text{Promilleanteil des Potenzials pro Gebiet}}$$

In Gebieten mit einem Marktanteilskoeffizienten < 1 ist die Marktausschöpfung unterdurchschnittlich. Dort gibt es offenbar unausgeschöpfte Marktpotenziale!

2.3 Berechnung der regionalen Marktausschöpfung

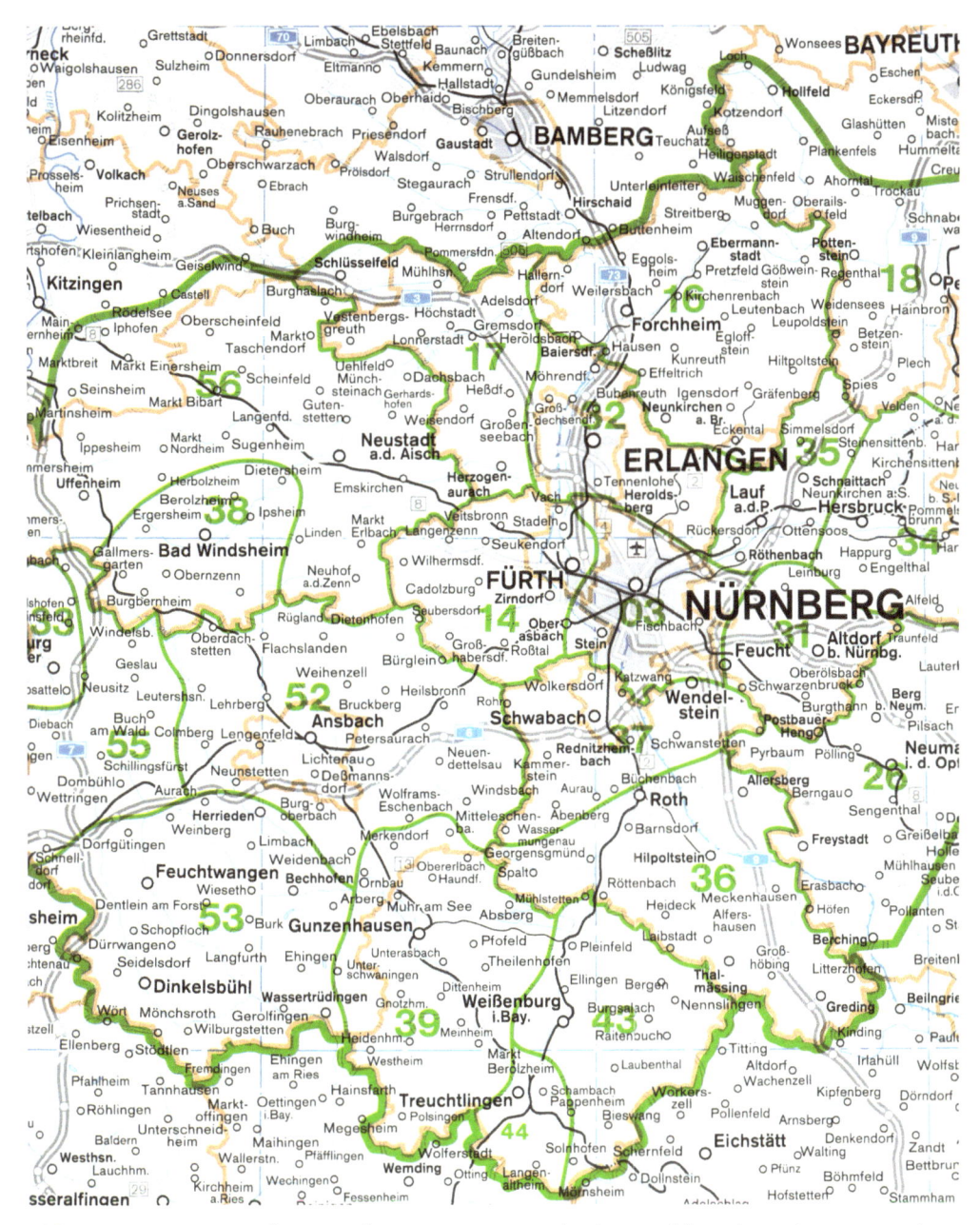

Abb. 2.1 Karte mit manuell eingezeichneten Grenzen. Manche Grenzen folgen den Kreisgrenzen, andere den Autobahnen, einige Grenzen verlaufen frei im Raum und sind dadurch unpräzise. Gehört Pappenheim zu Gebiet 43 oder 44?

2.4 Digitale Konstruktion von Gebietsgrenzen

Bei der Gebietseinteilung für ihre Unternehmensorganisation (Vertrieb, Logistik, Service etc.) machen es sich manche Manager leicht: Sie greifen einfach zum Stift, zeichnen Grenzen in irgendeine Karte und sind mit dem Thema fertig. Sie übersehen dabei, dass sie bestenfalls eine grobe Skizze der Gebiete hinterlassen. Diese lässt zwar erahnen, welche Städte zu einem Gebiet gehören sollen und ob eine Grenze entlang eines Flusses verläuft. Die Grenzen sind aber viel zu ungenau, um erkennen zu können, ob ein kleinerer Ort oder eine bestimmte Postleitzahl diesseits oder jenseits der Grenze liegt (s. Abb. 2.1). Für eine systematische Nutzung innerhalb der Organisation oder im Geomarketing sind solche Skizzen also nicht geeignet.

2.4.1 Gebietsaggregation

Bei der Definition von Gebietsgrenzen stützen sich deshalb viele Unternehmen auf gegebene Gebietsstrukturen. Postleitgebiete, Kreise, Gemeinden oder Marktgebiete einer bestimmten Branche werden zu Vertriebsgebieten oder anderen Organisationseinheiten zusammengefasst.

Vertriebsgebiet Frankfurt:
PLZ 60 – 65, 67 – 69 + PLZ 76726 – 76891

Vertriebsgebiet Stuttgart:
PLZ 7xxxx ohne 76726 – 76891
+ PLZ 88 – 89 komplett

Vertriebsgebiet München:
PLZ 80 – 87

Abb. 2.2 Typische Vertriebsgebietsdefinition anhand von Postleitzahlen

Der Vorteil dieses Ansatzes ist, dass die Grenzen der konstruierten Gebiete genauso präzise sind wie die Grenzen der verwendeten „Gebietsbausteine". Besteht z. B. ein Vertriebsgebiet aus einer Reihe von Postleitzahlgebieten, so ergibt sich die Grenze des Vertriebsgebiets als Außenumriss der zugehörigen Postleitzahlgebiete. Diese Vorgehensweise nennt man Gebietsaggregation. Ein weiterer Vorteil dieses Ansatzes ist, dass alle verfügbaren Daten, die sich auf die Gebietsbausteine beziehen, einfach auf die aggregierten Gebiete hochgerechnet werden können. Kennt man z. B. das Marktpotenzial im Postleitzahlgebiet, so kann durch Summenbildung das Marktpotenzial im Vertriebsgebiet präzise errechnet werden.

2.4 Digitale Konstruktion von Gebietsgrenzen

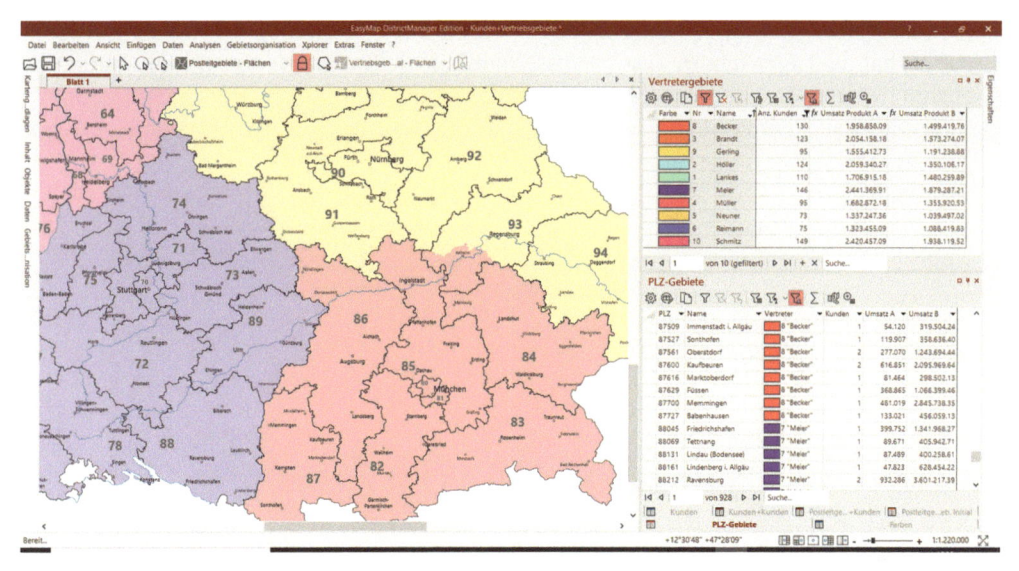

Abb. 2.3 Vertriebsgebietsdefinition, umgesetzt in Geomarketing-Software – Karte und Gebietsdaten auf einen Blick!

2.4.2 Voronoi-Polygone zur Überführung von Kundenzuordnungen in Vertriebsgebiete

„Sind die Vertriebsgebiete in Ihrem Unternehmen präzise definiert?" Diese Frage habe ich häufig Vertriebsleitern gestellt, wenn es um Geomarketing geht. Reflexartig kam oft darauf die Antwort: „Selbstverständlich! Bei uns ist jeder Kunde einem Vertriebsmitarbeiter zugeordnet." Manchmal schwingt dabei ein leichter Unterton der Empörung mit. Dabei möchte ich natürlich bei keinem Vertriebsleiter seine Fähigkeit, einen Vertrieb straff zu organisieren, grundsätzlich in Frage stellen. Allerdings stellt die Zuordnung von Kunden zu Vertriebsmitarbeitern keine präzise Abgrenzung von Vertriebsgebieten dar. Stellt man die Standorte der Kunden in einer Karte dar, wobei die Farbe eines Standortsymbols die Zuordnung des Kunden zu einem bestimmten Vertriebsmitarbeiter zeigt, so erscheint in der Karte eine Punktwolke. Gebiete und deren Grenzen lassen sich bestenfalls erahnen (siehe Abb. 2.4).

Diese Organisationsstruktur mag ausreichen, solange der Kundenbestand relativ fest ist. Bei vielen Neukunden und einer dementsprechend großen Zahl an Anfragen kommt man jedoch um eine flächenhafte Vertriebsgebietsdefinition mit präzisen Grenzen nicht umhin. Die Frage, welchem Vertriebsmitarbeiter ein Neukunde zuzuordnen ist, kann sonst nicht in kurzer Zeit, mit geringem Aufwand und zweifelsfrei beantwortet werden. Außerdem können Marktpotenziale und Marktanteile für Vertriebsgebiete, die lediglich als Punktwolke definiert sind, selten berechnet werden, da die heranzuziehenden Marktdaten sich meist auf komplette Flächen beziehen.

Eine im Geomarketing bewährte Methode, kundenbezogene Vertriebsgebietsdefinition in Flächen zu überführen, nutzt die aus der Mathematik bekannte „Voronoi-Methode". Mit dieser Methode werden Grenzlinien innerhalb der Punktwolke der Kundenstandorte

2 Methodik

berechnet. Jedes sich daraus ergebende „Voronoi-Polygon" (auch „Thiessen-Polygon" genannt) hat die Eigenschaft, dass es ausschließlich die Standorte eines bestimmten Vertriebsmitarbeiters enthält (siehe Abb. 2.5).

Abb. 2.4 Karte der Kundenstandorte: die Farbe der Standortsymbole stellt die Zuordnung zu einem Vertriebsmitarbeiter dar

2.4 Digitale Konstruktion von Gebietsgrenzen

Abb. 2.5 Karte der Kundenstandorte: Vertriebsgebiete als Voronoi-Polygone

Für alle, die etwas mehr über die Polygon-Methode von Voronoi wissen möchten: Zu allen Paaren von Punkten mit unterschiedlicher Vertriebsgebietszuordnung wird jeweils die Mittelsenkrechte berechnet. Anschließend werden die Schnittpunkte aller Mittelsenkrechten berechnet. Als Ergebnis erhält man so alle Teilstücke der gesuchten Gebietsgrenzen. Wer noch mehr über Voronoi-Polygone erfahren möchte, muss an dieser Stelle auf die einschlägige mathematische Fachliteratur verwiesen werden.

Voronoi-Gebiete sind oft nur als Zwischenergebnis anzusehen, denn angestrebt wird vielfach eine Gebietsdefinition, die sich auf gegebene Gebietsstrukturen stützt. Es verbleibt somit die Aufgabe, die Voronoi-Gebiete umzuwandeln in Gebiete, die sich aus Postleitgebieten, Kreisen, Gemeinden, Marktgebieten oder anderen vorgegebenen Gebietsstrukturen zusammensetzen. Auch hierfür bietet das Geomarketing bewährte Methoden. Sie basieren auf dem Prinzip der Flächenverschneidung. Ist z. B. das Ziel, die Voronoi-Gebiete umzuwandeln in Gebiete, die auf Postleitgebieten basieren, so kann man zunächst alle Postleitgebiete ermitteln, die vollständig innerhalb einer Voronoi-Fläche liegen, und diese Postleitgebiete dem entsprechenden Vertriebsgebiet zuordnen. So ist auf jeden Fall sichergestellt, dass Kunden in diesen Postleitzahlgebieten ihre Vertriebsgebietszuordnung behalten. Lediglich für Postleitgebiete, die von einer Voronoi-Grenze durchschnitten werden, ist die Zuordnung nicht so einfach. Gibt es in diesem Postleitgebiet keine Kunden, so kann dieses Postleitgebiet irgendeinem der angeschnittenen Voronoi-Gebiete zugeteilt werden, ohne bestehende Kundenzuordnungen zu ändern. Gibt es in diesem Postleitgebiet nur einen Kunden, so entscheidet dessen Zuordnung zu einem Vertriebsmitarbeiter über die Zuordnung des Postleitzahlgebiets. Gibt es in diesem Postleitgebiet mehrere Kunden, die verschiedenen Vertriebsmitarbeitern zugewiesen sind, so entscheidet der Vertriebsleiter (und nicht die Software!) über dessen Zuordnung.

Praxistipp

Die Flächenverschneidung kann generell (also nicht nur in Verbindung mit Voronoi-Grenzen) dazu genutzt werden, Gebietsgrenzen auf eine andere Raumbezugsebene umzusetzen. So können z. B. Gebiete, die auf Basis von Postleitzahlen definiert sind, auf die Basis von Kreisen und Gemeinden umgestellt werden (siehe nächstes Kapitel).

2.4 Digitale Konstruktion von Gebietsgrenzen

Abb. 2.6 Aus Voronoi-Polygonen abgeleitete Vertriebsgebietsflächen als Aggregation von Postleitzahlgebieten

2.5 Geometrische Analysen: Verschneidungen, Puffer, Isochronen, Routen und mehr

Die in den vorausgegangenen Kapiteln beschriebenen Methoden basieren z. T. auf geometrischen Operationen mit Punkten, Linien und Flächen. Die häufigsten im Geomarketing genutzten geometrischen Operationen sollen hier kurz im Überblick dargestellt werden.

Punkte, Linien und Flächen

Um geometrische Operationen durchführen zu können, werden im Geomarketing Lagekoordinaten zu Standorten aller Art verwendet (siehe Geocodierung). Standorte mit Lagekoordinaten, insbesondere Adressen, stellen somit geometrisch betrachtet nichts anderes als eine Menge von Punkten dar.

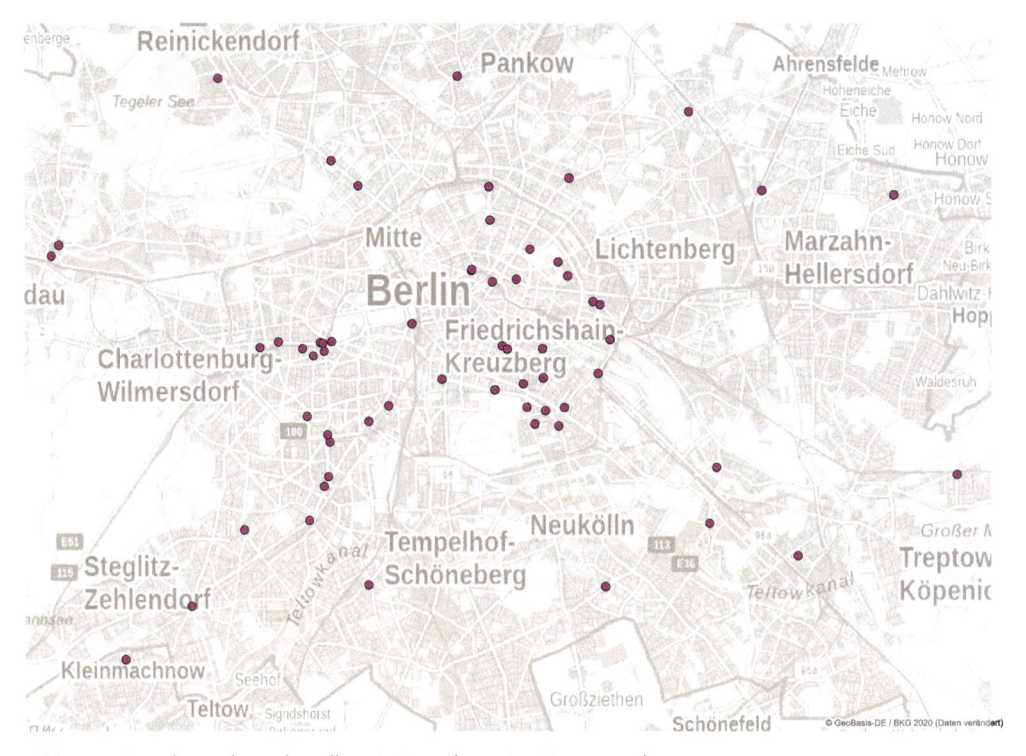

Abb. 2.7 Standorte als Punktwolke mit Rasterkarte im Hintergrund

Straßen, Flüsse, Bahntrassen und Grenzen werden meist als Linie digitalisiert. Um den Verlauf möglichst realistisch darzustellen, werden nicht nur der Anfangs- und Endpunkt einer Linie digitalisiert, sondern auch Zwischenpunkte. So entstehen sogenannte Polylinien, also Linien, die durch einen Anfangs- und einen Endpunkt sowie einen oder mehrere Zwischenpunkte digitalisiert sind. Um ein navigierbares Straßennetz zu erhalten, in dem auch Routenberechnungen möglich sind, wird eine Straße zusätzlich in Straßenabschnitte zerlegt und zumindest an jeder Straßenkreuzung ein Knoten als Endpunkt gesetzt.

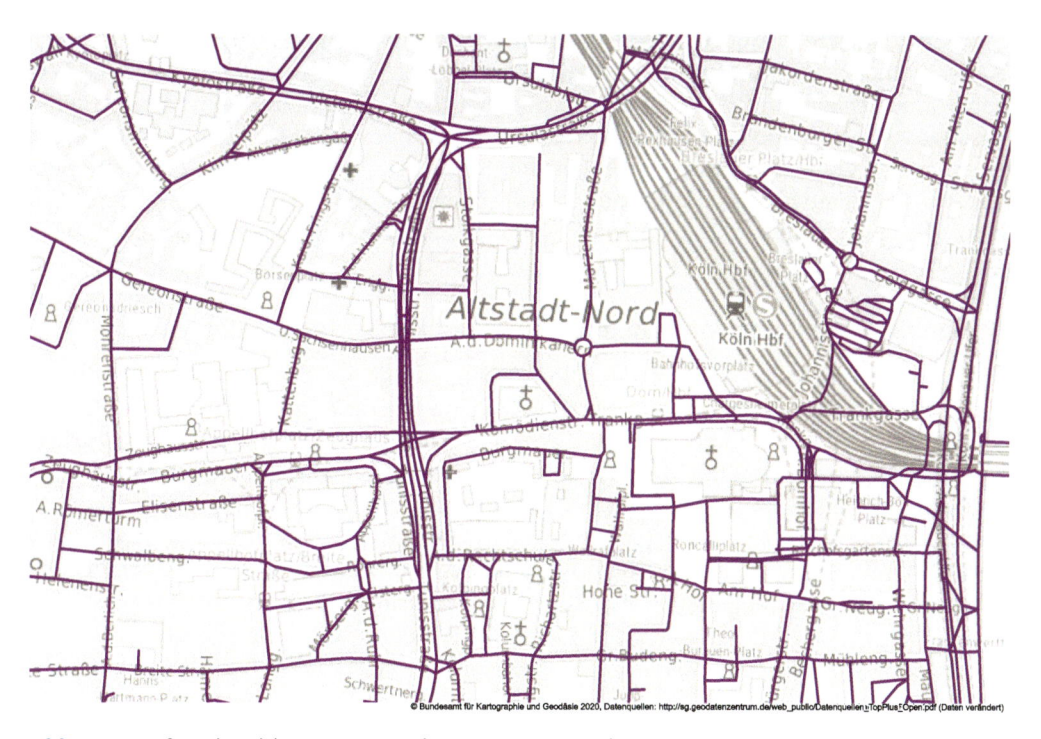

2.5 Geometrische Analysen: Verschneidungen, Puffer, Isochronen, Routen und mehr

Abb. 2.8 Straßen als Polylinien mit Rasterkarte im Hintergrund

Abb. 2.9 Die Fläche von Niedersachsen mit den Ostfriesischen Inseln als Exklaven und Bremen als Enklave

Flächen werden als Geodaten fast ausschließlich durch Polygone dargestellt. Lediglich Kreise kommen als geometrische Fläche ebenfalls noch vor. Andere geometrische Flächenformen spielen in Geoinformationssystemen so gut wie keine Rolle. Manche in der Realität vorkommende Gebietsstrukturen sind so komplex, dass Gebiete nicht durch ein einziges Polygon dargestellt werden können. So tritt es häufig auf, dass ein Gebiet ein anderes vollständig umschließt; man spricht dann von einer „Enklave". Andererseits kann ein Gebiet aus mehreren nicht zusammenhängenden Teilflächen bestehen. Man spricht dann von „Exklaven" (s. Abb. 2.9).

Geometrische Analysen von Punktmengen: Umkreise, Isochronen Routen

Typische geometrische Analysen von Punktmengen, die im Geomarketing eine Rolle spielen, sind die Bestimmung von Punkten im Umkreis bzw. in der Nähe eines Punkts: Welche ÖPNV-Haltestellen liegen in der Nähe eines Outlets? Welche Wettbewerberstandorte liegen im Umkreis bzw. in der Nähe eines geplanten Standorts? Spricht man dabei vom „Umkreis", so legt man die Luftlinienentfernung zugrunde und zieht quasi einen Kreis um den zu betrachtenden Standort. Dies ist eine sehr schnell und einfach durchführbare Analyse, die jedoch vorhandene Verkehrsverbindungen nicht berücksichtigt, also z. B. Entfernungen und Fahrzeiten im Straßennetz.

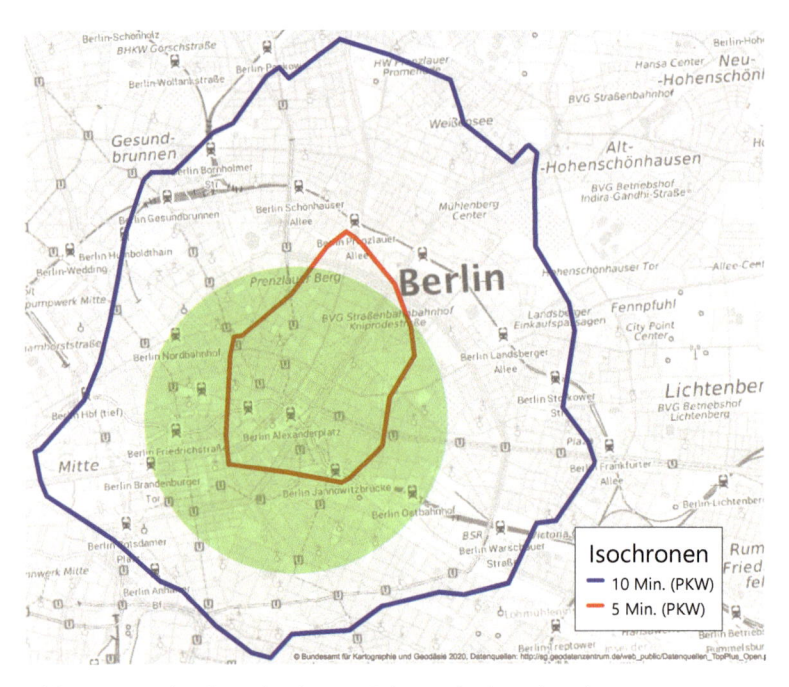

Abb. 2.10 Berlin Alexanderplatz mit 2-km-Umkreis und Isochronen

Während der auf Basis der Luftlinienentfernung bestimmte Umkreis als geometrischer Kreis in der Karte darzustellen ist, wird der Einzugsbereich einer Filiale, der auf Basis von Fahrzeiten im Straßennetz berechnet wurde, als Polylinie dargestellt. Diese Polylinie wird Isochrone genannt (s. Abb. 2.10).

2.5 Geometrische Analysen: Verschneidungen, Puffer, Isochronen, Routen und mehr

Eine weitere typische Punkt-zu-Punkt-Analyse im Geomarketing ist die Routenberechnung zwischen zwei Punkten und damit die Bestimmung der Entfernung und der Fahrzeit.

Punkt-/Linien-Analysen: Puffer entlang von Verkehrstrassen

Eine bekannte Analyse auf Basis der Pufferbildung entlang von Verkehrstrassen beantwortet die Frage, wie viele Gebäude sich im Abstand von 100 m links und rechts einer geplanten Straße oder Bahntrasse befinden, um zu ermitteln, wie viele Menschen von Lärmemissionen durch die geplante Straße oder Bahnstrecke betroffen wären. Eine weitere bekannte Analyse auf Basis der Pufferbildung beantwortet die Frage, wie viele Gebäude im Überschwemmungsbereich eines Flusses liegen. Eine für das Geomarketing eher typische Fragestellung, die durch Pufferbildung zu beantworten wäre, ist die Bestimmung aller Plakatstandorte entlang den Einpendlerrouten einer Stadt (s. Abb. 2.11).

Abb. 2.11 Plakatstandorte entlang Pendlerstrecke

Punkt-in-Polygon-Analysen: In welchen Zuständigkeitsbereich fällt eine Adresse?

Eine typische Anwendung des Punkt-in-Polygon-Tests ist die räumliche Referenzierung (s. o.). Der Punkt-in-Polygon-Test kommt immer dann zum Einsatz, wenn Standorte bzw. Adressen einer abgegrenzten Fläche zugeordnet werden müssen und die Fläche als Polygon digitalisiert ist. Diese Fragestellung tritt z. B. regelmäßig auf, wenn der zuständige Strom- oder Gasnetzbetreiber zu einer Abnehmeradresse bestimmt werden muss (s. Abb. 2.12).

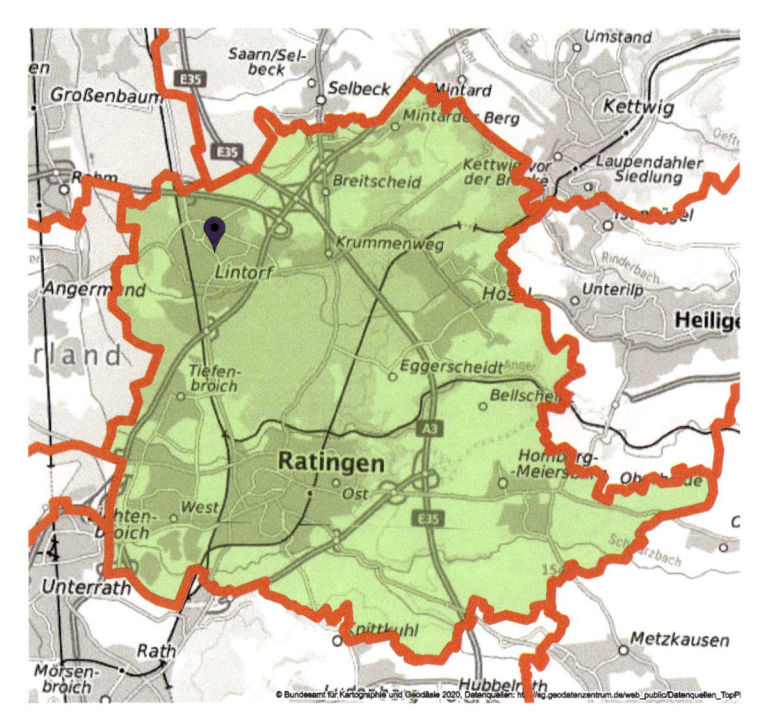

Abb. 2.12 Der Punkt-in-Polygon-Test zeigt: die markierte Adresse im Ort Lintorf liegt im Stromnetzgebiet der Stadtwerke Ratingen

Geometrische Analysen auf Basis von Linien: Vergleich von Routen

Typische geometrische Analysen auf Basis von Linien sind z. B. die Längenbestimmung von Routen und danach der Vergleich von Routen bezüglich Streckenlänge und Fahrzeit (s. Abb. 2.13). Eine weitere typische geometrische Analyse auf Basis von Linien ist die Bestimmung des Schnittpunkts zweier Linien, um z. B. festzustellen, ob bzw. wo zwei Routen sich kreuzen.

2.5 Geometrische Analysen: Verschneidungen, Puffer, Isochronen, Routen und mehr

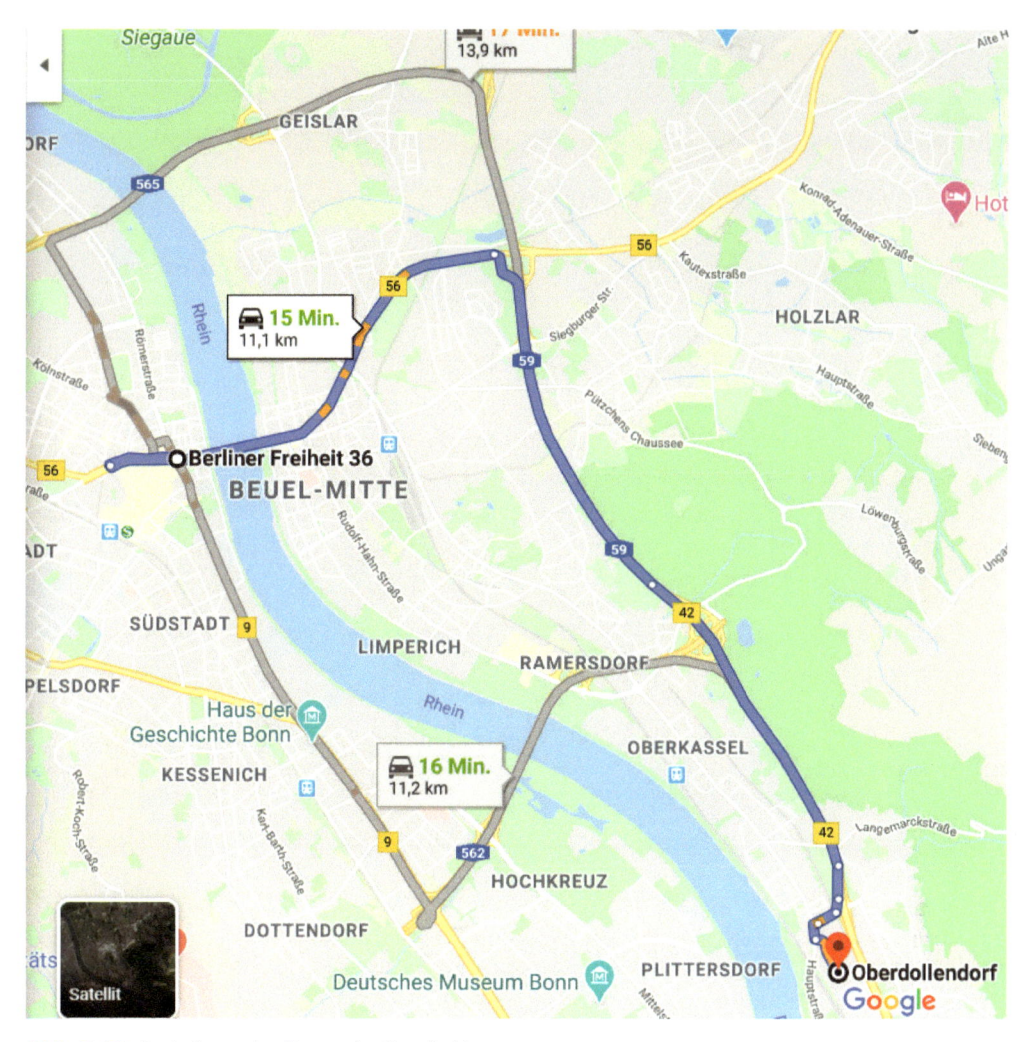

Abb. 2.13 Drei alternative Routen in Google Maps

Verschneidung von Linien und Flächen: Durch welche Gebiete führt eine Route?

Die Frage, durch welche Gebiete eine Route führt, kann bei der Optimierung von Vertriebs- oder Servicegebieten eine Rolle spielen. Wenn nämlich die Besuchstour eines Außendienstmitarbeiters durch das Arbeitsgebiet eines anderen Außendienstmitarbeiters führt, so kann dies ein deutlicher Hinweis darauf sein, dass die Arbeitsgebiete nicht optimal zugeschnitten sind (s. Abb. 2.14).

2 Methodik

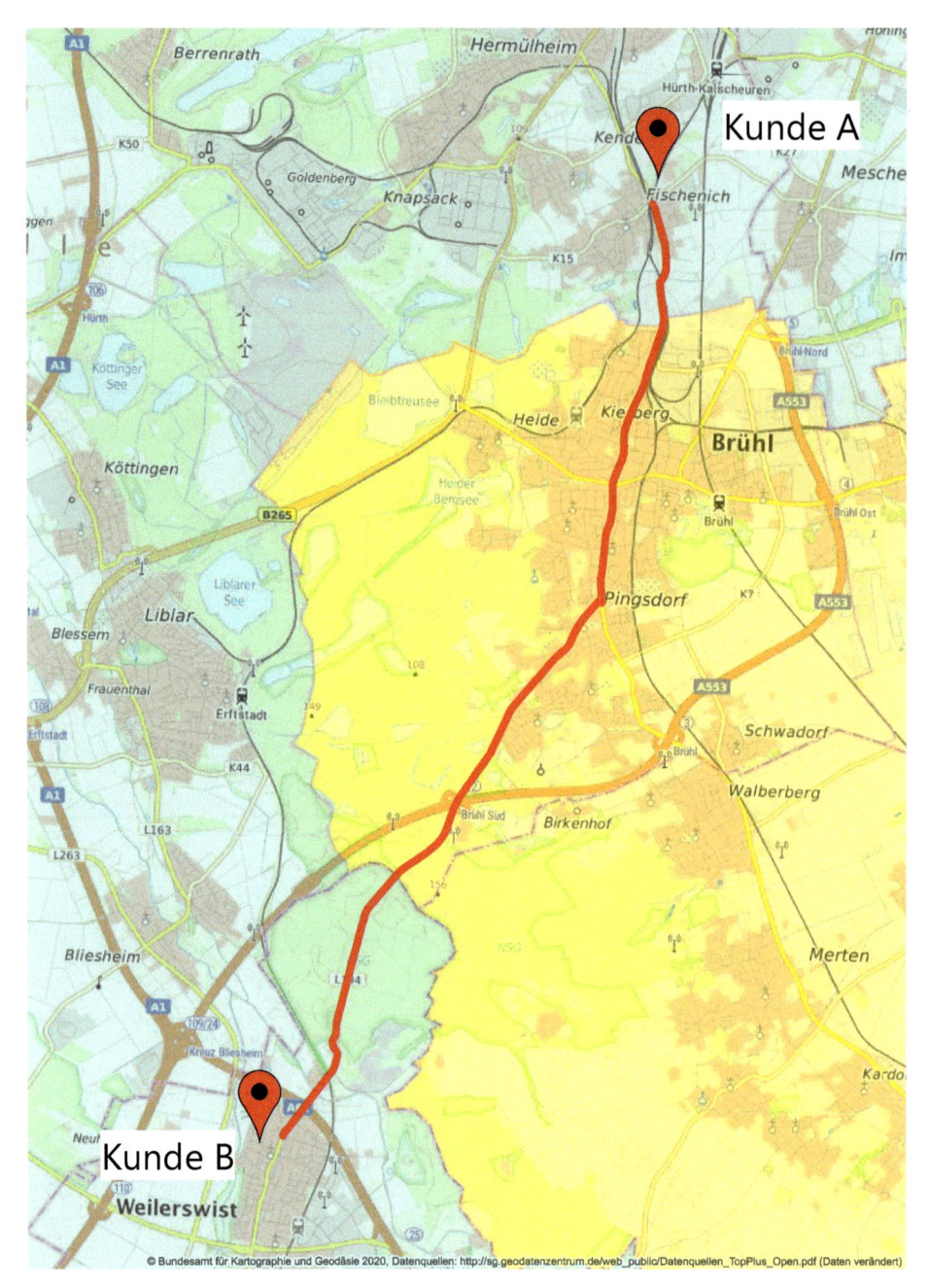

Abb. 2.14 Die Route von Kunde A zu Kunde B durchschneidet ein fremdes Vertriebsgebiet

2.5 Geometrische Analysen: Verschneidungen, Puffer, Isochronen, Routen und mehr

Flächenverschneidungen: Abgleich von Gebieten verschiedener Raumgliederungssysteme

Flächenverschneidungen kommen immer dann zum Einsatz, wenn unterschiedliche Gebietsstrukturen miteinander zu vergleichen oder Daten von einer Gebietsstruktur auf eine andere Gebietsstruktur umzurechnen sind. Dazu werden zunächst die Verschnittflächen beider Gebietsstrukturen ermittelt. Danach kann man berechnen, über wie viele Gebiete der zweiten Gebietsstruktur sich eine Fläche aus der ersten Gebietsstruktur erstreckt und wie groß ggfs. die Flächenanteile sind. Darauf basierend können dann Daten, die zu den Flächen der ersten Gebietsstruktur vorliegen, anteilig auf die Flächen der zweiten Gebietsstruktur umverteilt werden.

Abb. 2.15 Die Flächenverschneidung zeigt, dass sich das rot umrandete Vertriebsgebiet über die drei Bundesländer Hessen, Rheinland-Pfalz und Baden-Württemberg erstreckt

2.6 Visualisierung von Unternehmensdaten und Marktdaten mittels Karten

Die thematische Kartographie ist ein äußerst umfangreiches Teilgebiet der Geographie und Geodäsie. Hierzu liegt umfangreiche Literatur vor. Deshalb kann es nicht Aufgabe dieses Buchs sein, die thematische Kartographie umfassend zu behandeln. Allerdings haben thematische Karten im Geomarketing herausragende Bedeutung. Deshalb sollen einige wichtige Grundlagen an dieser Stelle vermittelt werden.

Nichts eignet sich besser zur grafischen Darstellung von regionalen Unternehmensdaten und Marktdaten als thematische Karten. Denken Sie beim Begriff „thematische Karten" an Wirtschaftskarten, die Sie aus dem Schulatlas kennen. Geomarketing liefert individuelle Wirtschaftskarten – speziell für Ihr Unternehmen und Ihren Markt. Damit können Sie

- geographisch bedingte Phänomene aufspüren und erkennen,
- Analyse-Ergebnisse visualisieren und präsentieren.

Einige Leser werden sich nun denken: „Bisher habe ich meine Karten mit einem Grafikprogramm erstellt. Warum sollte ich das zukünftig anders machen?" Zugegeben: Auch mit PowerPoint und anderen Grafikprogrammen kann man beachtliche Kartengrafiken erstellen (siehe Abb. 2.16).

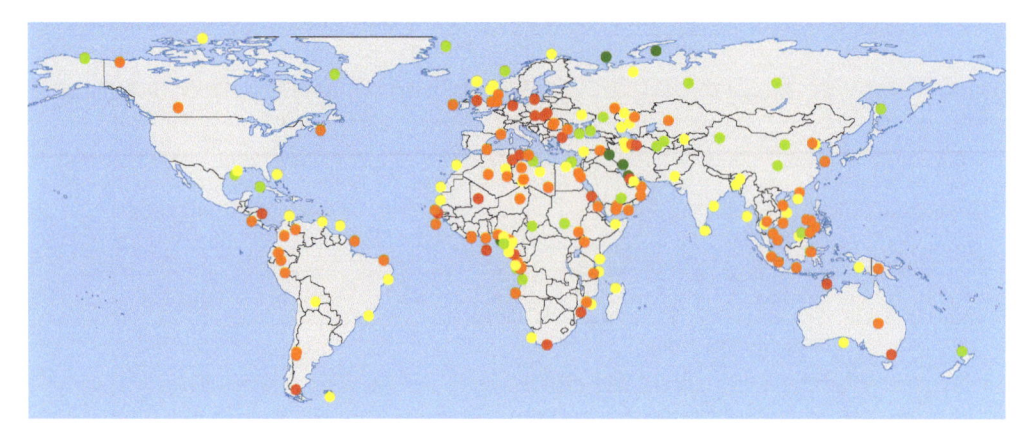

Abb. 2.16 Die mit PowerPoint erstellte Karte zeigt weltweite Standorte eines Unternehmens

Nachteil der „Handarbeit" mit Grafikprogrammen ist der große Arbeitsaufwand bei Aktualisierungen, da die Daten nicht automatisch eingebunden und grafisch dargestellt werden. Dadurch ist auch nach einer Datenaktualisierung keine automatische Aktualisierung der Karten möglich. In der mit PowerPoint erstellten Karte oben mussten z. B. die Farben der Datenpunkte immer von Hand angepasst werden (die Position der Datenpunkte brauchte man dagegen nur einmal in der Karte zu fixieren). Moderne Geomarketing-Software erspart Ihnen diese Handarbeit. Sie greift auf die aktuellen Datenbestände des Unternehmens direkt zu und erlaubt, mit wenigen Handgriffen ansprechende Karten automatisch zu erstellen und zu aktualisieren.

2.6 Visualisierung von Unternehmensdaten und Marktdaten mittels Karten

2.6.1 Standortdarstellungen mit Symbolkarten

Abbildung 2.17 zeigt die räumliche Verteilung von Standorten im Land. Alle Standorte sind durch ein einheitliches Symbol dargestellt. Qualitative Unterschiede der Standorte sind nicht erkennbar. Diese Karte beantwortet also die simple Frage: Wo liegen die Standorte?

Abbildung 2.18 zeigt Standortsymbole mit unterschiedlicher Größe. Diese Darstellung eignet sich z. B. zur Visualisierung der „Größe" des Standorts, wobei sich die Symbolgröße nicht nur nach der Quadratmeterzahl der Bürofläche oder der Höhe des Gebäudes richten kann, sondern auch nach der Mitarbeiterzahl oder dem Umsatz, der mit dem Kunden erzielt wird. Hinweis: Sind Form, Farbe, Größe oder weitere Symboleigenschaften datenabhängig, spricht man von *Proportionalsymbolen*.

Eine weitere Differenzierung zeigt Abbildung 2.19. Hier wird eine Klassifizierung der Kunden (also das Ergebnis einer ABC-Kundenanalyse) durch die verschiedenen Farben der Symbole dargestellt. Alternativ zur Farbe könnte auch die Symbolform zur Unterscheidung der Kundenklassifizierung verwendet werden. Allerdings ist die Farbe insbesondere bei kleinen Symbolen besser als die Form erkennbar und unterscheidbar. Deshalb ist in dieser Konstellation die Farbe vorzuziehen.

Abbildung 2.20 zeigt die zusätzliche Differenzierung der Kunden nach Branchen. Diese ist an der Symbolform erkennbar, während die Mitarbeiterzahl durch die Symbolgröße und die ABC-Klassifizierung durch die Farbe dargestellt wird.

Ist die Karte immer noch lesbar? Das lässt sich leicht ändern! Vielleicht vermissen Sie ja noch die Namen der Kunden in der Karte oder die Angabe, wann er zuletzt gekauft hat …

2 Methodik

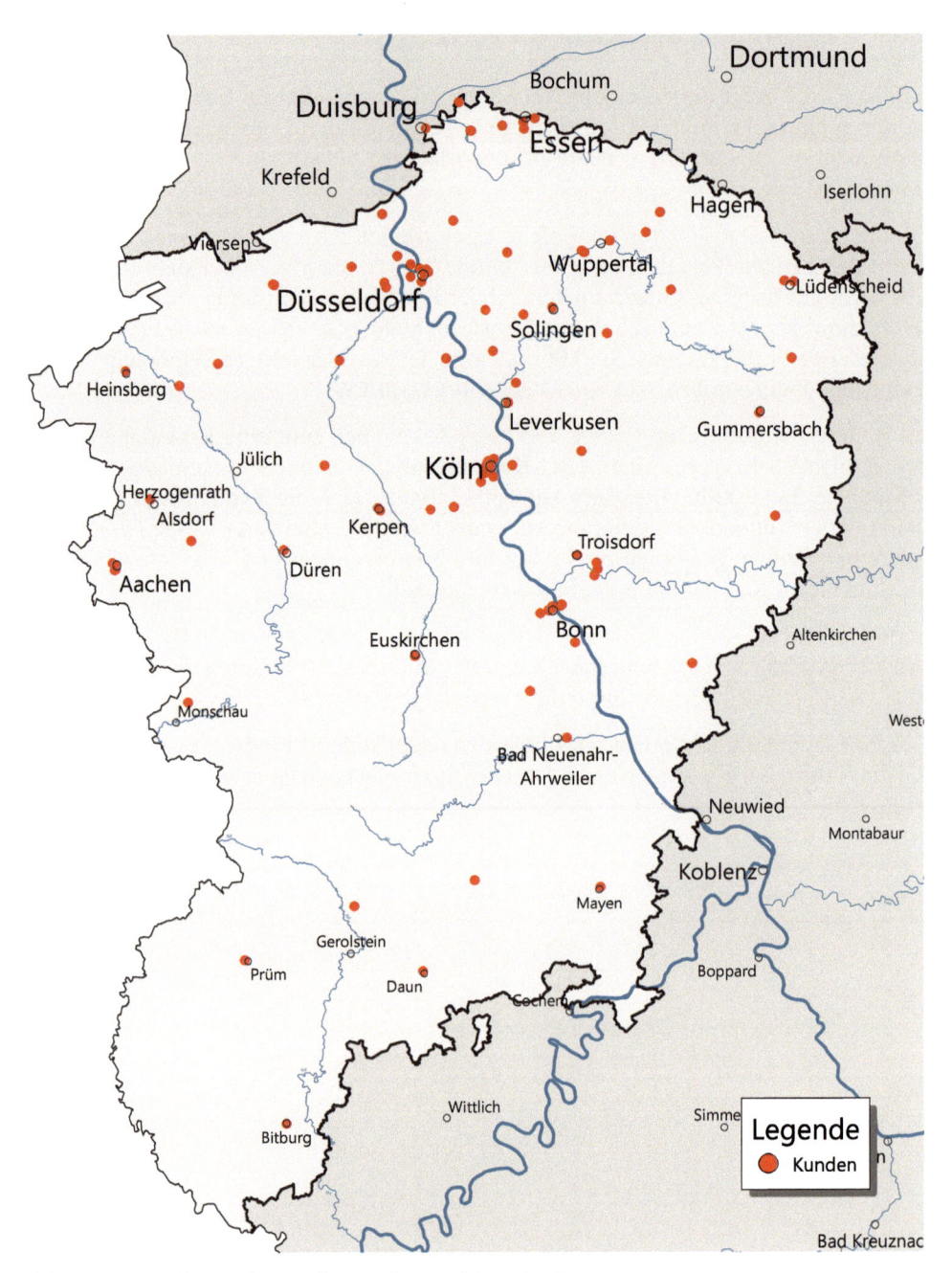

Abb. 2.17 Karte der Kundenstandorte in der Vertriebsregion West

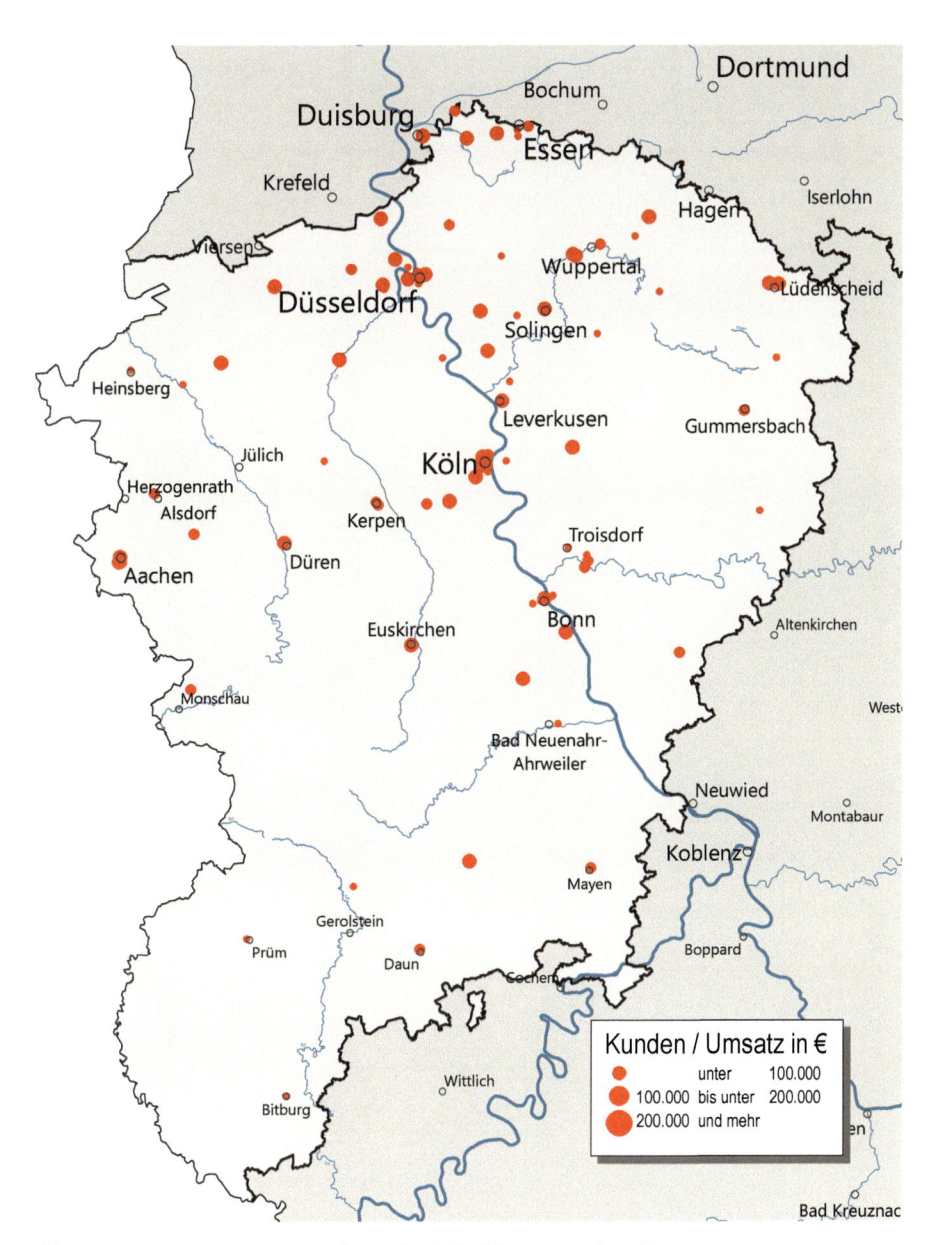

2.6 Visualisierung von Unternehmensdaten und Marktdaten mittels Karten

Abb. 2.18 Karte der Kundenstandorte: Symbolgröße entsprechend Umsatz

2 Methodik

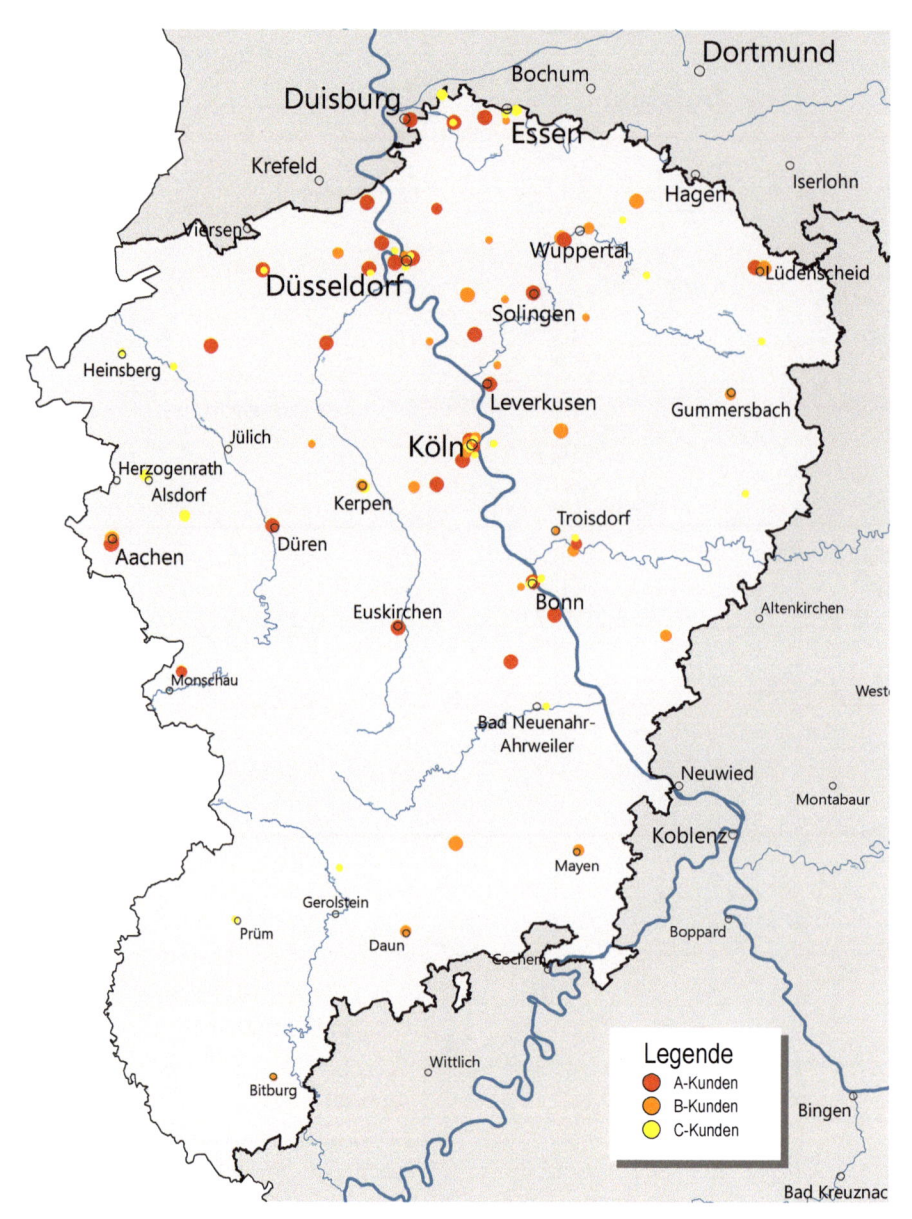

Abb. 2.19 Karte der Kundenstandorte: Differenzierung nach A-, B- und C-Kunden durch die Symbolfarbe; die Symbolgröße richtet sich nach dem Umsatz

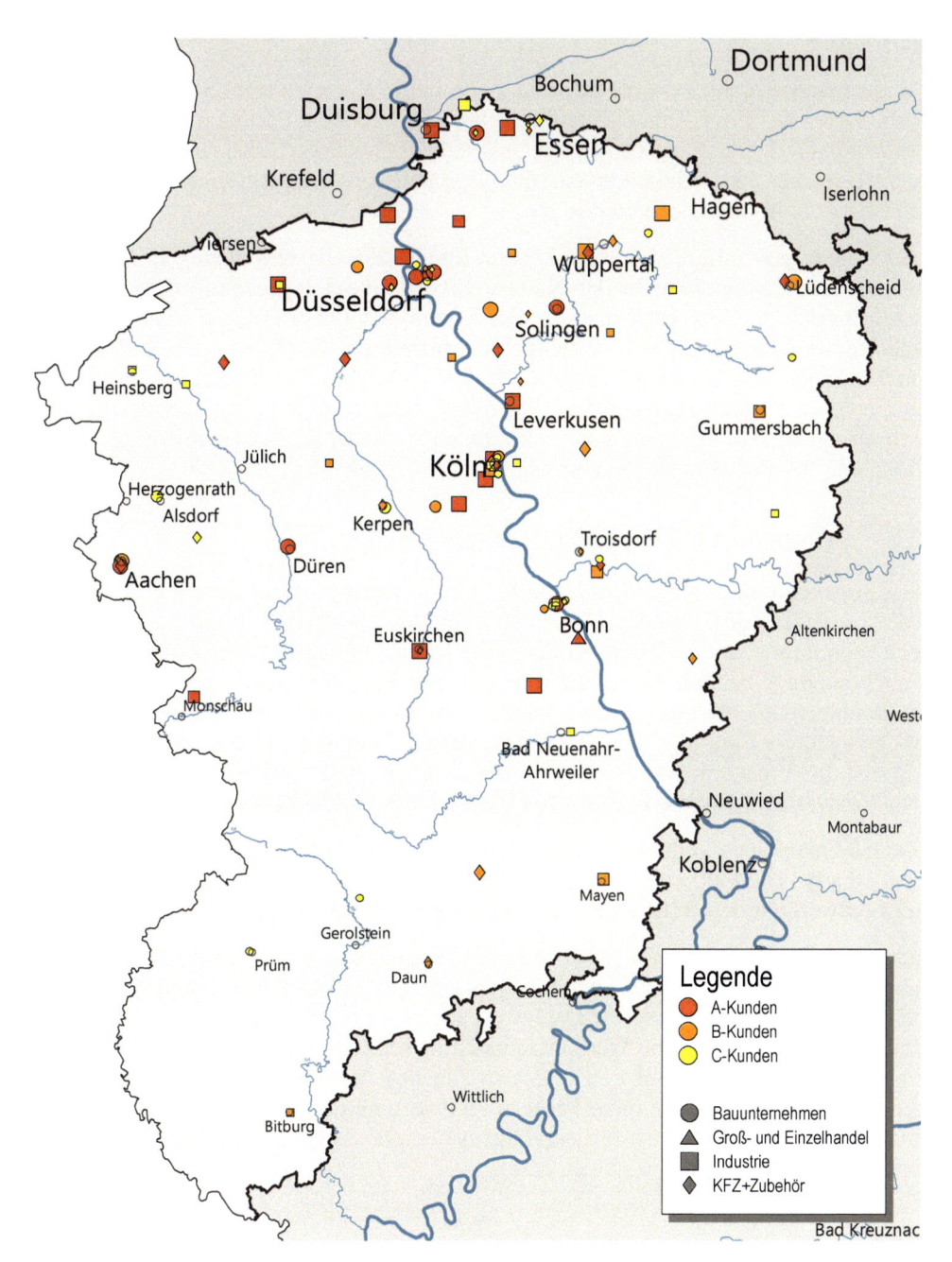

2.6 Visualisierung von Unternehmensdaten und Marktdaten mittels Karten

Abb. 2.20 Karte der Kundenstandorte: Differenzierung nach A-, B- und C-Kunden durch die Symbolfarbe; Symbolform nach Branche; die Symbolgröße richtet sich nach dem Umsatz

Praxistipps

a) Versuchen Sie nicht, zu viele Informationen in die Karte zu bringen. Die Karte wird nie alle Daten aus Ihrer Kundendatenbank darstellen können. Packen Sie zu viele Informationen in die Karte, kann sie schnell an Verständlichkeit und Übersichtlichkeit verlieren. Sie erreichen also möglicherweise das Gegenteil von dem ursprünglich angestrebten Ziel, Übersicht in Ihre Daten zu bringen.

b) Auch nicht geocodierte Adressen können für Standortdarstellungen genutzt werden, wenn die Standortsymbole in der Karte nicht unbedingt lagegenau positioniert sein müssen. In diesem Falle kann man die Postleitzahl aus der Adresse auswerten und die Standorte am Mittelpunkt des Postleitgebiets platzieren. Für kleinmaßstäbliche Übersichtskarten ist diese (Un-)Genauigkeit absolut akzeptabel. Problematisch wird es erst, wenn mehrere Standorte die gleiche Postleitzahl haben. Einige Geomarketing-Programme lösen dieses Problem ganz geschickt, indem sie die Standortsymbole rund um den Mittelpunkt des Postleitgebiets anordnen.

2.6.2 Datendarstellung durch Flächenfärbung

Ausgesprochen unkompliziert im Handling und deshalb im Geomarketing sehr beliebt ist die Datendarstellung durch Flächenfärbung. Anders als bei Proportionalsymbolen oder Diagrammen sind nämlich bei der Flächenfärbung auch große Datenmengen und große Streuungen bei den Werten unproblematisch. Bei der Datendarstellung durch Flächenfärbung (wissenschaftlich Choroplethenkarten genannt) werden den Datenwerten Farben zugeordnet und die Flächen dementsprechend eingefärbt. Für diese Farbzuordnung sind die folgenden zwei Methoden gebräuchlich: die Berechnung eines kontinuierlichen Farbverlaufs und die Bildung von Farb- und Wertklassen.

Verwendet man einen kontinuierlichen Farbverlauf, so erhält jeder Datenwert eine individuelle Farbe. Die Farben für den größten und kleinsten vorkommenden Wert sowie für den Mittelwert werden festgelegt. Alle Zwischenwerte werden berechnet (s. Abb. 2.21).

Datendarstellungen mit kontinuierlichem Farbverlauf liefern zwar einen guten Gesamteindruck; sie haben aber den Nachteil, dass aus den in der Karte vorkommenden Farben nicht mehr präzise der zugehörige Datenwert abgelesen werden kann. Deshalb geht man vielfach dazu über, Farb- und Wertklassen zu bilden. Dazu teilt man den gesamten Wertebereich in Teilbereiche auf und bildet so zunächst Werteklassen. Dann ordnet man jeder Werteklasse eine bestimmte Farbe zu, wobei man darauf achtet, dass alle Farben gut unterscheidbar sind. So ist für jede Fläche zumindest die Größenordnung der dahinterstehenden Daten ablesbar (s. Abb. 2.22).

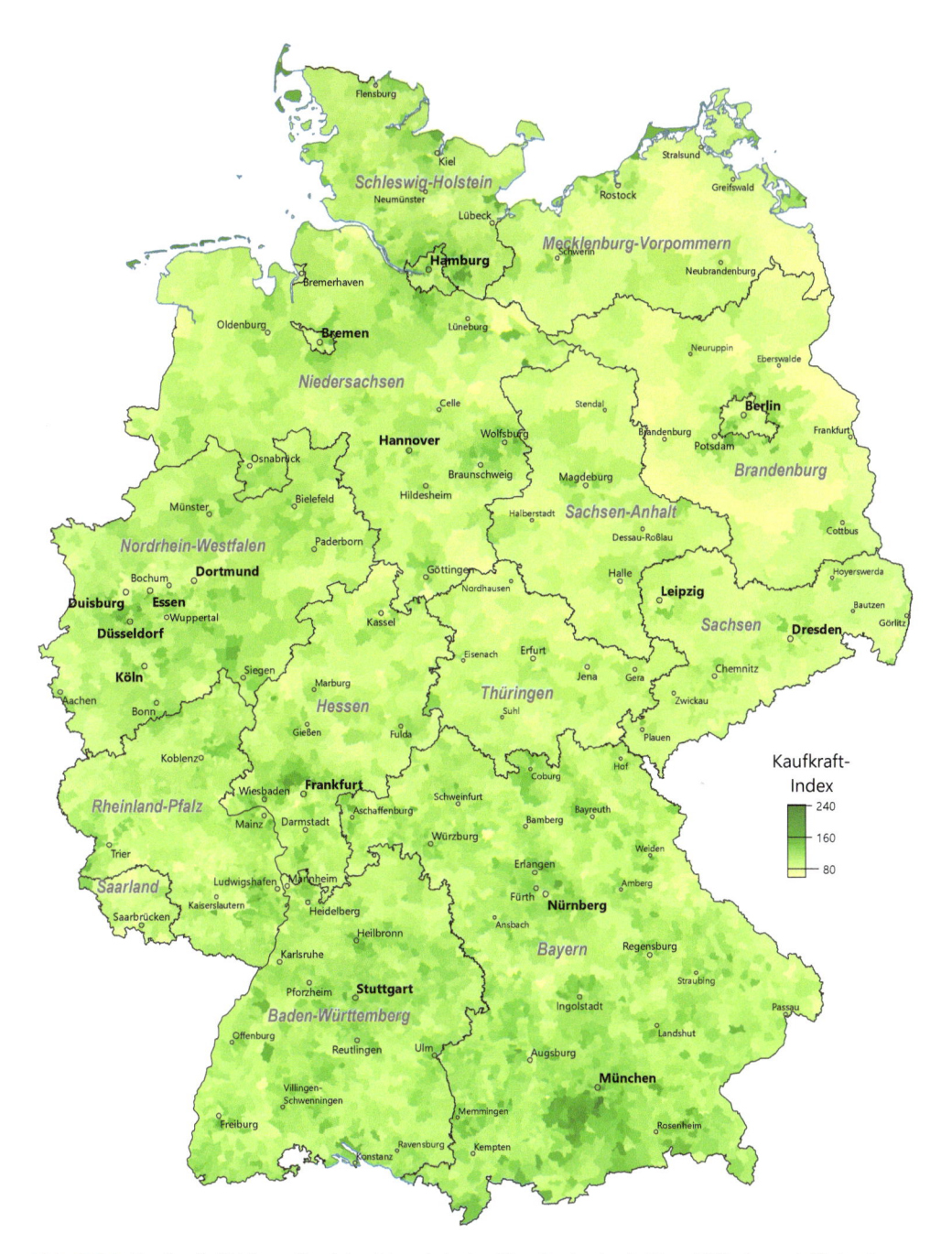

2.6 Visualisierung von Unternehmensdaten und Marktdaten mittels Karten

Abb. 2.21 Kaufkraft 2019 pro Postleitgebiet als Index (Bundesdurchschnitt = 100), dargestellt durch Flächenfärbung mit kontinuierlichem Farbverlauf

2 Methodik

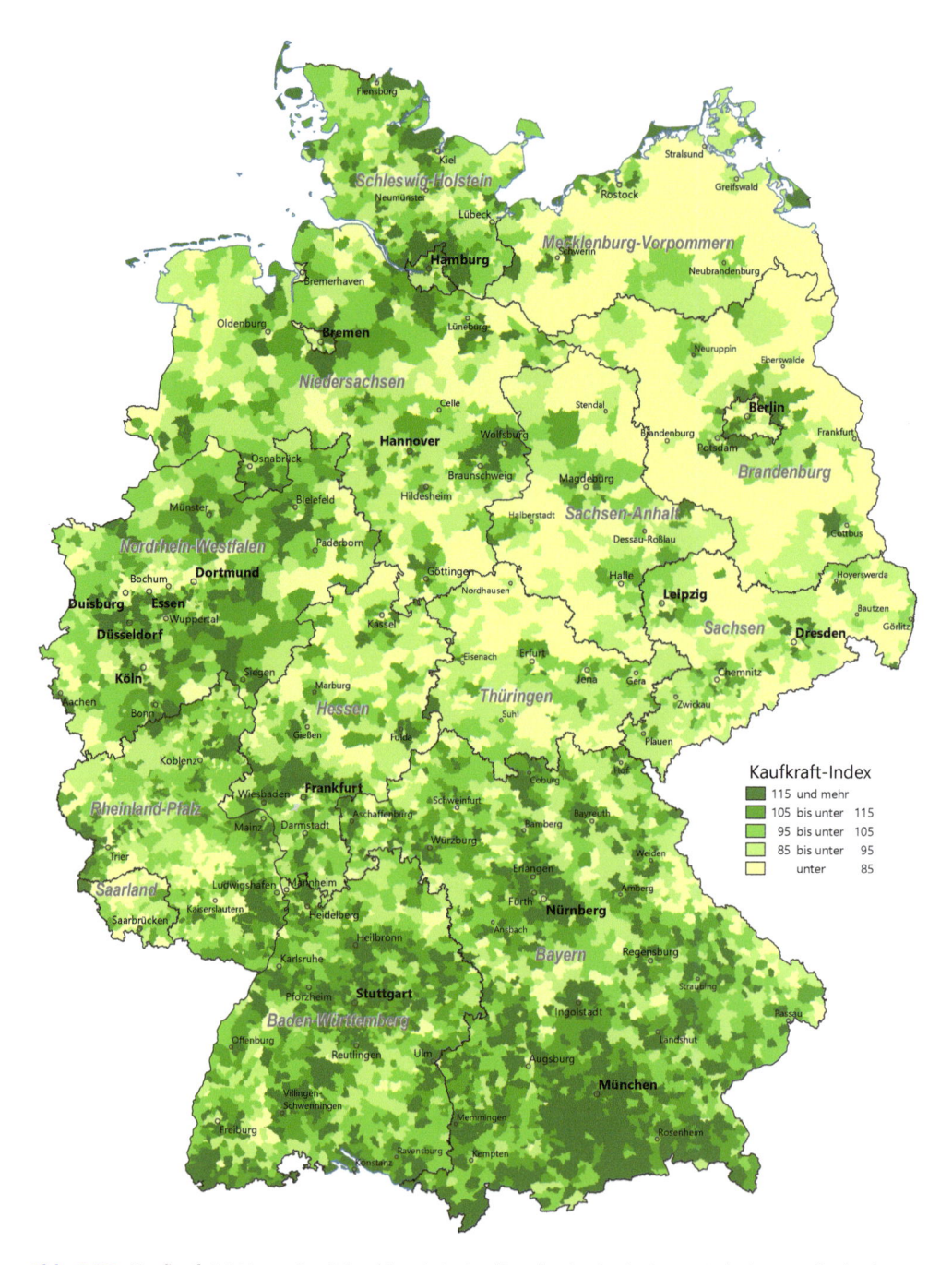

Abb. 2.22 Kaufkraft 2019 pro Postleitgebiet als Index (Bundesdurchschnitt = 100), dargestellt durch Flächenfärbung in fünf Farb- und Werteklassen

Als nicht ganz unproblematisch erweist sich die Definition der Werteklassen (zur Methodik der Klassifizierung muss hier ohnehin auf die umfangreiche wissenschaftliche Fachliteratur aus der Statistik verwiesen werden) – gemeint ist an dieser Stelle die richtige Wahl der Anzahl der Werteklassen, der Klassengrenzen und der Farben. Oft verbirgt sich nämlich hinter den Klassengrenzen eine Wertung, manchmal gewollt, manchmal ungewollt. Mit zwei Werteklassen unterscheiden Sie „gut/schlecht", „hoch/niedrig", „über-/unterdurchschnittlich". Sie betreiben „Schwarz/Weiß-Malerei". Ein Vertriebsmitarbeiter mit 0,5 % Umsatzwachstum erscheint als „Gewinner", ein Vertriebsmitarbeiter mit 0,5 % Umsatzrückgang als „Verlierer", obwohl die Zahlen ganz eng beieinanderliegen. Mit drei Werteklassen kann zwischen „hoch" und „niedrig" noch ein „Mittelfeld" berücksichtigt werden. Mit fünf Werteklassen kann zwischen „sehr hoch", „hoch", „mittel", „niedrig" und „sehr niedrig" unterschieden werden. Je mehr Werteklassen Sie bilden, umso feiner können Sie differenzieren; umso schwieriger wird es aber gleichzeitig für das Auge, in der Karte aus der Farbe den Wertebereich abzulesen (siehe kontinuierlicher Farbverlauf). Ein Hauch von Willkür bei der Bildung der Werteklassen bleibt vielfach ohnehin.

Auch die Farbwahl kann sehr suggestiv sein. Die Ampelfarben sind z. B. sehr beliebt. Damit zeigen Sie dem „Verlierer" die rote Karte, dem Durchschnittlichen die gelbe Karte und der Gewinner erhält „grünes Licht". Die klassische Lehre der thematischen Kartographie hält einige sinnvolle Regeln zur Farbvergabe in Choroplethenkarten bereit:

a) Bei einem kontinuierlichen Datenspektrum sollte ein monochromer Farbverlauf gewählt werden; dabei repräsentieren helle Farbtöne normalerweise niedrige Datenwerte und dunkle Farbtöne hohe Datenwerte. Die Umkehrung des Farbverlaufs von dunkel nach hell ist aber ebenso zulässig. Sie kann zu grafisch sehr reizvollen und ansprechenden Darstellungen führen.

b) Zerfällt das Datenspektrum in zwei Teilbereiche (z. B. positive und negative Zahlen oder über- und unterdurchschnittliche Werte), so kann man eine sog. „Farbschaukel" wählen. Hierbei werden den zwei Teilbereichen sowie dem Mittelbereich verschiedene Grundfarben zugeordnet und die Farben dazwischen abgestuft (siehe Beispielkarte mit fünf Farbklassen).

Selbst wenn Sie die Werteklassen und Farben mit größter Sorgfalt und unter Beachtung wissenschaftlicher Erkenntnisse gewählt haben, kann der visuelle Eindruck einer Datendarstellung durch Flächenfärbung täuschende Wirkung haben. Seien Sie sich deshalb folgender Probleme bewusst:

a) Wenn die Größe der Flächen sehr stark streut, ist die Darstellung von Absolutzahlen durch Flächenfärbung problematisch, denn eine große Fläche hat für das Auge mehr Gewicht als eine kleine Fläche. Bei der Datendarstellung durch Flächenfärbung sind deshalb relative Werte zu bevorzugen. Die Abbildungen 2.23 und 2.24 zeigen die Absolutzahl der Einwohner und die Einwohnerdichte in den Landkreisen und kreisfreien Städten in Nordrhein-Westfalen. Bei den Absolutzahlen stechen z. B. die Kreise Recklinghausen und Steinfurt hervor. Die Stadt Bielefeld fällt hier in die gleiche Werteklasse wie die umgebenden Landkreise. Bei der Einwohnerdichte fällt das optisch wahrgenommene Gewicht der Kreise Recklinghausen und Steinfurt zurück, während die Stadt Bielefeld gegenüber ihrer Umgebung hervortritt.

2 Methodik

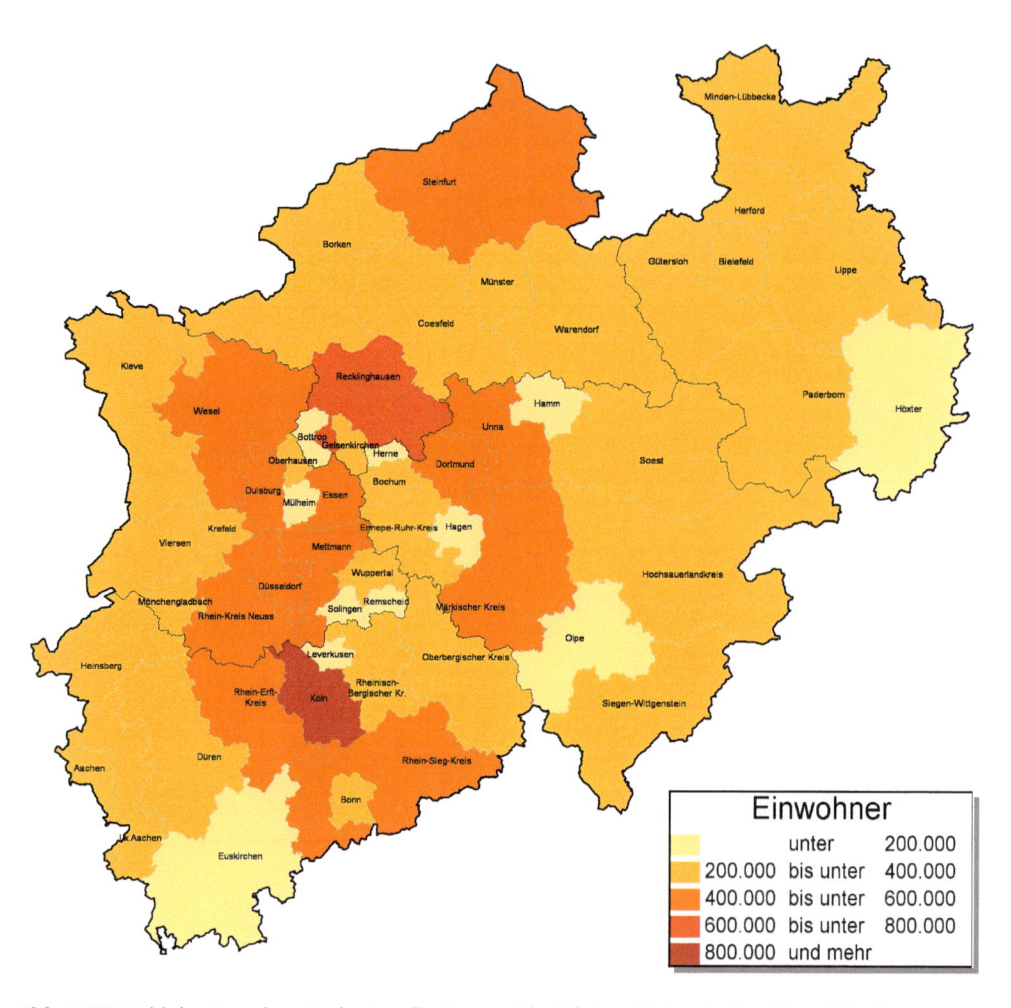

Abb. 2.23 Zahl der Einwohner in den Landkreisen und kreisfreien Städten in Nordrhein-Westfalen

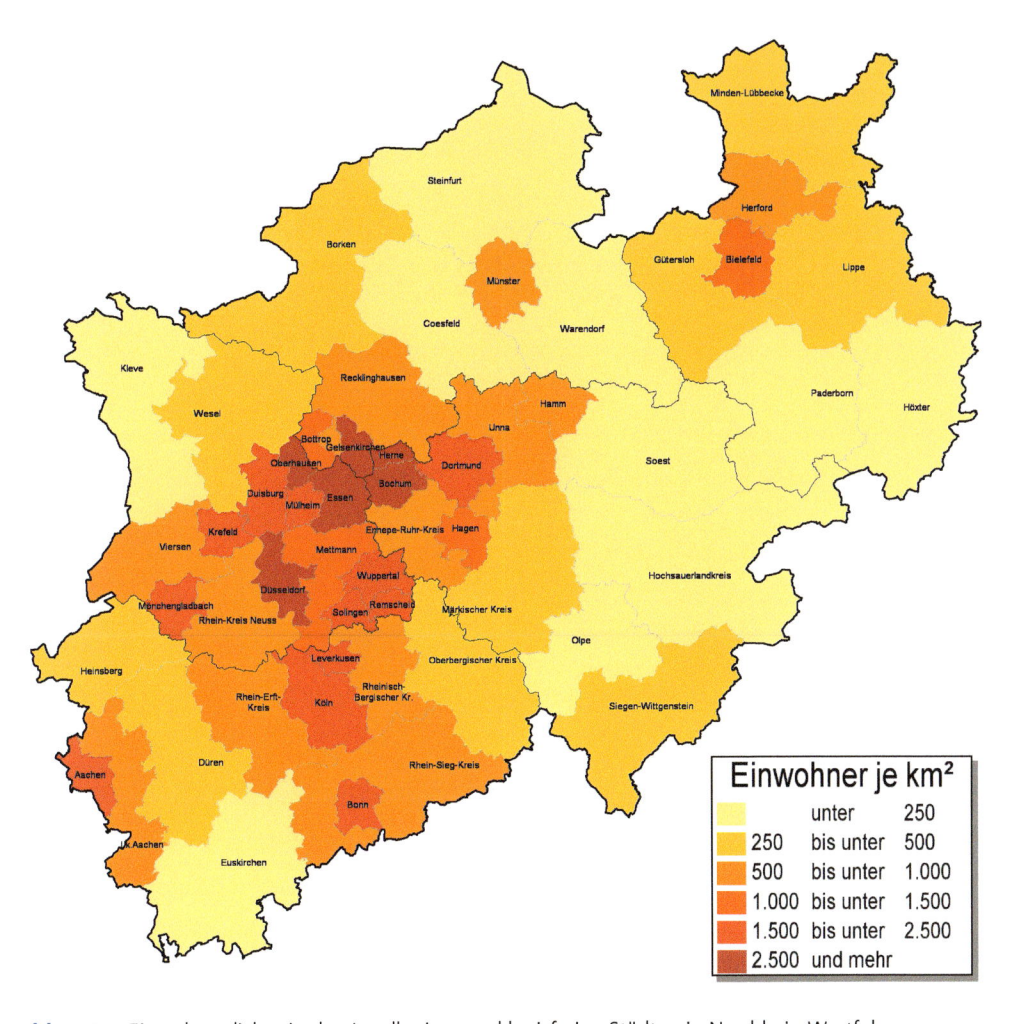

2.6 Visualisierung von Unternehmensdaten und Marktdaten mittels Karten

Abb. 2.24 Einwohnerdichte in den Landkreisen und kreisfreien Städten in Nordrhein-Westfalen

b) Die Daten, die sich auf die Flächen beziehen, sind als Gesamtzahlen bzw. Durchschnittswerte für die Flächen zu verstehen (z. B. Bevölkerungsdichte, Pkw-Dichte, Kaufkraft pro Kopf, Gebäudebestand). Weisen zwei benachbarte Flächen unterschiedliche Werte auf, so wechselt an der Grenze dieser Flächen die Farbe. Dies darf nicht so interpretiert werden, dass jenseits der Grenze mit einem Schlag eine völlig andere Lage gegeben ist. Die Datenverteilung innerhalb der Flächen kann völlig heterogen sein. Das folgende Beispiel zeigt dies sehr deutlich (s. Abb. 2.25 und Abb. 2.26).

2 Methodik

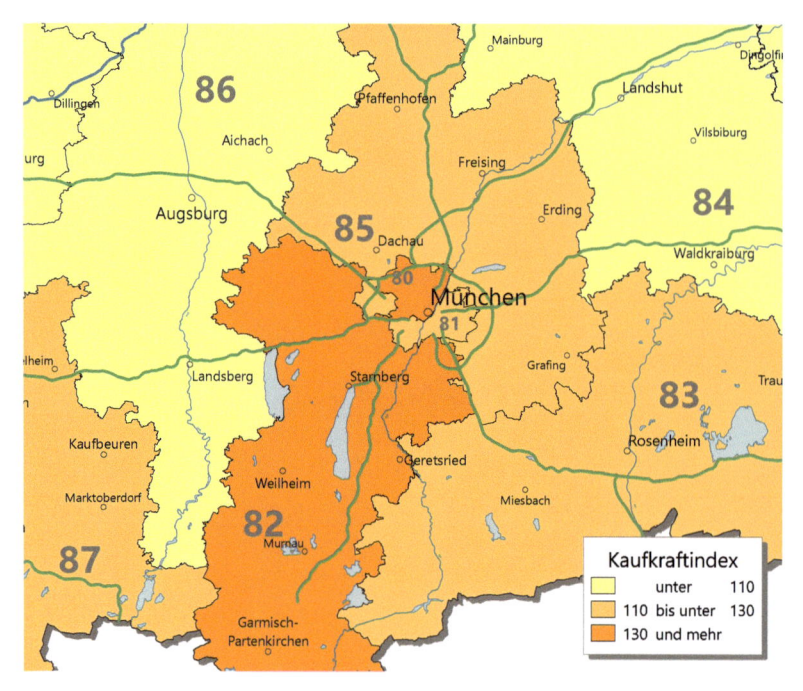

Abb. 2.25 Kaufkraftindex 2019 pro Postleitregion (Bundesdurchschnitt = 100)

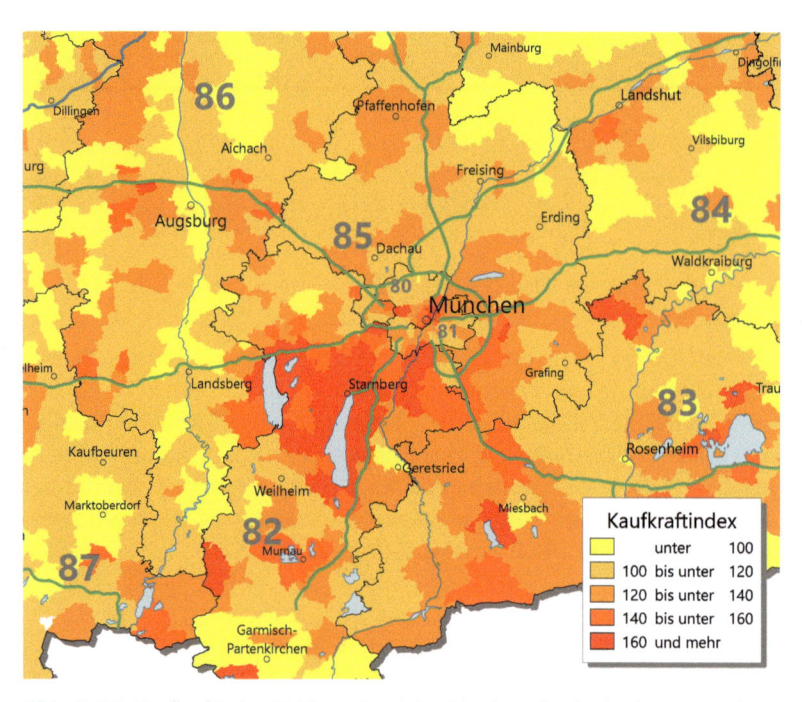

Abb. 2.26 Kaufkraftindex 2019 pro Postleitgebiet (Bundesdurchschnitt = 100)

2.6 Visualisierung von Unternehmensdaten und Marktdaten mittels Karten

Noch problematischer ist die Datendarstellung durch Flächenfärbung, wenn die gegebenen Daten sich eigentlich nicht auf die Fläche insgesamt, sondern auf einzelne Punkte innerhalb der Fläche beziehen. Dieses Problem tritt z. B. auf bei flächenhafter Darstellung von punktuellen Werten (z. B. Umsatz pro Vertriebsgebiet statt Umsatz pro Kunde) (s. Abb. 2.27).

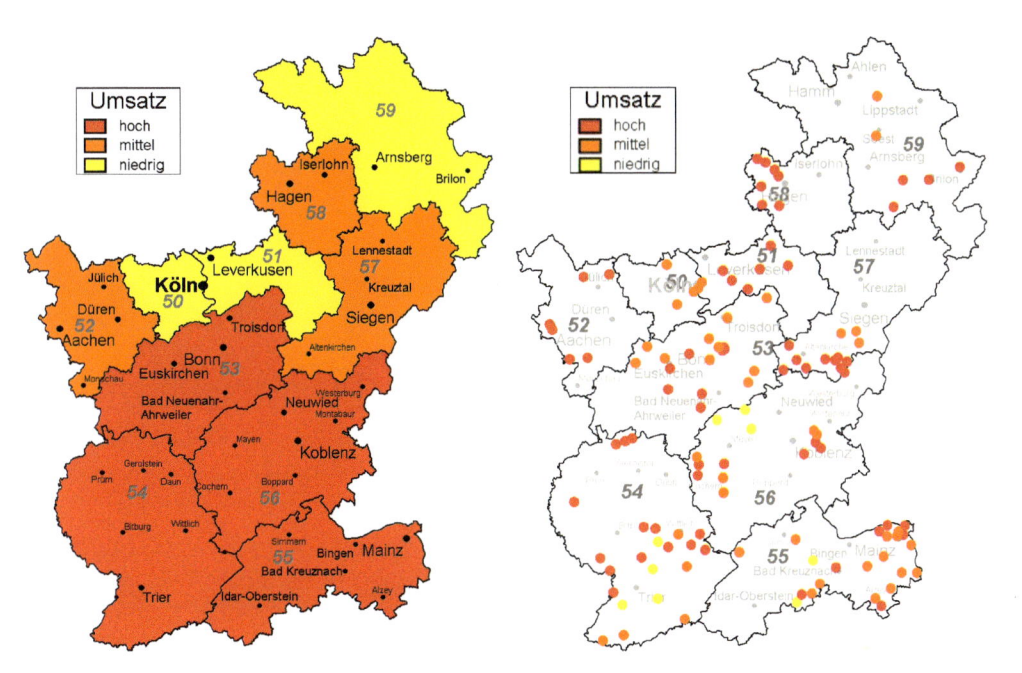

Abb. 2.27 Umsatz pro Vertriebsgebiet, dargestellt durch Flächenfärbung (links). Umsatz pro Kunde, dargestellt durch Proportionalsymbole am jeweiligen Kundenstandort (rechts). Die Flächenfärbung suggeriert eine gleichmäßige Verteilung des Umsatzes in der Fläche; die Symboldarstellung lässt die ungleichmäßige Verteilung der Kunden in der Fläche erkennen.

Eine „Heatmap" ist eine Flächenfärbung, bei der die Gebietsgrenzen gewissermaßen aufgelöst werden. Bei der Bewertung eines Gebiets werden nämlich nicht nur seine eigenen Daten, sondern auch die Daten der benachbarten Gebiete mit einbezogen. Dabei ist festzulegen, bis zu welcher Entfernung die Daten der benachbarten Gebiete mit einbezogen werden sollen. Außerdem ist festzulegen, ob die Daten der benachbarten Gebiete mit zunehmender Entfernung geringer gewichtet werden und in welchem Verhältnis die Gewichtung zur Entfernung steht. Heatmaps liefern vor allem bei sehr vielen kleinen Flächen in der Karte einen guten Eindruck, wo sich hohe Datenwerte konzentrieren (s. Abb. 2.28).

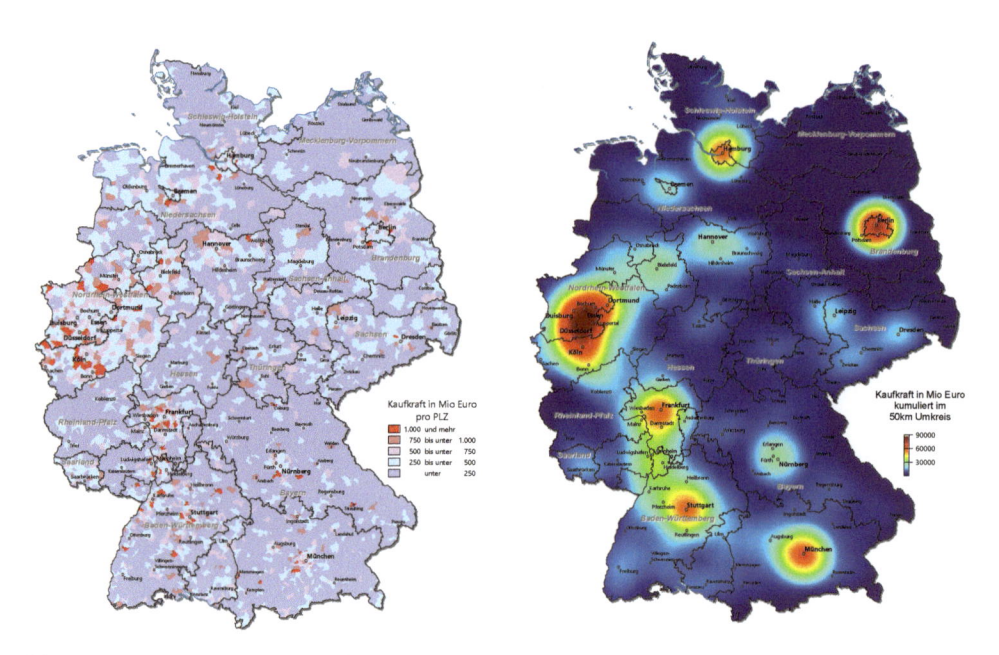

Abb. 2.28 Darstellung der Kaufkraft: links als Choroplethenkarte, rechts als Heatmap (Kaufkraft 2019 in Mio. Euro pro Postleitgebiet)

Während die bisher vorgestellten Flächenfärbungstechniken nur einen Wert pro Fläche visualisierten, werden bei der sog. Boston-Grid-Flächenfärbung (auch Regional-Portfolio genannt) zwei voneinander unabhängige Datenwerte pro Fläche dargestellt. Sehr beliebt ist die Boston-Grid-Flächenfärbung zur Darstellung von Marktpotenzial und Marktausschöpfung (s. Abb. 2.29). Die Wertebereiche der beiden Variablen trägt man in einem XY-Koordinatensystem gegeneinander auf. Für jede Variable bildet man Werteklassen (zwei bis drei Werteklassen sind gängig, mehr sind nur noch schwer interpretierbar). Arbeitet man mit zwei Werteklassen, so wählt man üblicherweise den Mittelwert als Klassengrenze. Somit ergeben sich folgende Werteklassenkombinationen:

- Marktpotenzial gering und Marktausschöpfung gering
- Marktpotenzial gering und Marktausschöpfung hoch
- Marktpotenzial hoch und Marktausschöpfung gering
- Marktpotenzial hoch und Marktausschöpfung hoch

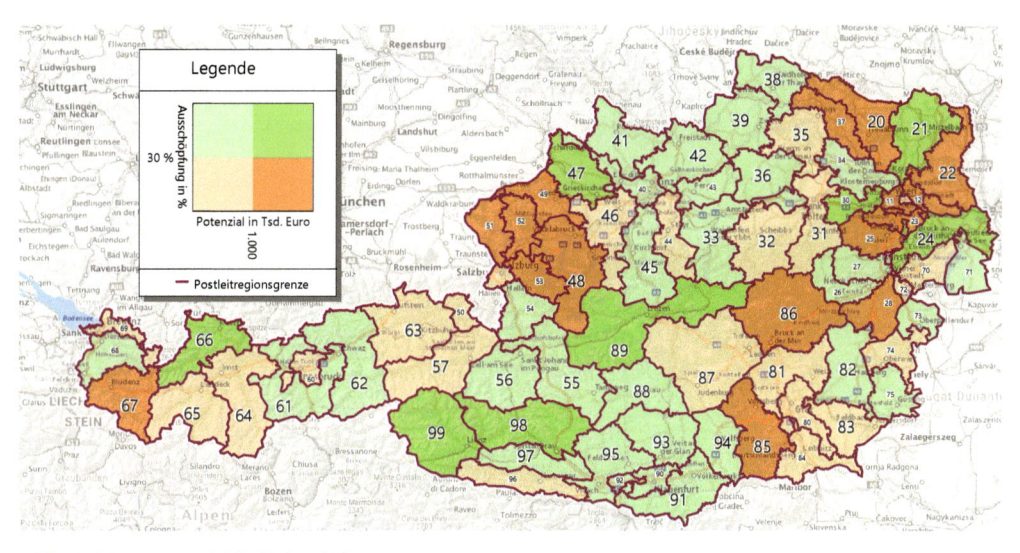

2.6 Visualisierung von Unternehmensdaten und Marktdaten mittels Karten

Abb. 2.29 Boston-Grid-Flächenfärbung

2.6.3 Diagrammkarten und weitere Darstellungsformen

Selbstverständlich sind auch viele aus der Präsentationsgrafik bekannte Diagrammtypen in Kartengrafiken verwendbar (s. Abb. 2.30). Lesbar bleiben solche Karten allerdings nur dann, wenn sie eine überschaubare Anzahl solcher Grafiken enthalten.

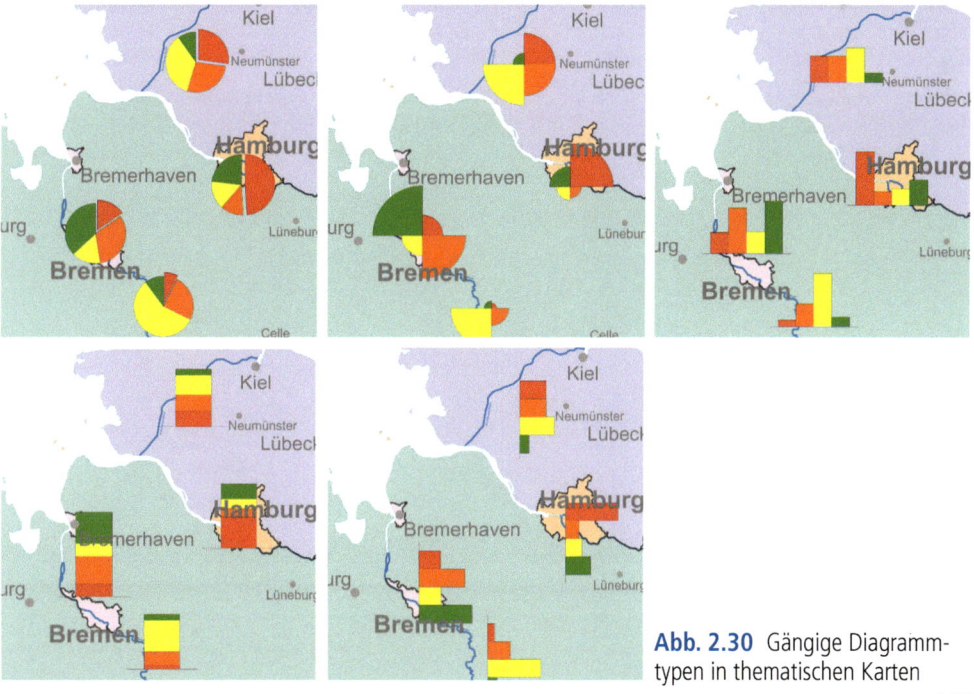

Abb. 2.30 Gängige Diagrammtypen in thematischen Karten

2 Methodik

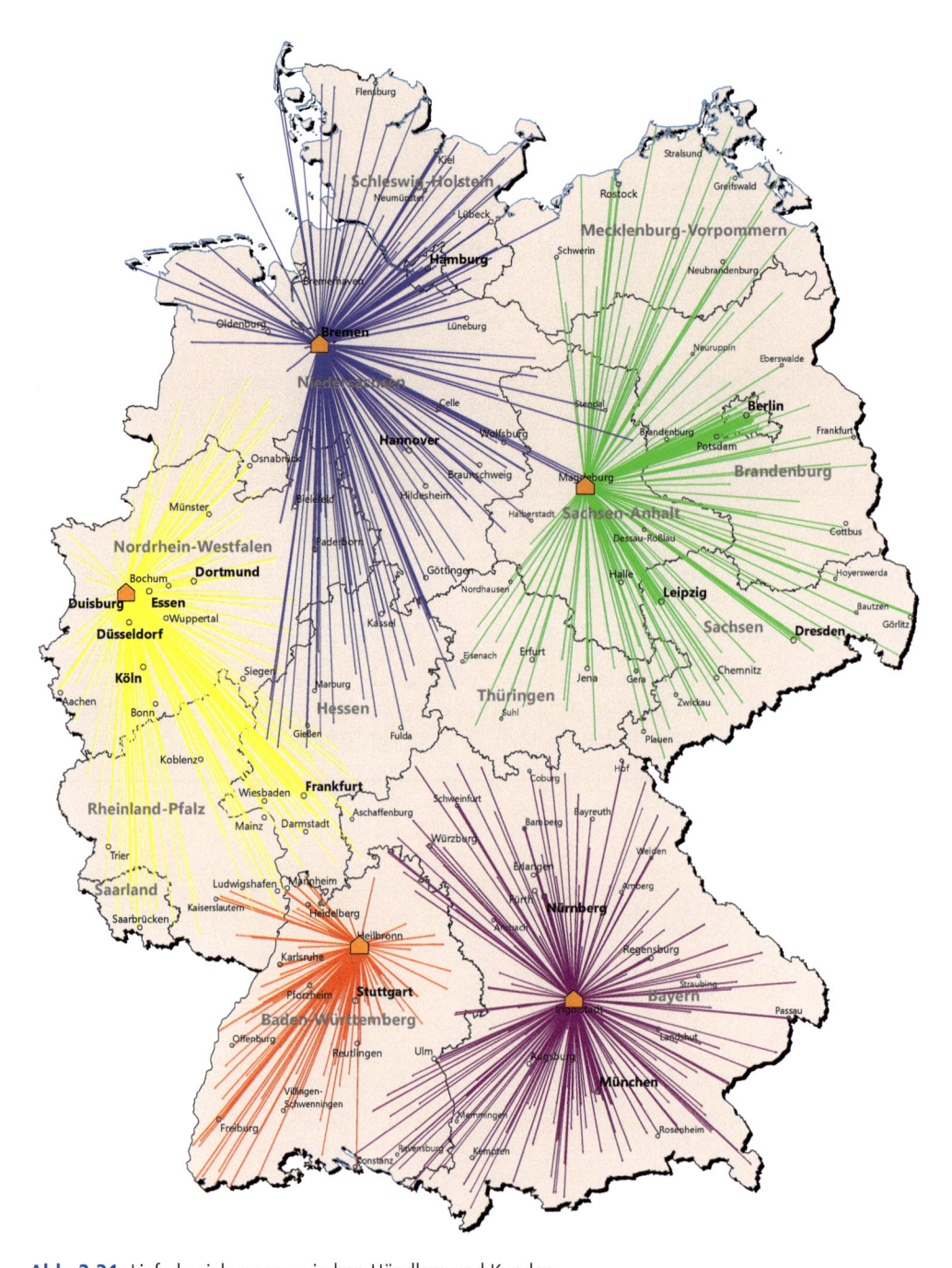

Abb. 2.31 Lieferbeziehungen zwischen Händlern und Kunden

2.6.4 Dokumentation von räumlichen Organisationsstrukturen

Das Organigramm als gängige Darstellungsform einer Organisationsstruktur kennen Sie. Es stellt Zuständigkeiten und Verantwortlichkeiten hierarchisch dar und ordnet sie den Mitarbeitern zu. Sobald jedoch regionale Zuständigkeiten zu dokumentieren sind, reicht das Organigramm allein nicht mehr aus (s. Abb. 2.32). Es fehlt nämlich die regionale Abgrenzung der Zuständigkeitsgebiete. Hierzu ist eine Karte meist unerlässlich (s. Abb. 2.33).

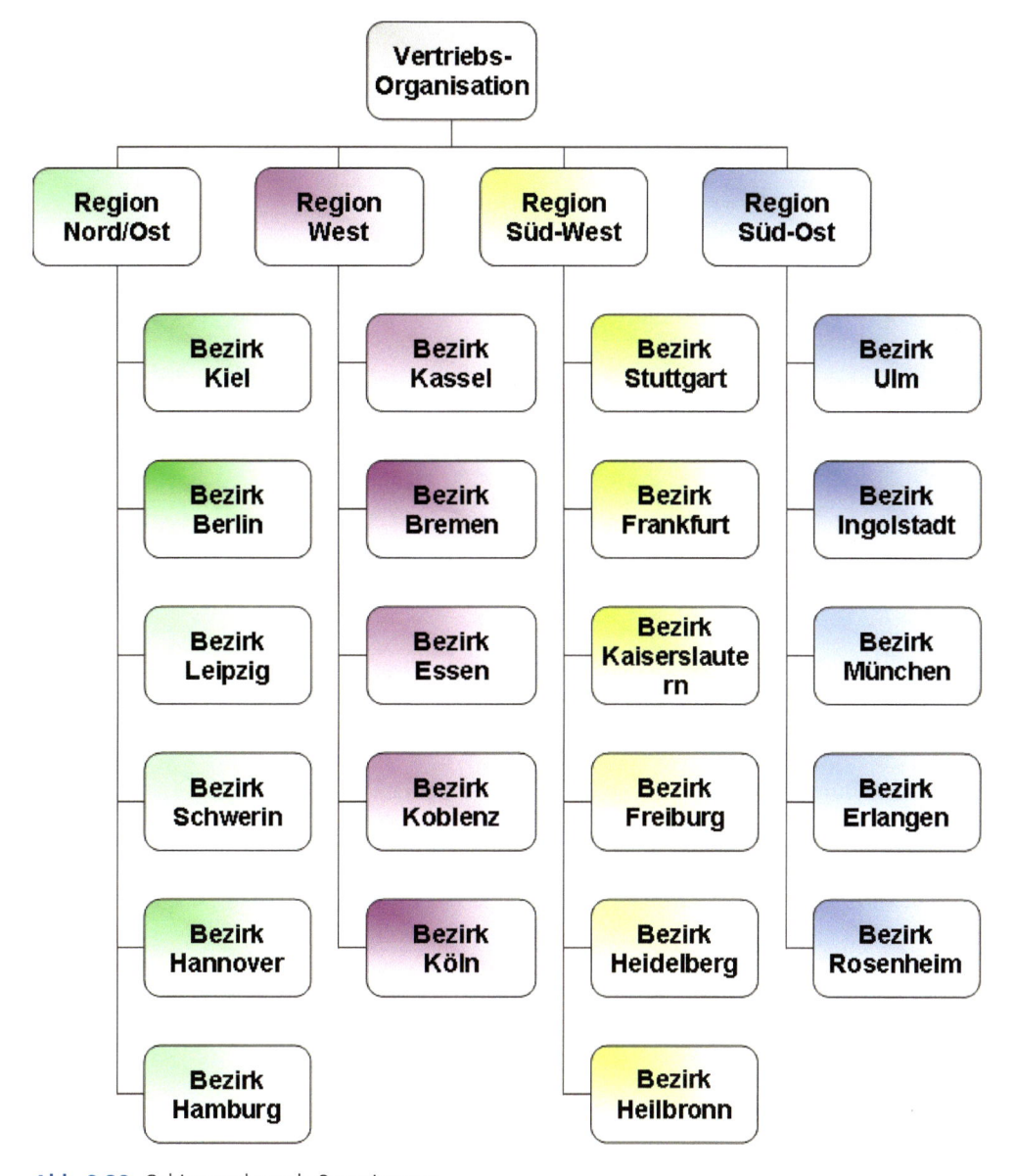

Abb. 2.32 Gebietsstruktur als Organigramm

2 Methodik

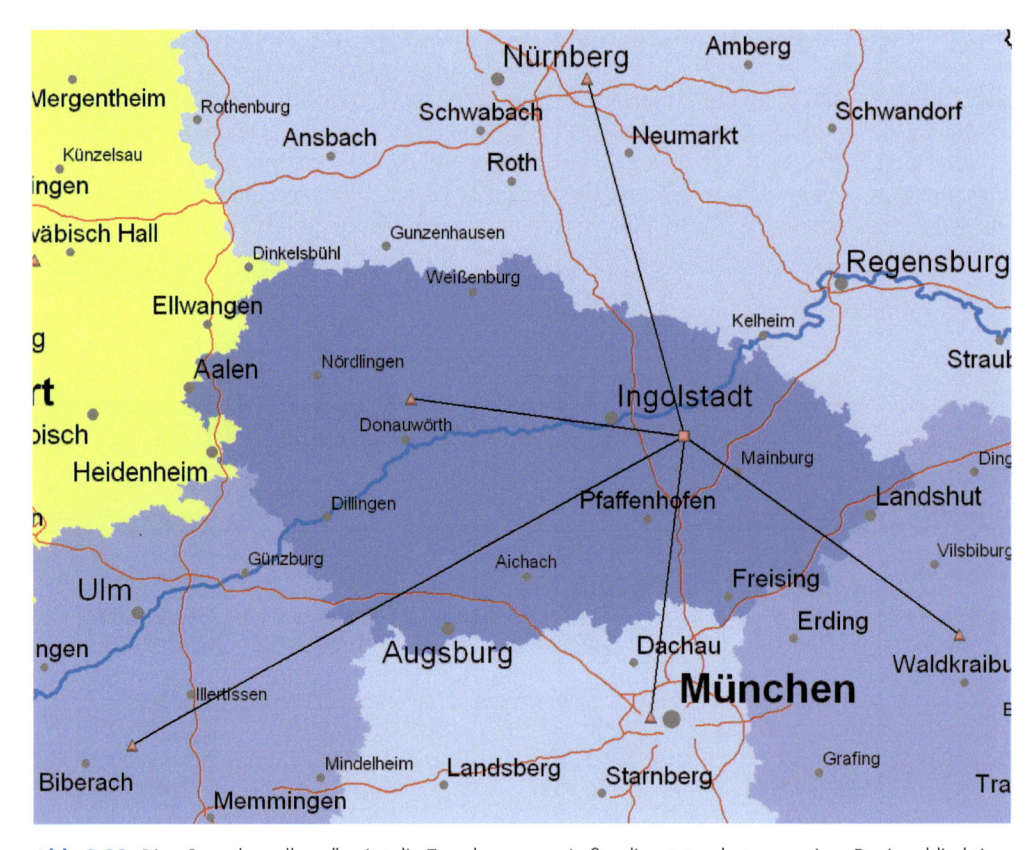

Abb. 2.33 Die „Sterndarstellung" zeigt die Zuordnung von Außendienststandorten zu einer Regionaldirektion

Zur Dokumentation von Gebieten und deren Grenzen in Karten gibt es zwei grundsätzlich verschiedene Ansätze: die Darstellung der Gebietsflächen in verschiedenen Farben oder die Darstellung der Grenzlinien. Selbstverständlich können beide Darstellungsformen auch miteinander kombiniert werden. Wenn allerdings die Flächenfärbung zur Datendarstellung genutzt wird, bleibt zur Dokumentation von Gebietsgrenzen nur die Darstellung der Grenzlinien.

Bei der Darstellung der Grenzlinien können hierarchisch aufgebaute Gebietsstrukturen sehr gut dargestellt werden, indem verschiedene Linienbreiten und Liniensignaturen verwendet werden. Dadurch entsteht eine „abgestufte Grenzdarstellung" entsprechend der Gebietshierarchie (s. Abb. 2.34).

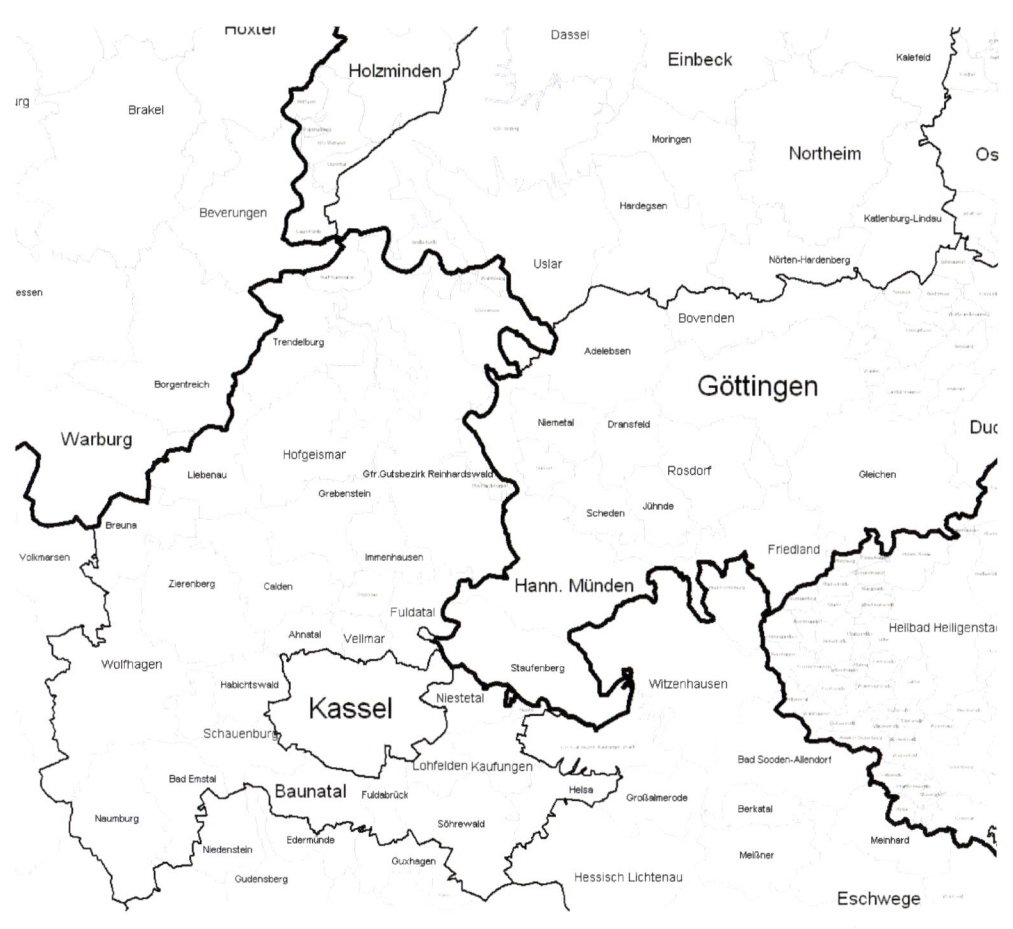

2.6 Visualisierung von Unternehmensdaten und Marktdaten mittels Karten

Abb. 2.34 Verwaltungsgrenzen in Deutschland mit hierarchisch abgestufter Grenzdarstellung für Länder-, Kreis- und Gemeindegrenzen

Bei der Gebietsdokumentation durch Flächenfärbung muss sichergestellt sein, dass benachbarte Gebiete unterschiedliche Farben erhalten und die Farbunterschiede deutlich erkennbar sind. Die Mathematik lehrt uns zwar, dass vier Farben ausreichen, um in einer Karte die Flächenfarben so zu verteilen, dass keine zwei angrenzenden Länder die gleiche Farbe bekommen (dies gilt unter den Einschränkungen, dass ein gemeinsamer Punkt nicht als „Grenze" zählt und jedes Land aus einer einzigen zusammenhängenden Fläche besteht, also keine Exklaven vorhanden sind) (Abb. 2.35). Mathematischer Ehrgeiz wäre hier aber fehl am Platze – schließlich ist die Palette verfügbarer Farben riesig. Dadurch kann jedem Gebiet eine individuelle Farbe gegeben werden. Außerdem hat das den Vorteil, dass auch bei „funktional" zusammengehörigen Gebieten, die sich auf mehrere nicht zusammenhängende Teilflächen (= „Exklaven") verteilen, das Gesamtgebiet mit allen seinen Teilflächen identifizierbar bleibt. Dies wäre nicht der Fall, wenn dieselbe Farbe für verschiedene Gebiete verwendet würde (Abb. 2.36).

2 Methodik

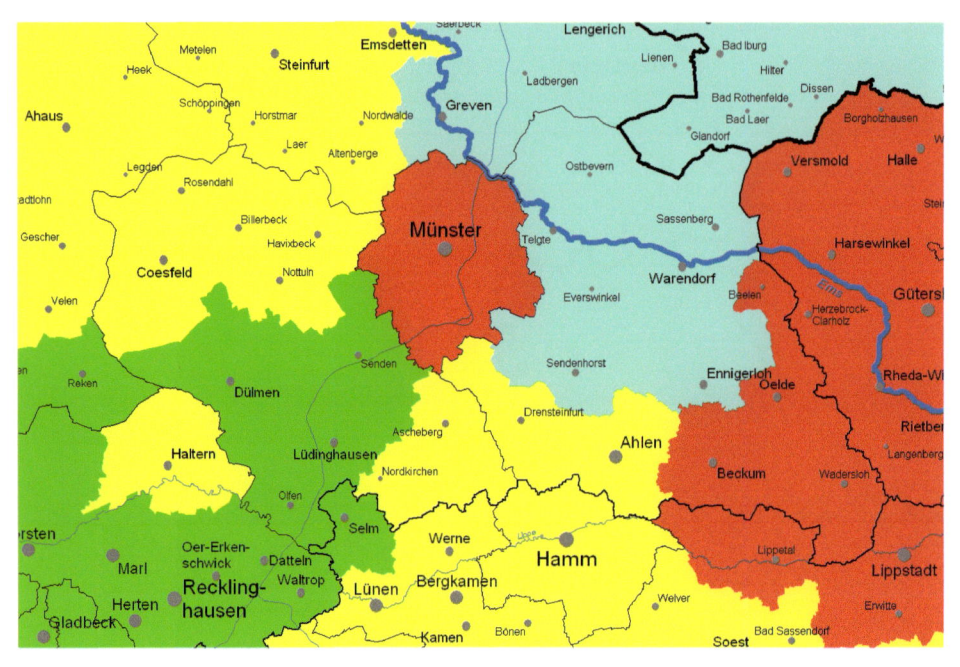

Abb. 2.35 Gebietsdokumentation unter Beschränkung auf vier Farben. Benachbarte Gebiete haben jeweils unterschiedliche Farben; die Zugehörigkeit der „Exklave" Haltern ist nicht eindeutig.

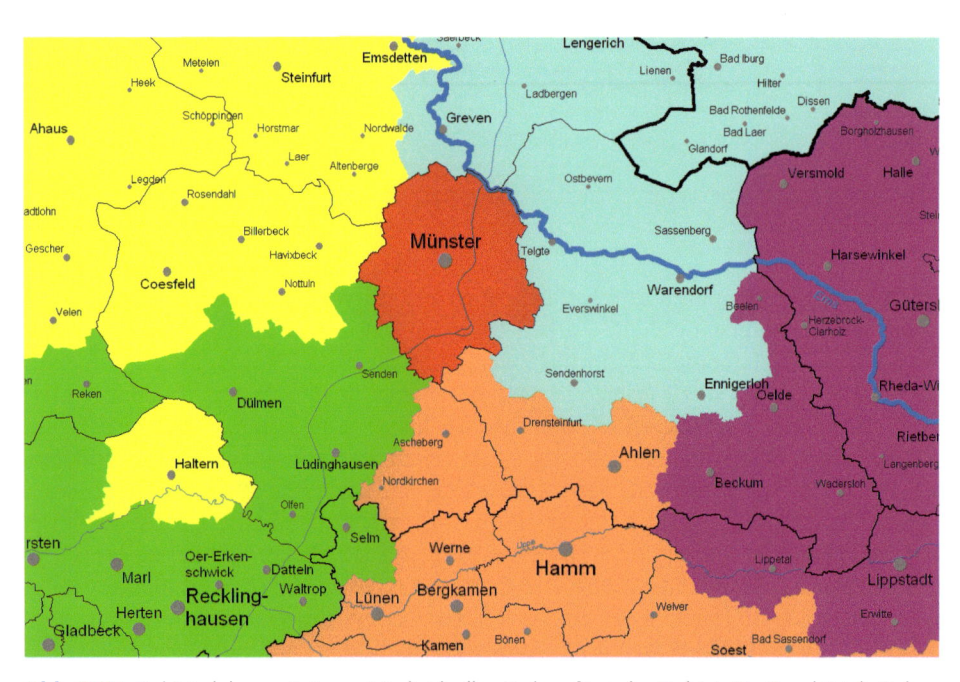

Abb. 2.36 Gebietsdokumentation mit individuellen Farben für jedes Gebiet. Die Zugehörigkeit der „Exklave" Haltern ist eindeutig erkennbar; Münster ist als eigenständiges Gebiet erkennbar.

2.6 Visualisierung von Unternehmensdaten und Marktdaten mittels Karten

Die Gebietsdokumentation durch Flächenfärbung eignet sich auch zur Darstellung von zweistufig aufgebauten Gebietsstrukturen, sofern die Gesamtzahl der Gebiete überschaubar ist. Den Gebieten der übergeordneten Hierarchieebene ordnet man dann deutlich unterschiedliche Grundfarben zu (z. B. Rot, Blau, Gelb, Grün). Die verschiedenen Gebiete der untergeordneten Hierarchieebene werden dann lediglich durch die Helligkeit der Farben unterschieden, wobei die Grundfarbe sich jeweils nach dem übergeordneten Gebiet richtet. Moderne Geomarketing-Software unterstützt Sie bei der Vergabe unterscheidbarer Flächenfarben für benachbarte Gebiete und berücksichtigt dabei sogar die hierarchische Gebietsstruktur (siehe Abb. 2.37).

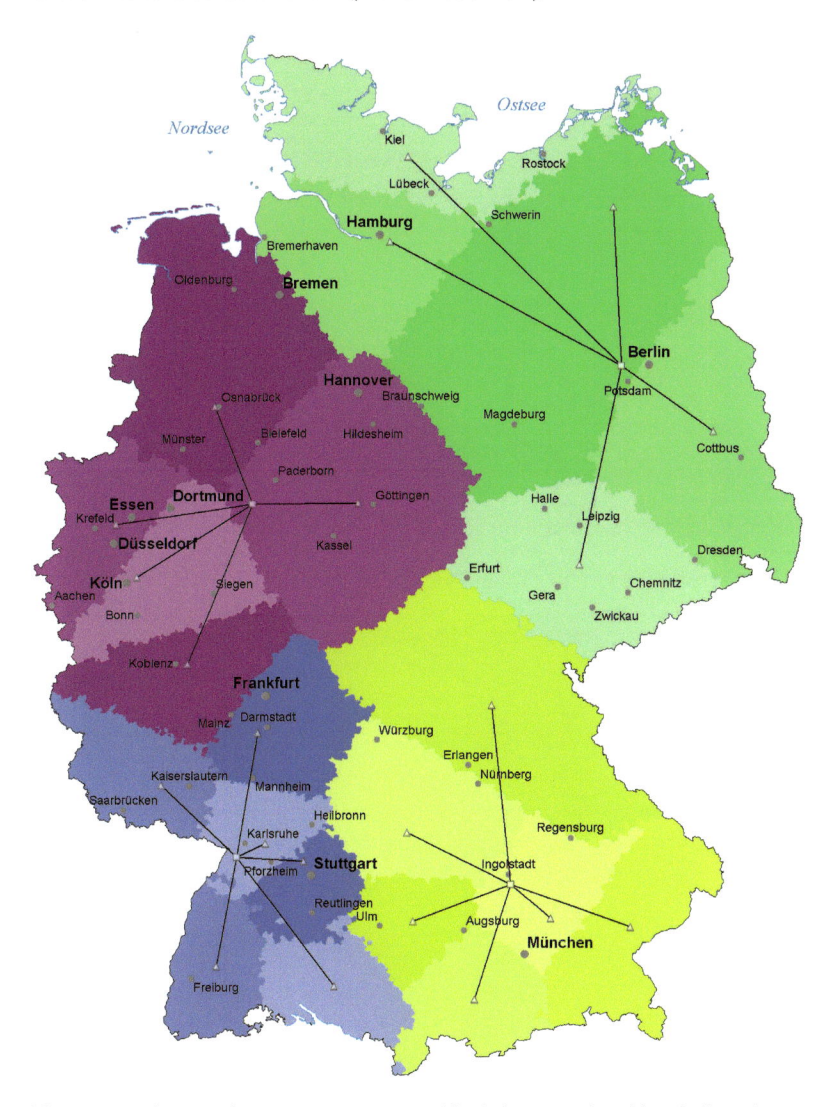

Abb. 2.37 Gebietsstruktur mit vier Regionen (dunkelgrün, violett, blau, hellgrün). Die Bezirke sind innerhalb der Regionen unterscheidbar durch die verschiedenen Helligkeitsstufen der Farben.

2 Methodik

Eine Gebietsstruktur, die aus mehr als zwei Hierarchieebenen besteht, kann nicht mehr ausschließlich durch Flächenfärbung dargestellt werden (es sei denn, man verzichtet auf den Anspruch, die Gebiete aller Hierarchieebenen deutlich erkennen zu können). In solchen Fällen wird man Flächenfärbung und Grenzliniendarstellung miteinander kombinieren müssen oder auf die abgestufte Grenzliniendarstellung zurückgreifen (s. Abb. 2.38).

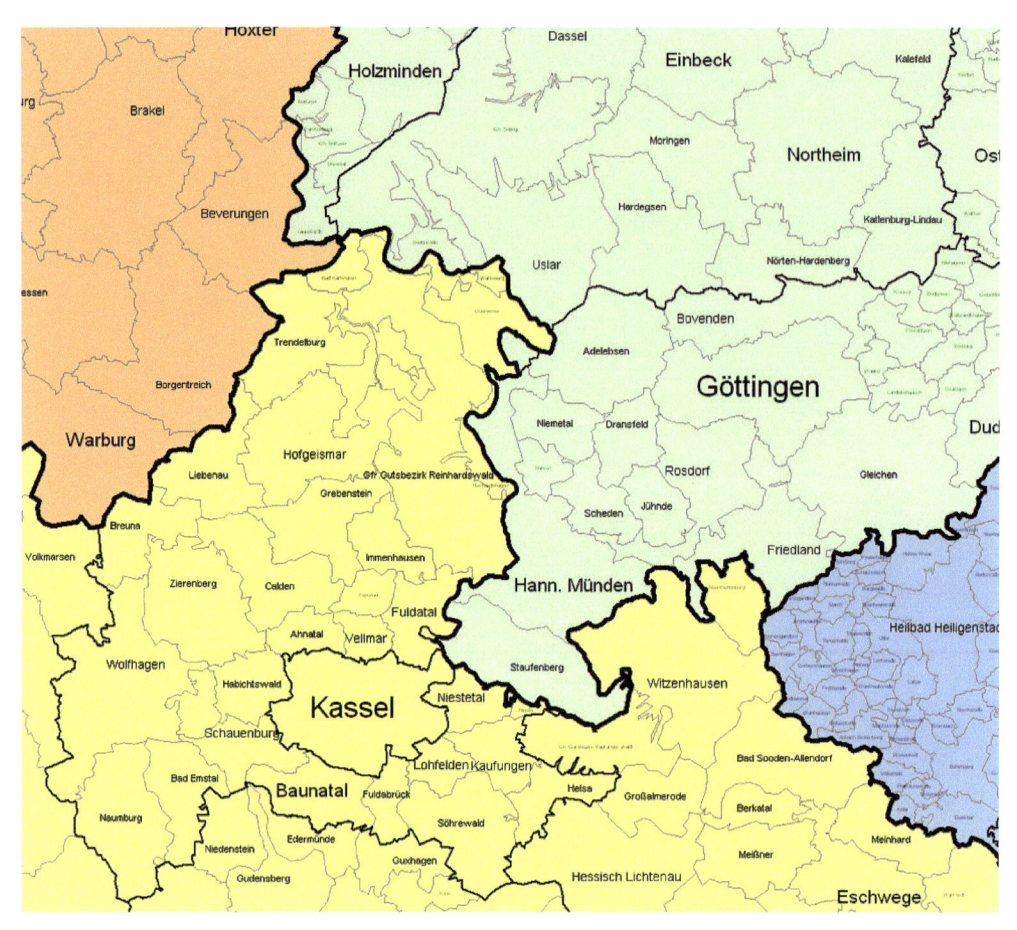

Abb. 2.38 Dreistufige Gebietsstruktur (Bundesländer, Kreise, Gemeinden). Die Gebiete der obersten Hierarchie-Ebene (Bundesländer) sind durch Flächenfärbung dargestellt, die Gebiete der untergeordneten Hierarchie-Ebenen (Kreise, Gemeinden) sind durch abgestufte Grenzlinien erkennbar.

2.6 Visualisierung von Unternehmensdaten und Marktdaten mittels Karten

Zwei Gebietsstrukturen, die völlig unabhängig voneinander sind, können durch zwei sich überlagernde Grenzliniendarstellungen gemeinsam in einer Karte dargestellt werden. Dabei ist darauf zu achten, dass die Grenzsignaturen sich deutlich unterscheiden (z. B. durch verschiedene Grundfarben) und sich nicht gegenseitig dort verdecken, wo die Grenzverläufe identisch sind. Meist empfiehlt es sich bei einer solchen Aufgabenstellung eher, die eine Gebietsstruktur durch Flächenfärbung und die andere Gebietsstruktur durch Grenzlinien darzustellen. Diese Darstellungsart ist häufig besser lesbar (s. Abb. 2.39 und Abb. 2.40).

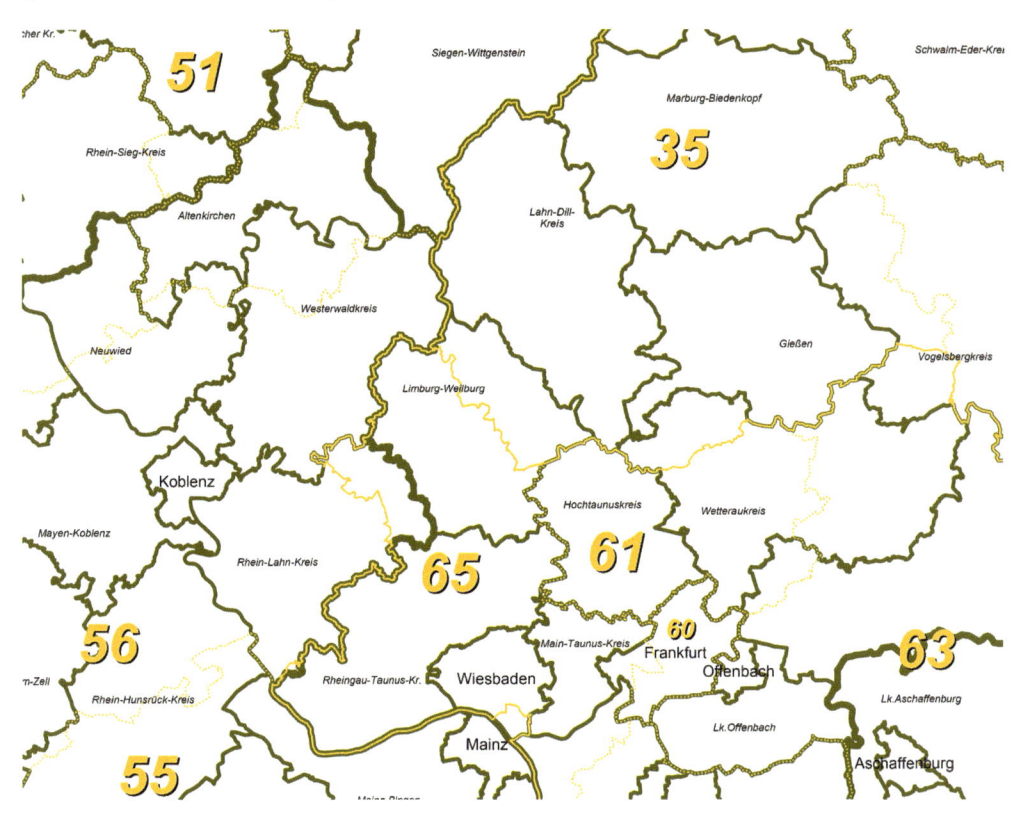

Abb. 2.39 Karte mit zwei voneinander unabhängigen Gebietsstrukturen. Die Verwaltungsgrenzen (Bundesländer und Kreise) und die Postleitregionen sind durch verschiedene Liniensignaturen der Grenzen dargestellt.

2 Methodik

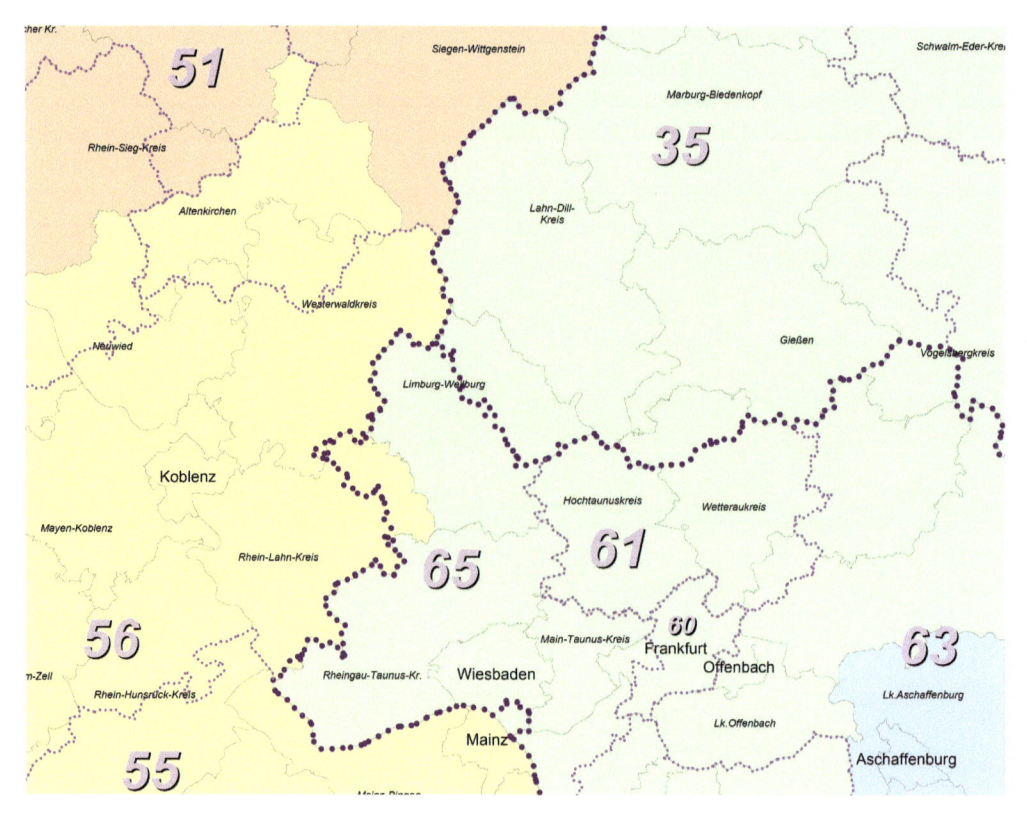

Abb. 2.40 Karte mit zwei voneinander unabhängigen Gebietsstrukturen. Die Bundesländer sind durch Flächenfärbung, die Kreise und die Postleitregionen sind durch verschiedene Liniensignaturen der Grenzen dargestellt.

Zwei Gebietsstrukturen, die völlig unabhängig voneinander sind, können auch durch zwei sich überlagernde Flächenfärbungen gemeinsam in einer Karte dargestellt werden. Allerdings ist dabei besondere Sorgfalt geboten, um die Lesbarkeit nicht zu gefährden. Der erste Ansatz könnte sein, die Flächenfärbung zur Darstellung der ersten Gebietsstruktur in den Hintergrund zu legen und die Flächenfärbung zur Darstellung der zweiten Gebietsstruktur teiltransparent darüber zu legen. Allerdings sind durch die dabei entstehenden Mischfarben die ursprünglichen zwei Gebietsstrukturen kaum noch erkennbar. Schraffuren eignen sich deshalb besser bei sich überlagernden Flächenfärbungen (s. Abb. 2.41 – 2.43).

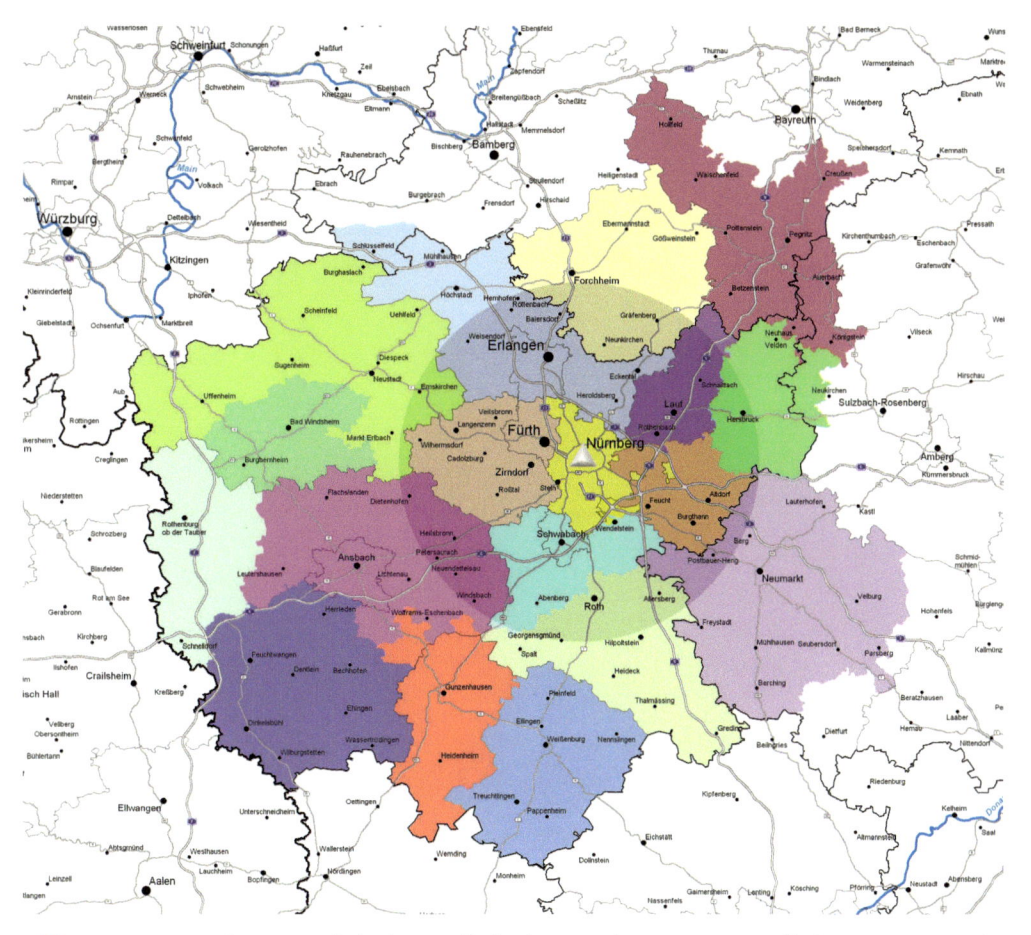

2.6 Visualisierung von Unternehmensdaten und Marktdaten mittels Karten

Abb. 2.41 Einzugsgebiet einer Filiale, dargestellt durch eine teiltransparente Kreisfläche. Im Hintergrund die Verbreitungsgebiete der Lokal- und Regionalausgaben der Nürnberger Nachrichten, dargestellt durch Flächenfärbung.

2 Methodik

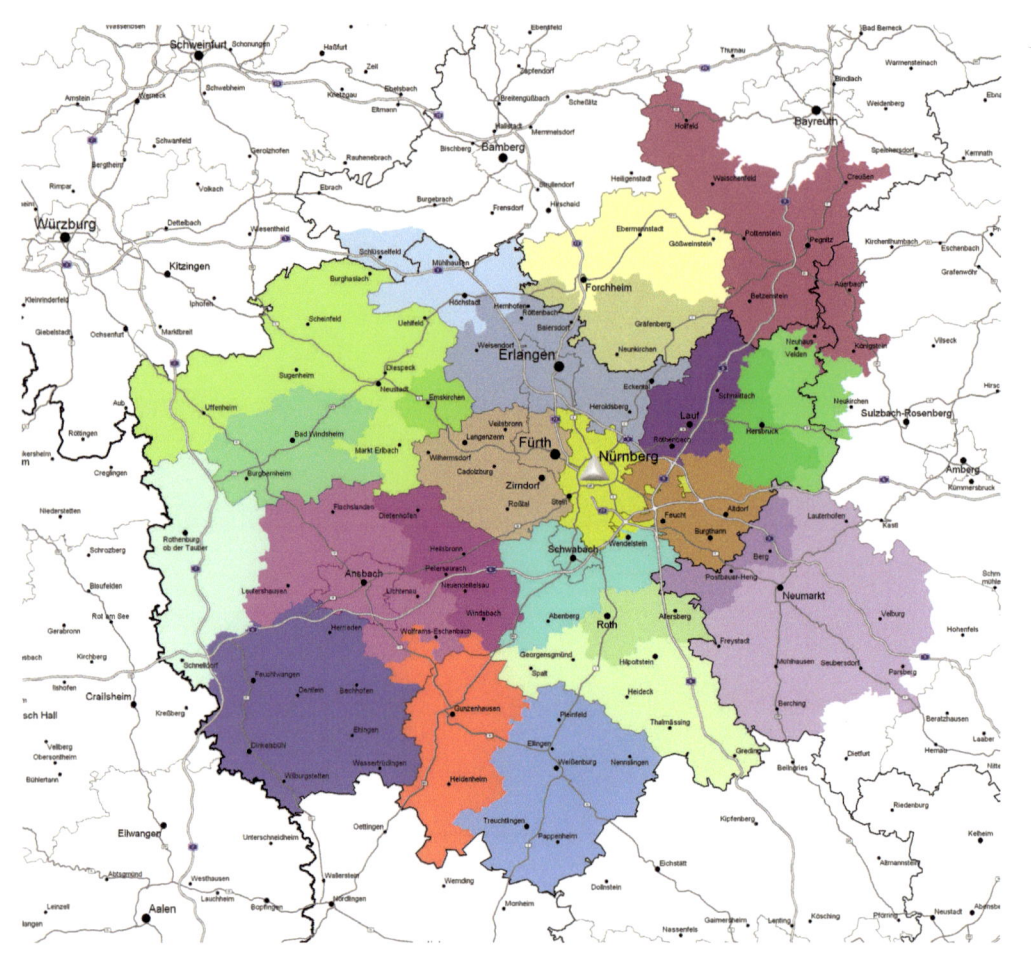

Abb. 2.42 Einzugsgebiet einer Filiale, dargestellt durch eine teiltransparente Flächenfärbung der Postleitgebiete der Kunden. Im Hintergrund die Verbreitungsgebiete der Lokal- und Regionalausgaben der Nürnberger Nachrichten, ebenfalls dargestellt durch Flächenfärbung. Obwohl das Einzugsgebiet mit der gleichen Technik dargestellt ist wie in Abbildung 2.41, ist es hier viel schwerer zu erkennen.

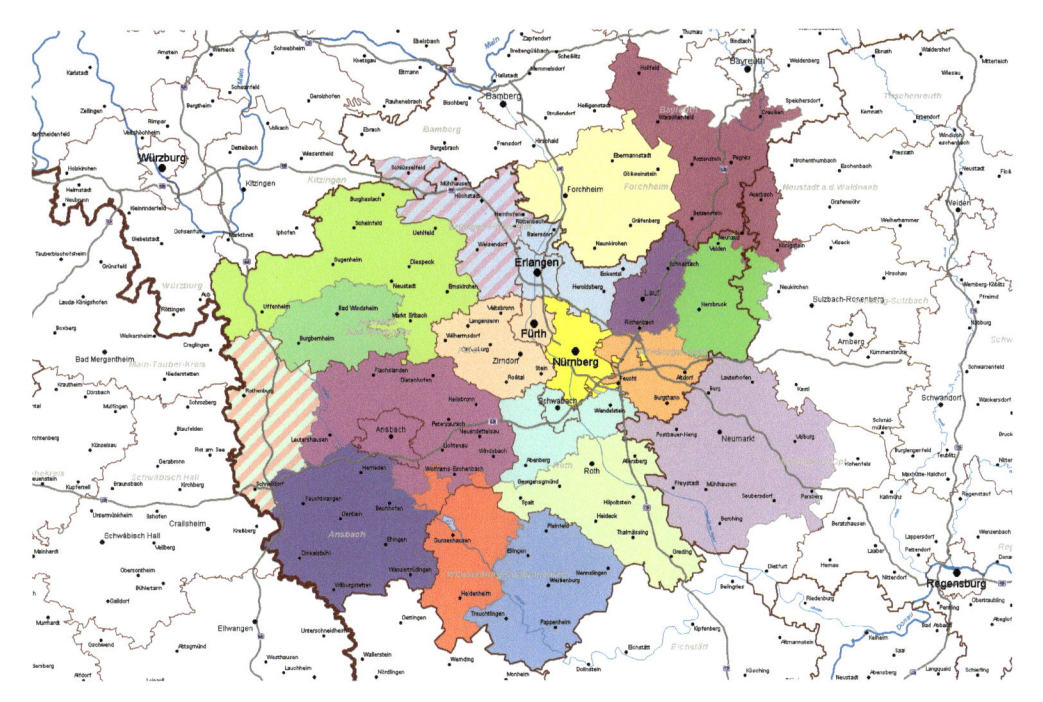

2.6 Visualisierung von Unternehmensdaten und Marktdaten mittels Karten

Abb. 2.43 Verbreitungsgebiet der Nürnberger Nachrichten. Die Schraffuren kennzeichnen Gebiete, die von verschiedenen Lokalausgaben abgedeckt sind.

Praxistipp

Werden Flächenfärbung und Grenzliniendarstellung zur Gebietsdokumentation kombiniert, so empfiehlt es sich, die Gebietsebene mit den größten Flächen (d. h. mit den wenigsten Flächen) durch Flächenfärbung darzustellen. Dies ergibt ein wesentlich ruhigeres und dadurch besser lesbares Kartenbild.

Zusammenfassung

Folgende Grundregel sollten Sie bei der Erstellung von thematischen Karten immer beherzigen:

Die Grundaussage einer thematischen Karte sollte sich dem Betrachter auch ohne Legende und Erläuterungen auf den ersten Blick erschließen. Dies bedeutet, dass allein die Überschrift ausreichen sollte, eine thematische Karte grundsätzlich zu verstehen. Legenden und Erläuterungen sollten lediglich zur detaillierteren Beschreibung und präzisen Dokumentation dienen.

Weniger ist meistens mehr: Konzentrieren Sie sich auf das Wesentliche und packen Sie nur so viel in die Karte, wie zum Verständnis notwendig ist.

3 Leitfaden zum Einsatz von Geomarketing

Die Einführung von Geomarketing im Unternehmen ist IT-technisch und organisatorisch selten ein großes Projekt. Die Grundausstattung – Software, Geodaten und Sachdaten – kann mit überschaubarem Aufwand beschafft werden. Neue Hardware ist selten erforderlich, da Geomarketing-Systeme heute auf gewöhnlichen PCs lauffähig sind. Bei der Einführung von Geomarketing sind allerdings einige andere grundsätzliche Aspekte zu bedenken, die vor allem die Einbettung in die Organisation und die IT-Welt des Unternehmens betreffen. Auch juristische Fragen sind in bestimmten Fällen zu beachten.

3.1 Einbettung in die Unternehmens-Organisation

In welchem Unternehmensbereich ist Geomarketing richtig angesiedelt? Die Antwort auf diese Frage hängt vom Schwerpunkt der Aufgabenstellung und dem verfügbaren Personal ab. In der Regel ist die Marketing- bzw. Vertriebsabteilung der richtige Ort, um Geomarketing in die Unternehmens-Organisation einzubinden. Gelegentlich sind Spezialabteilungen wie die Marktforschung oder die Werbeabteilung die richtige Wahl. Größere Unternehmen, in denen Geomarketing für verschiedene Zwecke in den unterschiedlichen Unternehmensbereichen genutzt wird, leisten sich einen Geomarketing-Stab. Dort sitzen Spezialisten, die ihre Kollegen aus den verschiedensten Abteilungen mit Geomarketing-Analysen versorgen.

Wo ist Geomarketing richtig eingesetzt? Dies hängt in erster Linie von der Tragweite des Geomarketing-Einsatzes ab, in zweiter Linie auch von der Größe des Unternehmens. Plant man den Geomarketing-Einsatz im Zusammenhang mit einer Vertriebsreorganisation, so ist zumindest die Vertriebsleitung, evtl. sogar die Geschäftsführung mit einzubeziehen. Oft sind außerdem bei der Vertriebsreorganisation auch Unternehmensberatungen mit involviert. Hat der Geomarketing-Einsatz geringere Tragweite oder hat er eher Routine-Charakter, so wird Geomarketing nicht ganz so hoch aufgehängt. Während sich in kleineren Unternehmen der Marketing- oder Vertriebsleiter selbst mit Geomarketing beschäftigen wird, bleibt dies in größeren Unternehmen den Assistenten überlassen.

Welche Qualifikation ist erforderlich? Geomarketing ist ein interdisziplinäres Wissensgebiet im Grenz- und Überschneidungsbereich zwischen Wirtschaftswissenschaften (insbesondere Betriebswirtschaftslehre), Geographie, Geodäsie, Informatik und Statistik. Einen interdisziplinären Studiengang „Geomarketing" oder eine Berufsausbildung zum „Geomarketer" gibt es in Deutschland leider nicht. In Wirtschaftsgeographie, Geoinformatik und Betriebswirtschaftslehre wird das Thema meist nur am Rande gestreift, lediglich an der Hochschule Karlsruhe gibt es seit einigen Jahren die Vertiefungsrichtung „Geomarketing" im Rahmen des Bachelorstudiengangs „Geoinformationsmanagement". Wer also heute Geomarketing anwenden möchte und nicht gerade in Karlsruhe diesen speziellen Studiengang absolviert hat, der bringt aufgrund seiner Ausbildung bzw. seines Studiums nur einen Teil des benötigten Wissens mit. Deshalb soll hier eher aufgezählt werden, welche Kenntnisse erfahrungsgemäß nützlich sind, um Geomarketing erfolgreich einzusetzen. Die benötigten Kenntnisse erstrecken sich auf die verschiedensten Bereiche: Neben allgemeinen PC-Kenntnissen, wie sie heute für jeden anspruchsvollen Bürojob erforderlich sind, sind Kenntnisse eines Tabellenkalkulations-, Datenbank-, Statistik- oder Grafikprogramms vorteilhaft. Nützlich sind außerdem Grundkenntnisse in Marketing und Vertrieb. Außerdem sollte man sich im Land auskennen; dazu reicht gutes geographisches Schulwissen normalerweise aus. Unverzichtbar ist eine Schulung der Mitarbeiter, die mit dem Geomarketing-System arbeiten sollen.

Neben der Frage, wo und von wem Geomarketing eingesetzt wird, spielt im Zusammenhang mit der Unternehmensorganisation noch ein weiterer Aspekt eine wichtige Rolle, nämlich:

Welche Auswirkungen hat Geomarketing auf die Arbeit der betroffenen Mitarbeiter? Diese Frage spielt insbesondere bei der Vertriebsreorganisation und Vertriebsoptimierung eine wichtige Rolle. Der Erfolg eines Geomarketing-Projekts kann hier sehr stark von der Akzeptanz der Planung bei den Betroffenen abhängen. Die Leichtigkeit, mit der Geomarketing-Systeme heute zu bedienen sind, verführt dazu, Planspiele durchzuführen. Mit einem Handstreich bzw. einem Mausklick werden am PC Strategien entwickelt, deren Auswirkungen auf die betroffenen Mitarbeiter in ihrer Tragweite nicht immer sofort erkannt werden. Wenn z. B. im Rahmen einer Vertriebsreorganisation die Grenzen der Außendienstgebiete verschoben werden, so bedeutet dies für die Außendienstmitarbeiter, dass zukünftig andere Kunden zu betreuen sind. In manchen Fällen ist aber das über lange Jahre gewachsene persönliche Verhältnis zwischen Außendienstmitarbeiter und Kunde so wertvoll für den Vertriebserfolg, dass solche Beziehungen nicht einfach gekappt werden dürfen. Auch das Arbeitspensum und die Provisionschancen des Außendienstmitarbeiters kann sich ändern oder das Aufgabengebiet kann sich erweitern. In manchen Fällen ist das neue Außendienstgebiet so weit vom Wohnort entfernt, dass ein Umzug notwendig wird.

3.2 Einbettung in die Unternehmens-IT

Auch wenn klar ist, dass im Unternehmen eine Fülle an Daten räumlichen Bezug haben und viele davon Geomarketing-relevant wären, bedeutet dies noch lange nicht, dass diese Daten auch tatsächlich für Geomarketing-Zwecke einfach zu erschließen sind. Die wichtigsten unternehmensinternen Geomarketing-relevanten Datenquellen sind die kaufmännischen Systeme (Rechnungswesen, Warenwirtschaftssysteme, ERP-Systeme), CRM und die Tourenplanung. Manch ein Marketing- oder Vertriebsleiter wird spontan bestätigen, dass das Vorhandensein aller Daten in SAP keineswegs bedeutet, dass man an diese Daten auch herankommt bzw. dass diese Daten auch im Geomarketing problemlos nutzbar sind. Oft ist es ungleich einfacher, schneller und billiger, eine Excel-Tabelle mit Marktpotenzialdaten zu Gemeinden zu kaufen, als eine vergleichbar einfach strukturierte Excel-Tabelle mit aktuellen Umsatzzahlen pro Gemeinde aus unternehmensinternen Quellen zu erhalten (denken Sie dabei an die Problematik der Zuordnung der unternehmensinternen Daten zu Verwaltungseinheiten, um Vergleichbarkeit mit der amtlichen Statistik herzustellen; siehe räumliche Referenzierung).

Die Frage der Anbindung des Geomarketing-Systems an die unternehmensinternen Datenquellen ist natürlich mit den IT-Verantwortlichen im Unternehmen zu klären. Dabei sollte man sich nicht nur auf die „technischen" Schnittstellen konzentrieren. Wichtig ist auch, zu prüfen, ob eine automatische Aktualisierung der Daten im Geomarketing-System gesichert ist. Auch der Datenfluss in umgekehrter Richtung ist zu betrachten. Wenn z. B. im Geomarketing-System Vertriebsgebiete geändert wurden, so muss die damit verbundene Änderung der Zuordnung der Kunden zu Außendienstmitarbeitern auch möglichst automatisch und mit wenig Aufwand in die anderen IT-Systeme des Unternehmens übernommen werden können.

Idealerweise wird Geomarketing nicht als eigenständiges System betrieben, das lediglich über Schnittstellen zu den anderen IT-Systemen des Unternehmens verfügt. Idealerweise ist Geomarketing integrierter Bestandteil der IT-Systeme. Digitale Karten, geographische Suchfunktionen und thematische Karten werden dazu in die IT-Systeme eingebunden. Dies ermöglicht dem Anwender, über die Karte in das Informationssystem einsteigen. Er kann einfach in die Karte klicken und Daten zu einem Kunden, einem Standort oder einem Vertriebsgebiet abrufen. Er kann Daten unter geographischen Aspekten in seiner Datenbank recherchieren und die Ergebnisse seiner Abfragen auf Knopfdruck in der Karte anzeigen lassen; z. B.:

- Wo liegen im Verkaufsgebiet Meier die A-Kunden mit sinkendem Umsatz?
- Welcher Teil von Bayern gehört zum Verkaufsgebiet Meier?
- Welche Postleitzahlgebiete liegen im Umkreis von 100 km um Bayreuth? Welche davon liegen in den neuen Bundesländern? Welcher Teil Ihres Adressenstamms fällt in dieses Gebiet?
- Wie sieht der Einzugsbereich der Filiale Nürnberg aus? Wieviel Umsatz kommt aus den einzelnen Postleitzahlgebieten im Einzugsbereich?

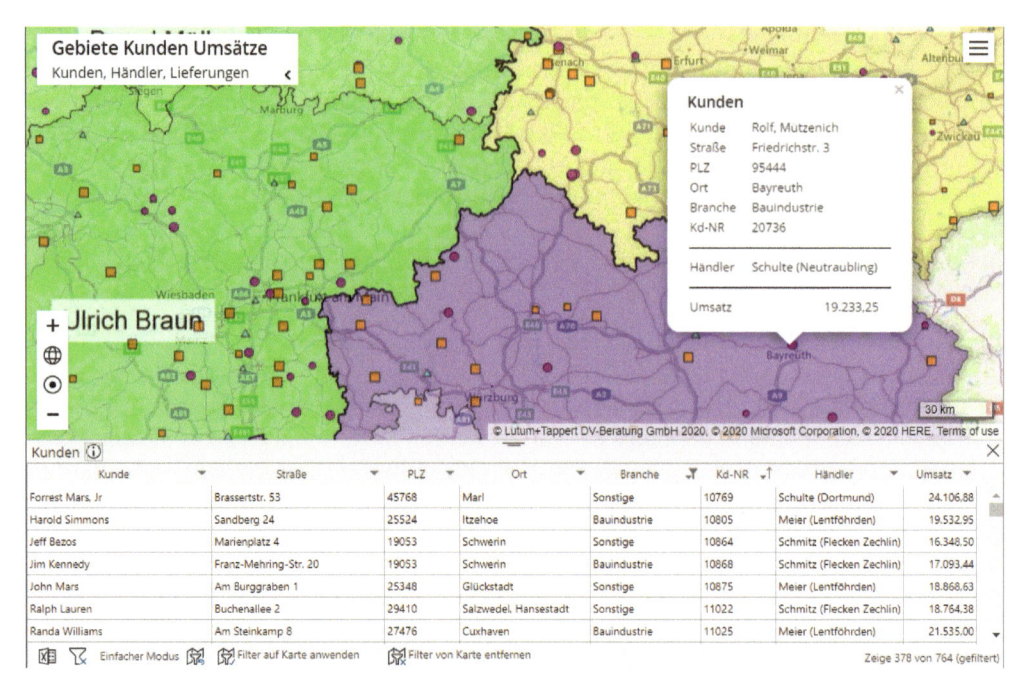

Abb. 3.1 Die interaktive Karte ist in die Benutzeroberfläche integriert: Karten und Daten auf einen Blick, Suchen und Recherchieren direkt in der Karte

Übrigens: Gerade dann, wenn die Karte voll in ein Informationssystem integriert ist und demnach die Karteninhalte weitgehend automatisch generiert werden, entsteht ein für die Software höchst anspruchsvolles Problem, das Forschung und Entwicklung bis heute beschäftigt: die automatische Platzierung von Texten in Karten. Das Problem entsteht besonders dann, wenn Texte variablen Inhalts in der Karte zu positionieren sind, wobei die Positionen ebenso variabel sein können wie die für die Beschriftung verfügbare Fläche, während gleichzeitig der Anspruch des Benutzers zu berücksichtigen ist, dass alle in der Karte enthaltenen Texte gut lesbar, also insbesondere überschneidungsfrei dargestellt sind. In der Praxis tritt dieses Problem z. B. regelmäßig auf, wenn Vertriebsgebiete dynamisch in einer Karte darzustellen sind. Die Beschreibung der Vertriebsgebiete ist dann meist in Form von Zuordnungstabellen in einer Datenbank enthalten (z. B. Listen von Postleitzahlen, Kreisen oder Gemeinden). Auch die Namen der Gebiete sind der Datenbank zu entnehmen (z. B. „Region West", „Gebiet Dortmund", „Bezirk Müller"). Ändern sich Gebiete, Grenzen oder Namen, so erwartet der Benutzer, dass dies nicht nur automatisch in der aktuellen Karte abgebildet wird, sondern das Ergebnis auch gut lesbar und grafisch ansprechend ist.

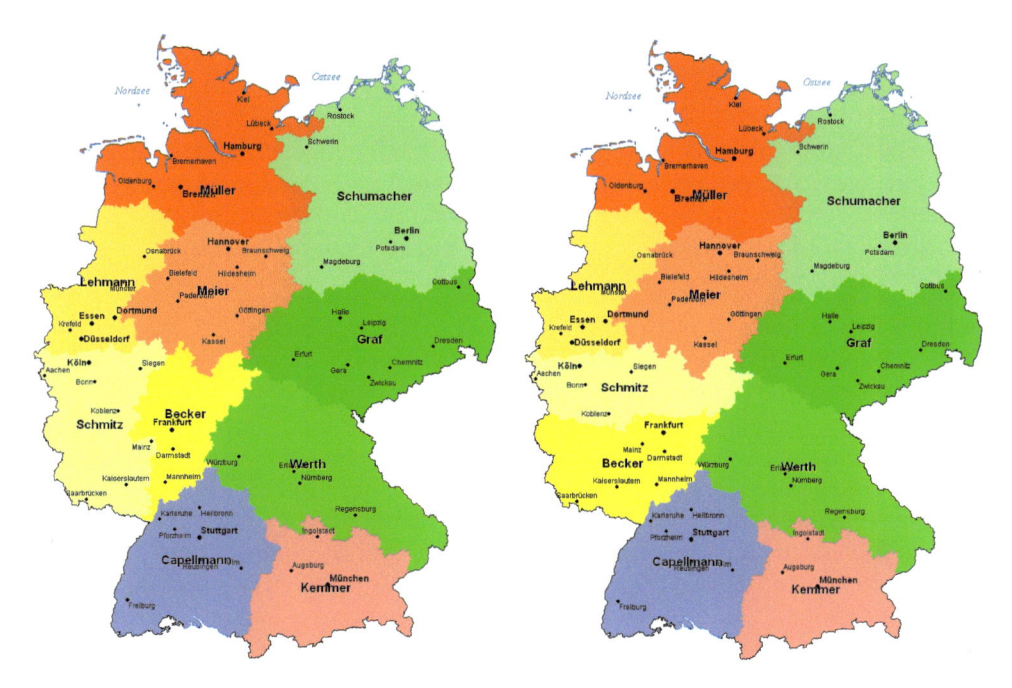

Abb. 3.2 Automatische Platzierung der Gebietsbeschriftung vor und nach Änderung der Gebiete Becker (Frankfurt) und Schmitz (Koblenz)

3.3 Weitere IT-Lösungen mit Raumbezug

In Marketing, Vertrieb und Controlling kommen zusätzlich zu Geomarketing-Lösungen – manchmal auch anstelle derer – weitere IT-Lösungen mit Raumbezug zum Einsatz. Die wichtigsten sollen hier kurz vorgestellt und gegenüber dem Geomarketing abgegrenzt werden. GIS-Lösungen für technische Einsatzzwecke (z. B. Leitungsnetzdokumentation und Störfallmanagement) werden hier nicht betrachtet, da sie meist keine Berührungspunkte zum Geomarketing haben.

3.3.1 Geo Intelligence

Unter Business Intelligence (abgekürzt: BI) versteht man Verfahren und Prozesse zur systematischen Analyse eines Unternehmens. Dies umfasst die Sammlung, Auswertung und Darstellung von Daten in elektronischer Form. Ziel ist die Gewinnung von Erkenntnissen aus den im Unternehmen vorhandenen Daten zur Unterstützung von Managemententscheidungen. Die Auswertung von Daten (z. B. über das eigene Unternehmen, die Mitbewerber oder die Marktentwicklung) erfolgt mithilfe analytischer Konzepte sowie mehr oder weniger spezialisierter Software und IT-Systeme. Mit den gewonnenen Erkenntnissen kann das Unternehmen seine Geschäftsabläufe, Planungen und Entscheidungen verbessern und z. B. seine Kunden- und Lieferantenbeziehungen erfolgreicher machen (Wikipedia, Stichwort „Business Intelligence").

Betreibt man Business Intelligence mit besonderer Fokussierung auf raumbezogene Fragestellungen, so spricht man heute gerne von Location Intelligence, manchmal auch von Local Intelligence. Leider erwecken diese Wortschöpfungen den Eindruck, es ginge nur um Standortanalysen, was dem viel größeren Spektrum der Anwendungsmöglichkeiten nicht gerecht wird. Ich bevorzuge deshalb den Begriff Geo Business Intelligence oder kurz Geo Intelligence.

Die führenden Anbieter von Geoinformationssystemen möchten ihre Lösungen (z. B. ArcGIS, MapInfo) gerne als Geo-Intelligence-Lösungen darstellen, denn man kann damit ja raumbezogene Daten in Karten präsentieren, analysieren und darauf basierend Entscheidungen treffen. Die führenden Anbieter von Business-Intelligence-Systemen stellen ihrerseits ihre Lösungen (z. B. Tableau) gerne schon dann als Geo-Intelligence-Lösung dar, wenn rudimentäre Funktionen zur Darstellung von Daten in Karten vorhanden sind. Selbst Microsoft möchte sich mit Excel PowerBI und Excel PowerMaps hier gerne positionieren. Der Wettbewerb zwischen GIS- und BI-Anbietern um die Technologieführerschaft bei der Geo Intelligence ist also voll im Gange. Dabei haben beide Lösungsansätze ihre Vor- und Nachteile. Business-Intelligence-Systeme sind meist universeller ausgerichtet; sie haben ihre Vorteile in der schnellen und einfachen Integration von Daten aus den verschiedensten Quellen und der schnellen und einfachen Generierung vielfältiger tabellarischer und grafischer Darstellungen sowie der Kombination der Darstellungen in sog. Dashboards. Ihre raumbezogenen Analysemöglichkeiten und die Qualität der Kartendarstellungen sind heute jedoch noch weit den GIS-Systemen unterlegen. GIS-Systeme hingegen wurden speziell für raumbezogene Analysen und Kartendarstellungen konzipiert und haben deshalb genau dort ihre besonderen Stärken. Bei der Generierung von Tabellen, Grafiken, Reports und Dashboards sind sie den Business-Intelligence-Systemen heute jedoch noch unterlegen.

3.3.2 Internet-Kartendienste

Viele einfache Fragestellungen, die in Unternehmen ebenso häufig auftreten wie im Privatleben, lassen sich schnell und einfach mit Internet-Kartendiensten, wie Google Maps, Bing Maps, oder auf OpenStreetMap (OSM) basierenden Kartendiensten, wie z. B. maps.openrouteservice.org, beantworten. Der Vorteil: Man ist mit der Benutzeroberfläche dieser Dienste vertraut, weil man sie auch privat nutzt und sie auf PCs, Tablets und Handys jederzeit verfügbar sind. Allerdings liefern die kostenlosen Internet-Kartendienste nur Lösungen für einfache Fragestellungen, wie z. B. die Suche nach *einer* Adresse oder die Route von A nach B mit Entfernung und Fahrzeit. Für komplexere Fragestellungen, wie sie in Unternehmen eben auch häufig auftreten, wie z. B. die Geocodierung großer Adressmengen, die Erzeugung thematischer Karten, die Planung und Disposition von Außendiensteinsätzen, die Planung und Reorganisation von Vertriebsgebieten und die Integration ins Controlling im Sinne der Geo Intelligence, sind zumindest die kostenlos verfügbaren Versionen der bekannten Internet-Kartendienste nicht geeignet.

3.3.3 CRM

CRM-Systeme (CRM = Customer Relationship Management) dienen zur Unterstützung der Kundenorientierung von Unternehmen durch Optimierung aller kundenbezogenen Prozesse, z. B. Neukundengewinnung, Kundenbindung, Up-Selling und Cross-Selling sowie Service. Dazu speichern sie alle dafür relevanten Daten, insbesondere die Kundenstammdaten, bisherige Akquisitionskontakte, Bestellungen, Lieferungen, Rechnungen und Serviceeinsätze in Datenbanken. Obwohl viele kundenbezogene Prozesse einen Raumbezug haben, z. B. Besuche des Vertriebsaußendiensts oder Lieferungen und Einsätze von Servicetechnikern, enthalten gängige CRM-Systeme – wenn überhaupt – meist nur rudimentäre Kartendarstellungen und raumbezogene Planungs- und Analysemöglichkeiten. Somit können CRM und Geomarketing sich gegenseitig hervorragend ergänzen, wenn sie geeignet miteinander vernetzt sind. So kann Geomarketing dazu beitragen, CRM-gestützte Aktivitäten zur Kundengewinnung durch geographische Auswahl der Zielgruppen zu optimieren. Umgekehrt können die Daten aus dem CRM eine wertvolle Quelle für Geomarketing-Analysen sein.

3.3.4 Besuchs- und Tourenplanung

Auch für die Besuchs- und Tourenplanung des Vertriebs- und Serviceaußendiensts gibt es Speziallösungen. Auch sie speisen sich gerne aus den Daten, die in der CRM-Datenbank gespeichert sind, vor allem den Kundenstammdaten sowie der Besuchshistorie. Diese spielt eine besondere Rolle, wenn Kunden in festgelegten, regelmäßigen Zeitabständen besucht werden sollen. Die Lösungen für die Besuchs- und Tourenplanung beinhalten im Wesentlichen folgende Funktionen:

- Auswahl der im Rahmen einer Tour zu besuchenden Kunden entsprechend dem festgelegten Besuchsrhythmus und der Bedeutung des Kunden für das Geschäft (z. B. gemäß einer A/B/C-Kundenklassifizierung); bei der Planung und Disposition von Besuchs- und Lieferterminen können zahlreiche weitere Kriterien auch noch eine Rolle spielen, bis hin zum Wetter, wenn z. B. Beton zu liefern ist, der bekanntlich bei Frost nicht gegossen werden kann, aber auch bei Temperaturen über Null, wenn wegen des Gewichts der Fahrzeuge dann nicht angeliefert werden kann, weil der Boden an der Baustelle durch Regen aufgeweicht und matschig ist.

- Ermittlung der optimalen Reihenfolge der Besuche, also der Besuchstour, für die sich die kürzeste Gesamtfahrzeit ergibt; dabei Berücksichtigung der durch den Kunden vorgegebenen Zeitfenster für Besuche.

- Schnelle Reaktionsmöglichkeit bei spontan notwendig gewordenen Änderungen, z. B. Ausfall eines geplanten Termins: Welcher besuchswürdige Kunde könnte stattdessen besucht werden, weil er sich in der Nähe des Zielorts oder nahe an der geplanten Route befindet?

Auch Geomarketing und die Besuchs- und Tourenplanung ergänzen sich idealerweise. So können die Daten aus der Besuchs- und Tourenplanung, z. B. geplante und tatsächlich durchgeführte Besuche, eine wertvolle Quelle für das Geomarketing sein, insbesondere bei Planung, Optimierung und Reorganisation von Außendienstgebieten. Andererseits müssen natürlich die im Geomarketing-System entwickelten Arbeitsgebiete des Außendiensts bei der Besuchs- und Tourenplanung berücksichtigt werden.

3.4 Rechtliche Aspekte

3.4.1 Datenschutz

Geomarketing verletzt keine Datenschutzbestimmungen, solange Sie anonyme statistische Daten verarbeiten (z. B. aggregierte Daten wie Einwohnerzahlen pro Gemeinde, differenziert nach Alter und Geschlecht oder Kaufkraftdaten pro Postleitzahlgebiet). Eine Statistik gilt als anonym, wenn jeder Angabe in der Statistik mindestens drei Fälle in der Realität zugrunde liegen, weil dann keine Rückschlüsse auf Individuen möglich sind. Mit Geomarketing verletzen Sie aber immer dann Datenschutzbestimmungen, wenn Sie personenbezogene Individualdaten nutzen, für die Sie kein entsprechendes Recht zur Nutzung haben. Dies ist der Fall, wenn die betroffenen Personen der Nutzung ihrer Daten für werbliche Zwecke nicht zugestimmt haben oder Sie Daten über Personen erheben, ohne die Personen über Ihre Aktivitäten und die beabsichtigte Nutzung aufgeklärt zu haben. Auf der sicheren Seite sind Sie hingegen immer dann, wenn Sie von den betroffenen Personen explizit die Zustimmung zur Erhebung und Nutzung der Daten einholen.

Da die Datenschützer Geomarketing- und Mikromarketing-Aktivitäten mit besonders kritischer Aufmerksamkeit beobachten, müssen Sie stets die Regelungen der europäischen Datenschutz-Grundverordnung DSGVO, die am 18.5.2018 in Kraft getreten ist, sowie das Bundesdatenschutzgesetz (= BDSG) und die Landesdatenschutzgesetze penibel beachten.

Da die DSGVO äußerst umfangreich ist und außerdem von Zeit zu Zeit geändert und angepasst wird, kann sie im Rahmen dieses Buchs nicht umfassend zitiert werden. Um dem Leser dennoch einen Eindruck zu vermitteln, wie streng und wie genau die DSGVO den Umgang mit personenbezogenen Daten regelt, sollen hier einige wichtige Grundsätze und Grundgedanken aus der DSGVO erwähnt werden (https://dsgvo-gesetz.de; Version vom Mai 2018).

Art. 4 DSGVO liefert Begriffsbestimmungen:

> „Im Sinne dieser Verordnung bezeichnet der Ausdruck:
>
> 1. „personenbezogene Daten" alle Informationen, die sich auf eine identifizierte oder identifizierbare natürliche Person (im Folgenden „betroffene Person") beziehen; als identifizierbar wird eine natürliche Person angesehen, die direkt oder indirekt, insbesondere mittels Zuordnung zu einer Kennung wie einem Namen, zu einer Kennnummer, zu Standortdaten, zu einer Online-Kennung oder zu einem oder mehreren besonderen Merkmalen identifiziert werden kann, die Ausdruck der physischen, physiologischen, genetischen, psychischen, wirtschaftlichen, kulturellen oder sozialen Identität dieser natürlichen Person sind […]"

3.4 Rechtliche Aspekte

Art. 4 DSGVO klärt außerdem u. a. noch folgende wichtige Begriffe: Verarbeitung, Profiling, Pseudonymisierung, Auftragsverarbeiter, Einwilligung, Verletzung des Schutzes personenbezogener Daten, genetische Daten, biometrische Daten, Gesundheitsdaten.

Art. 5 DSGVO legt folgende Grundsätze für die Verarbeitung personenbezogener Daten fest: Rechtmäßigkeit, Verarbeitung nach Treu und Glauben, Transparenz, Zweckbindung, Datenminimierung, Richtigkeit, Speicherbegrenzung, Integrität und Vertraulichkeit, Rechenschaftspflicht.

Art. 6 DSGVO regelt die Rechtmäßigkeit der Verarbeitung. Art. 6 Absatz 1 lautet:

> „Die Verarbeitung ist nur rechtmäßig, wenn mindestens eine der nachstehenden Bedingungen erfüllt ist:
>
> a) Die betroffene Person hat ihre Einwilligung zu der Verarbeitung der sie betreffenden personenbezogenen Daten für einen oder mehrere bestimmte Zwecke gegeben;
>
> b) die Verarbeitung ist für die Erfüllung eines Vertrags, dessen Vertragspartei die betroffene Person ist, oder zur Durchführung vorvertraglicher Maßnahmen erforderlich, die auf Anfrage der betroffenen Person erfolgen;
>
> c) die Verarbeitung ist zur Erfüllung einer rechtlichen Verpflichtung erforderlich, der der Verantwortliche unterliegt;
>
> d) die Verarbeitung ist erforderlich, um lebenswichtige Interessen der betroffenen Person oder einer anderen natürlichen Person zu schützen;
>
> e) die Verarbeitung ist für die Wahrnehmung einer Aufgabe erforderlich, die im öffentlichen Interesse liegt oder in Ausübung öffentlicher Gewalt erfolgt, die dem Verantwortlichen übertragen wurde;
>
> f) die Verarbeitung ist zur Wahrung der berechtigten Interessen des Verantwortlichen oder eines Dritten erforderlich, sofern nicht die Interessen oder Grundrechte und Grundfreiheiten der betroffenen Person, die den Schutz personenbezogener Daten erfordern, überwiegen, insbesondere dann, wenn es sich bei der betroffenen Person um ein Kind handelt.
>
> Unterabsatz 1 Buchstabe f gilt nicht für die von Behörden in Erfüllung ihrer Aufgaben vorgenommene Verarbeitung."

In Art. 7 DSGVO, der die Bedingungen für die Einwilligung regelt, heißt es u. a.:

> „Beruht die Verarbeitung auf einer Einwilligung, muss der Verantwortliche nachweisen können, dass die betroffene Person in die Verarbeitung ihrer personenbezogenen Daten eingewilligt hat. […] Die betroffene Person hat das Recht, ihre Einwilligung jederzeit zu widerrufen. […]"

Die DSGVO regelt darüber hinaus u. a. auch Folgendes:

- Informationspflicht bei Erhebung personenbezogener Daten,
- Auskunftsrecht der betroffenen Person,
- Recht auf Berichtigung und Löschung,
- Verantwortung des für die Verarbeitung Verantwortlichen,
- Auftragsverarbeitung,
- Sicherheit der Verarbeitung,
- Benennung eines Datenschutzbeauftragten und dessen Aufgaben,
- und vieles mehr.

3.4.2 Arbeitsrecht

Planspiele zur Vertriebsreorganisation und zur Neuaufteilung der Vertriebsgebiete sind mit entsprechender Geomarketing-Software leicht gemacht. Wenn Sie Ihre Pläne in die Tat umsetzen möchten, sollten Sie die gesetzlichen Vorgaben bedenken, die sich insbesondere aus dem Arbeitsrecht ergeben. Ist nämlich das Reisegebiet im Arbeitsvertrag eines Außendienstmitarbeiters festgeschrieben, so kommt eine Änderung des Reisegebiets arbeitsrechtlich einer Versetzung gleich und bedarf somit der Zustimmung der Arbeitnehmervertretung, i. d. R, also des Betriebsrats.

Auch ein anderer Ansatz bei der Vertriebsreorganisation kann arbeitsrechtliche Fragen aufwerfen und ggfs. zur Mitbestimmungspflicht des Betriebsrats führen. Eine gängige Methode der Vertriebssteuerung ist nämlich, die Kunden des Unternehmens in A-, B- und C-Kunden zu klassifizieren. Meist werden dazu Umsatz-Größenklassen gebildet. Im nächsten Schritt wird festgelegt, wie oft A-, B- und C-Kunden vom Vertriebsaußendienst besucht werden sollen und wie lange der Besuch in der Regel dauern soll (s Kap. 3.3.4 Besuchs- und Tourenplanung). Üblicherweise ist der A-Kunde, der für hohen Umsatz sorgt, häufiger und länger zu besuchen als der B- oder C-Kunde. Ist dieses System in die Praxis umgesetzt, so werden vom Außendienstmitarbeiter meist Besuchsberichte erwartet. Diese werden von seinem Vorgesetzten ausgewertet, und zwar oft auch im Hinblick darauf, wie weit die geplanten Besuche von den tatsächlich erfolgten Besuchen abweichen. Insbesondere dann, wenn bei solchen Soll-/Ist-Vergleichen auch die geplanten Besuchszeiten mit den Ist-Zeiten vergleichen werden, könnte dies als Leistungsmessung im Sinne des Arbeitsrechts gewertet werden. Es ist also zu bedenken, dass Leistungsmessungen der Zustimmung des Betriebsrats bedürfen.

Ich empfehle deshalb dringend, bei entsprechenden Reorganisationsprojekten zu prüfen, ob arbeitsrechtliche Aspekte berührt sein könnten. Den Betriebsrat sollte man in solchen Fällen sehr frühzeitig mit einbeziehen (merke: nicht selten sitzt ein Außendienstmitarbeiter im Betriebsrat!). Schon manch ein Reorganisationsprojekt wurde verzögert oder ist am Ende gescheitert, weil die arbeitsrechtlichen Aspekte nicht rechtzeitig bedacht wurden.

3.5 Praxistipps

Je genauer die Karte, umso besser; dieser Grundsatz gilt im Vermessungswesen ebenso wie für die Wanderkarte. Er ist aber nicht uneingeschränkt auf das Geomarketing übertragbar. Hier ist weniger manchmal mehr – deshalb an dieser Stelle ein Plädoyer für die Verwendung „ungenauer" und wenig inhaltsreicher Karten im Geomarketing. *Arbeiten Sie genau, aber vermeiden Sie „Scheingenauigkeit"!*

Die vielen Details, die in einer sehr genauen Karte enthalten sind, verstellen gelegentlich den Blick für das Wesentliche. Man sieht dann vor lauter Bäumen den Wald nicht mehr. Abbildung 3.3 zeigt das Strompreisgefälle in Deutschland (dargestellt durch die Flächenfärbung in verschiedenen Grüntönen). Die Städte in den Niederlanden und in Belgien tragen nichts zum Verständnis der Karte bei und lenken unnötig ab. Scheinbar wahllos erscheinen einzelne 5-stellige Postleitzahlen in der Karte, z. B. die 27498 in Helgoland. Das ist völlig nutzlos!

Die zugehörige Übersichtskarte (Abb. 3.4) zeigt, welcher Kartenausschnitt in der thematischen Karte (Abb. 3.3) dargestellt ist. Sie wird nicht einmal einem Betrachter aus Übersee bei der Orientierung viel helfen, denn der wird Ajaccio, Charkiw und Östersund nicht unbedingt kennen; stattdessen wird er Rom und Lissabon vermissen. Für den Betrachter aus Deutschland, an den sich die thematische Karte in erster Linie wendet, ist die Übersichtskarte völlig wertlos.

3 Leitfaden zum Einsatz von Geomarketing

Abb. 3.3 Strompreisgefälle in Deutschland, dargestellt durch die Flächenfärbung in verschiedenen Grüntönen

Abb. 3.4 Übersichtskarte

Überlegen Sie also bei der Auswahl der Kartengrundlage, wie viel Genauigkeit und inhaltliche Detaillierung Sie wirklich benötigen. Beachten Sie auch, dass inhaltsreiche Karten mit hoher Genauigkeit meist teurer in der Beschaffung sind, höheren Speicherbedarf haben und die Bearbeitungsgeschwindigkeit am Computer vermindern. Außerdem können sie für großflächige, strategische Planungen sehr unübersichtlich sein.

3.5 Praxistipps

Die Karten, die in den Fernsehnachrichten üblicherweise gezeigt werden, stellen in Bezug auf Detaillierung und Genauigkeit das krasse Gegenbeispiel dar: Sie enthalten nur so viele Informationen, wie der Normalzuschauer binnen weniger Sekunden aufnehmen und verstehen kann. Der Karteninhalt ist deshalb reduziert auf die Informationen, die zum Verständnis der Nachrichten erforderlich sind.

Hinweis: Wenn Sie Karten in Präsentationen verwenden, sollten Sie überlegen, ob eine Karte mit reduziertem Inhalt nicht besser geeignet ist als eine höchst detaillierte Karte!

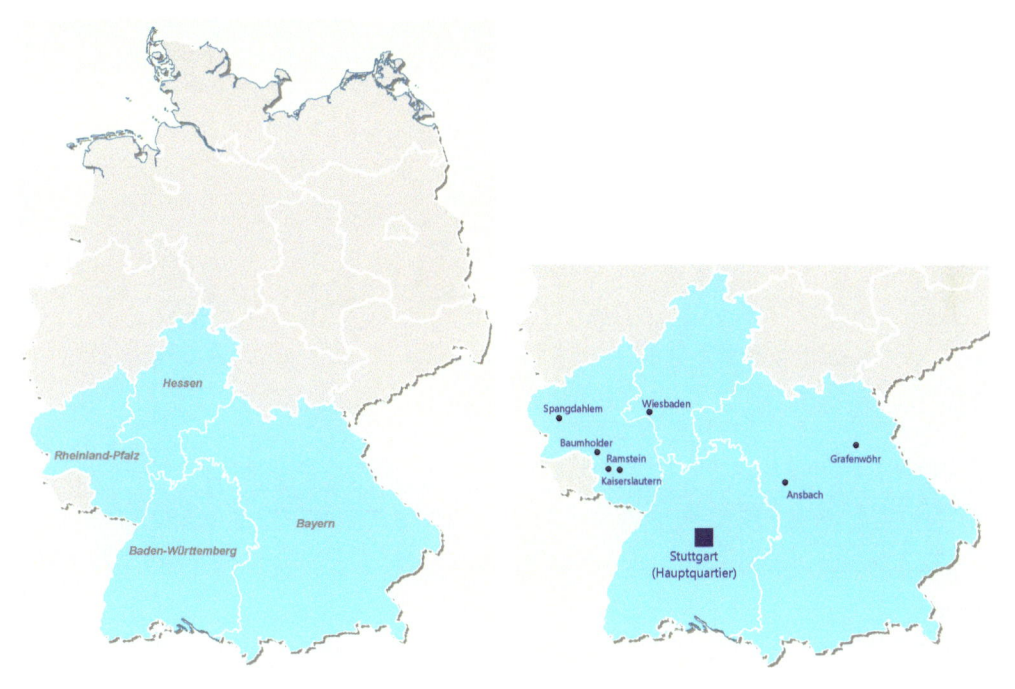

Abb. 3.5 Karten mit reduziertem Inhalt im Stil der Fernsehnachrichten: links Länder mit US-Militärstützpunkten, rechts Auswahl größter Stützpunkte

Die Frage nach der erforderlichen Genauigkeit stellt sich auch bei der Geocodierung. In der Immobilienbranche, bei der Standortplanung im Einzelhandel, bei der Energieversorgung und in einigen anderen Anwendungsbereichen sind natürlich vermessungstechnisch genaue Hauskoordinaten erforderlich. Bei anderen Anwendungen reicht aber möglicherweise eine Stellvertreterkoordinate für die gesamte Straße. Bei großflächigen Analysen ist zur Geocodierung vielleicht sogar die Mittelpunktskoordinate des betreffenden Postleitzahlgebiets völlig ausreichend. Bedenken Sie also auch bei der Geocodierung: Höhere Genauigkeit hat meist einen höheren Preis und erfordert mehr Zeitaufwand. Außerdem stellt Genauigkeit bei der Geocodierung höhere Anforderungen an die Qualität der zu geocodierenden Adressen. Auch bei der Geocodierung gilt nämlich die bekannte Grundregel der elektronischen Datenverarbeitung: „Garbage in/Garbage out". Wenn Ihre Adressen also nur mäßige Qualität haben, sollten Sie an das Ergebnis der Geocodierung keine hohen Ansprüche stellen.

4 Anwendungsbeispiele aus der Praxis

In diesem Kapitel werden zahlreiche Einsatzmöglichkeiten von Geomarketing anhand von Beispielen aus der Praxis vorgestellt. Aufgrund der Vielfalt der Anwendungsbereiche konnten nur einige wichtige herausgegriffen und vertieft werden. Wichtig war mir bei der Auswahl der Beispiele, Anwendungen in den verschiedensten Branchen, im Mittelstand ebenso wie bei Global Players vorzustellen. Die Praxisbeispiele zeigen sehr konkret, wie Marketing und Vertrieb mit Geomarketing erfolgreich optimiert werden können. Sie sollen den Leser anregen, eigene Anwendungsideen zu entwickeln und erfolgreich umzusetzen.

4.1 Marktbeobachtung

4.1.1 Preisvergleiche

Ein klassisches Thema der Marktbeobachtung sind Preisvergleiche. Wenn in einem bestimmten Markt die Preise für ein bestimmtes Produkt regional sehr streuen, kann der Einsatz von Geomarketing von großem Nutzen sein. Ein Beispiel: das höchst unterschiedliche Niveau der Strom- und Gaspreise in Deutschland. Die in den letzten Jahren ständig steigenden Strom- und Gaspreise in Deutschland sind für jeden Verbraucher ein Ärgernis. Sie haben die Energieversorgungsunternehmen dem Verdacht ausgesetzt, ihre Marktmacht auszunutzen, um auf Kosten der Verbraucher satte Gewinne einzustreichen. Vor der Liberalisierung des Energiemarkts hatten regionale Monopole bestanden. Diese zwangen den Verbraucher dazu, Strom und Gas von dem Energieversorgungsunternehmen zu beziehen, das an seinem Wohnort das entsprechende Leitungsnetz betreibt. Die Liberalisierung des Strommarkts (in Deutschland ab 1998) gab jedem Verbraucher das Recht, seinen Stromlieferanten frei zu wählen. Mit der Novelle des Energiewirtschaftsgesetzes 2005 wurde auch der Gasmarkt liberalisiert. Seit Frühjahr 2006 bieten Gasversorger Privatkunden den Wechsel zu einem anderen Gaslieferanten an.

Die Liberalisierung des Energiemarkts hat die Energieversorgungsunternehmen in vielerlei Hinsicht zum Handeln gezwungen. Sie stehen wegen ihrer Preispolitik im Kreuzfeuer öffentlicher Kritik, werden von der Bundesnetzagentur beaufsichtigt und vom Bundeskartellamt genau beobachtet. Sie sind per Gesetz zum Unbundling gezwungen, d. h., die Energieversorgungsunternehmen müssen den Betrieb der Leitungsnetze vom Energievertrieb trennen. Sie sehen sich selbst plötzlich einer Wettbewerbssituation ausgesetzt, die sie in den bisherigen hundert Jahren ihres Bestehens noch nicht kannten. Nicht nur reine Stromhandelsunternehmen, wie z. B. „Yello Strom", sondern auch benachbarte Energieversorgungsunternehmen beginnen plötzlich, Kunden abzuwerben. Als Reaktion wirbt man nun seinerseits Kunden in fremden Netzgebieten ab. Es tobt ein erbitterter Preiskampf, der zum großen Teil über Preisvergleichsportale im Internet ausgetragen wird.

In dieser Situation ist für jeden Anbieter die genaue Kenntnis der Preise aller Wettbewerber essentiell. Ungeheuer wichtig ist dabei auch, die großen regionalen Unterschiede in den Preisniveaus zu kennen. Da die Netzentgelte von jedem Netzbetreiber im Internet veröffentlicht werden müssen und die meisten Lieferanten auch ihre Tarife im Internet veröffentlichen, sind die für Preisvergleiche erforderlichen Basisdaten für jeden offen zugänglich: für Marktteilnehmer (Energieerzeuger, Importeure, Händler, Netzbetreiber, Verbraucher), Aufsichtsbehörden (Bundesnetzagentur, Kartellämter), Politik und Presse. Die Grundversorgungstarife für Strom und Erdgas und die Netzentgelte gelten immer für genau definierte Grundversorgungs- bzw. Netzgebiete. Da also ein präziser Raumbezug gegeben ist, kommt Geomarketing ins Spiel.

4.1 Marktbeobachtung

Strompreisniveau - Allgemeiner Haushaltstarif einschl. MwSt.

Stand: 15. November 2020

Durchschnittspreis bei 3.500 kWh/a in Ct/kWh

- 37,2 und mehr Ct/kWh
- 35,2 bis unter 37,2 Ct/kWh
- 33,2 bis unter 35,2 Ct/kWh
- 31,1 bis unter 33,2 Ct/kWh
- 29,1 bis unter 31,1 Ct/kWh
- unter 29,1 Ct/kWh

Datenquelle: GET AG
EasyMap-Karte: © Lutum+Tappert

www.EnergieMarktDaten.de

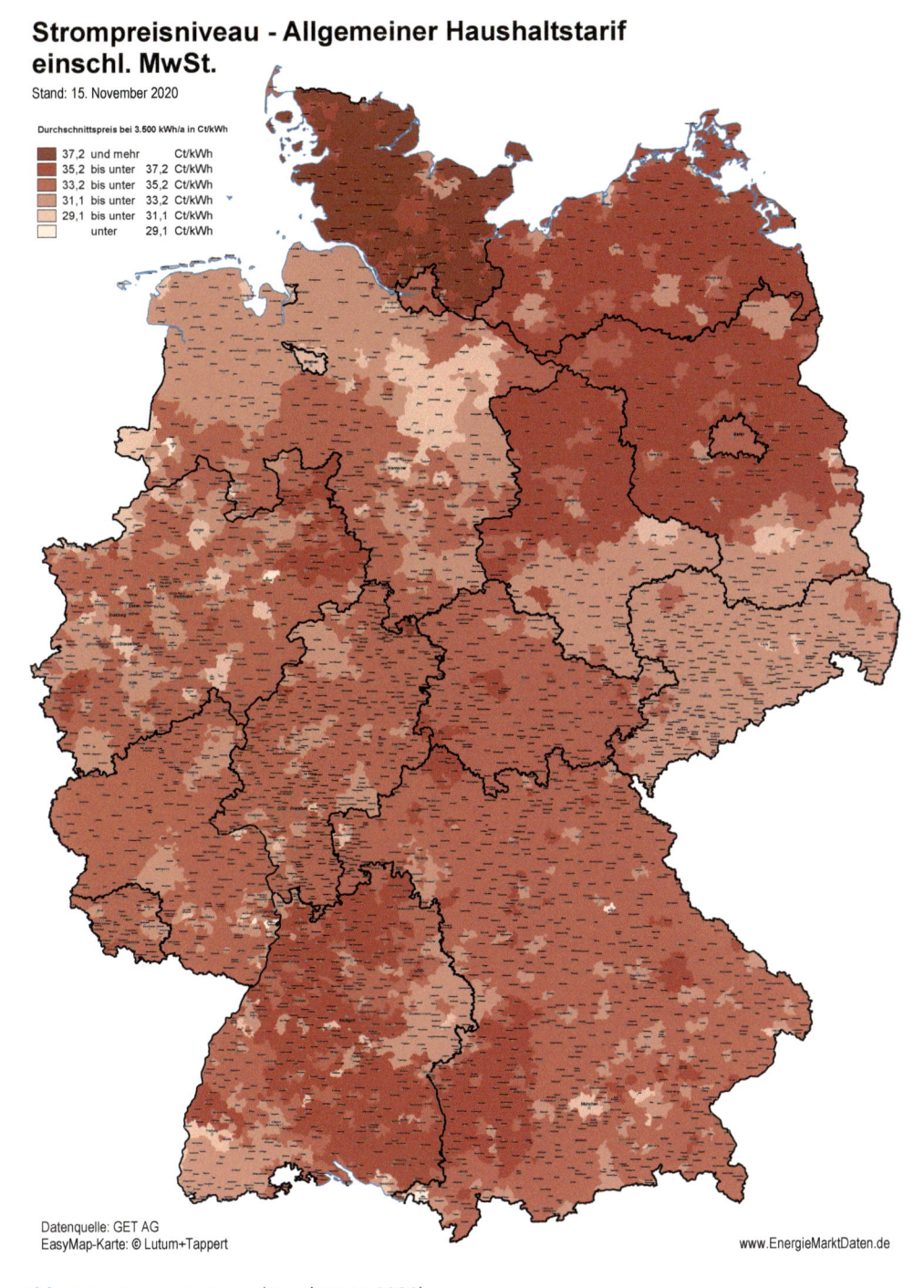

Abb. 4.1 Strompreisniveau (Stand 15.11.2020)

4 Anwendungsbeispiele aus der Praxis

Gaspreisniveau - günstigster Grundversorgungstarif für Haushaltskunden einschl. MwSt.

Stand: 15. November 2020

Durchschnittspreis bei einem Jahresverbrauch
von 7.000 kWh und einer Leistung von 1 kW

	ohne Angabe	ohne Angabe
	9,94 und mehr	Ct/kWh
	8,94 bis unter 9,94	Ct/kWh
	7,95 bis unter 8,94	Ct/kWh
	6,95 bis unter 7,95	Ct/kWh
	5,96 bis unter 6,95	Ct/kWh
	unter 5,96	Ct/kWh

In den nicht farbig hinterlegten Flächen ist entweder kein Gasnetz vorhanden oder der Grundversorger bietet bei einem Jahresverbrauch von 7.000 kWh und einer Leistung von 1 kW kein Produkt an.

Datenquelle: GET AG
EasyMap-Karte: © Lutum+Tappert

www.EnergieMarktDaten.de

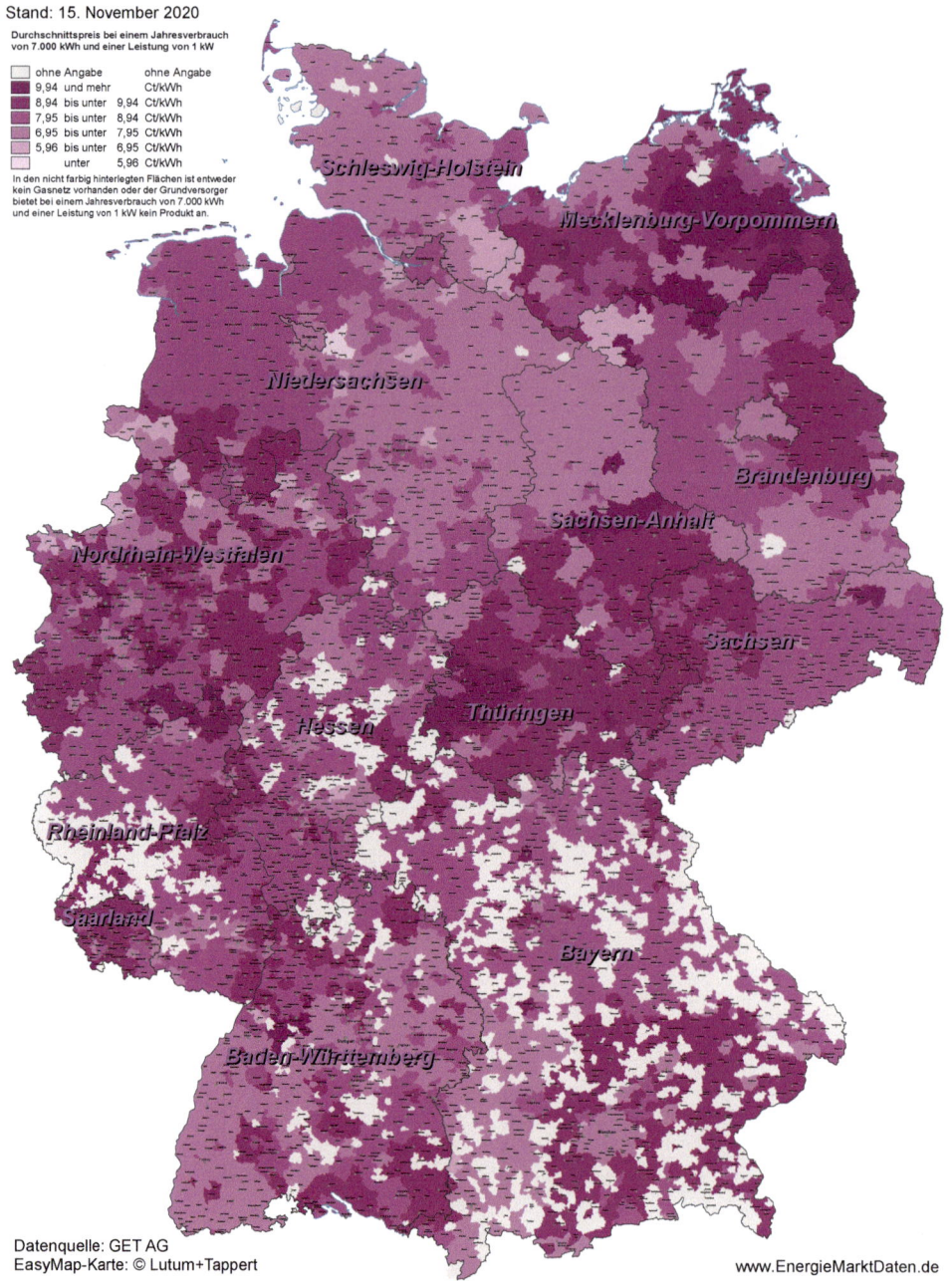

Abb. 4.2 Gaspreisniveau (Stand 15.11.2020)

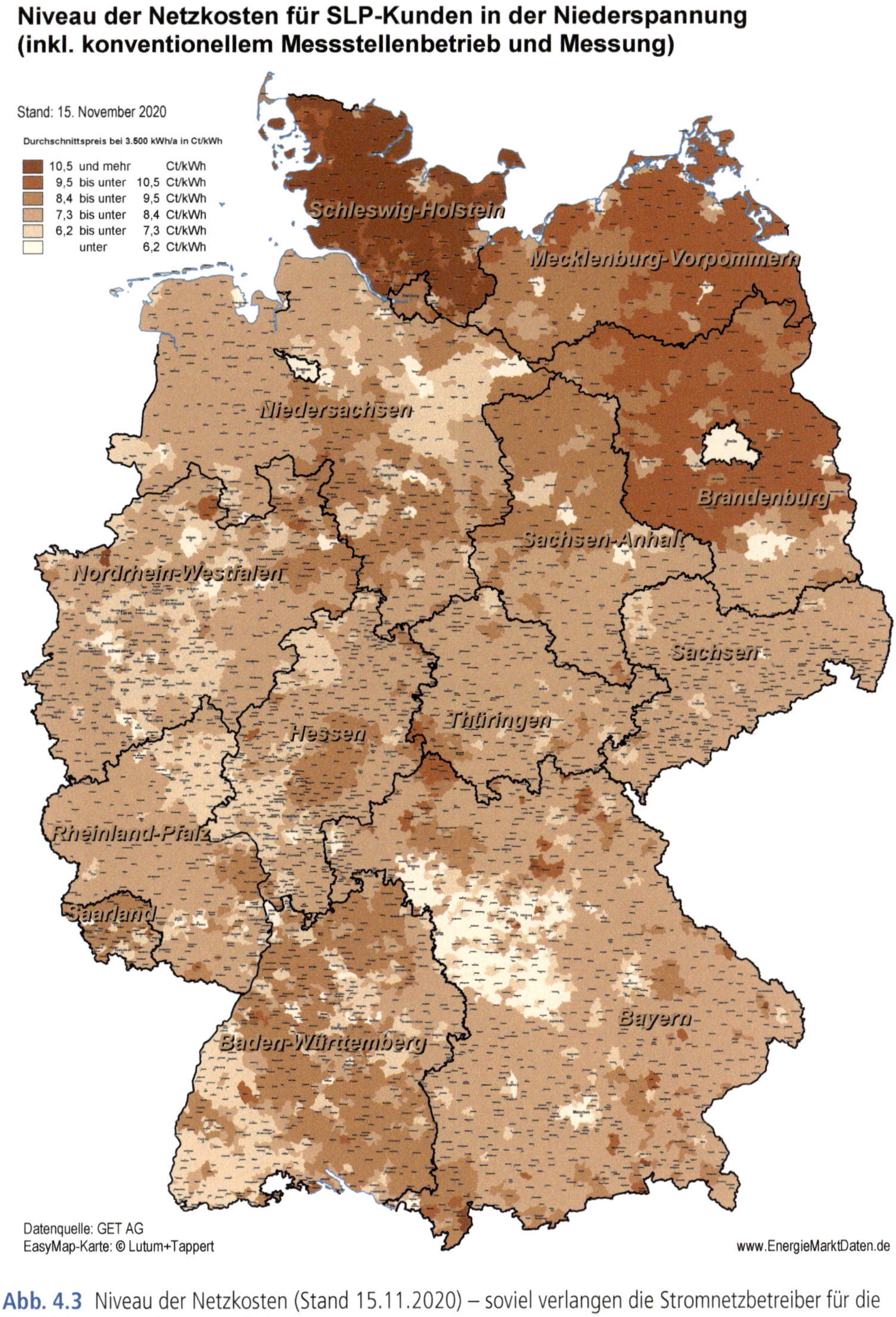
Niveau der Netzkosten für SLP-Kunden in der Niederspannung
(inkl. konventionellem Messstellenbetrieb und Messung)
Stand: 15. November 2020
Durchschnittspreis bei 3.500 kWh/a in Ct/kWh
10,5 und mehr Ct/kWh
9,5 bis unter 10,5 Ct/kWh
8,4 bis unter 9,5 Ct/kWh
7,3 bis unter 8,4 Ct/kWh
6,2 bis unter 7,3 Ct/kWh
unter 6,2 Ct/kWh
Schleswig-Holstein
Mecklenburg-Vorpommern
Niedersachsen
Brandenburg
Sachsen-Anhalt
Nordrhein-Westfalen
Sachsen
Thüringen
Hessen
Rheinland-Pfalz
Saarland
Bayern
Baden-Württemberg
Datenquelle: GET AG
EasyMap-Karte: © Lutum+Tappert
www.EnergieMarktDaten.de

Abb. 4.3 Niveau der Netzkosten (Stand 15.11.2020) – soviel verlangen die Stromnetzbetreiber für die Durchleitung von Strom durch ihr Netz

Der Nutzen

Solche Preisanalysen sind ausgesprochen wertvoll für Strategie-Entwicklung und Preispolitik. Sie sind aber auch für den Energievertrieb äußerst nützlich. Sie liefern nämlich sehr genaue Auskunft darüber, *wo* die Differenz zwischen eigenem Stromtarif und den Tarifen und Entgelten der Wettbewerber so hoch ist, dass die Abwerbung von Kunden Erfolg versprechend ist. Umgekehrt ergeben sich auch Rückschlüsse, von welchen Wettbewerbern Aktivitäten zur Abwerbung eigener Kunden zu erwarten sind. So können rechtzeitig geeignete Gegenstrategien entwickelt werden.

4.1.2 Gewonnene und verlorene Kunden

Das Gesetz zur Modernisierung der gesetzlichen Krankenversicherung (GKV-Modernisierungsgesetz – GMG) in Deutschland schreibt u. a. die elektronische Kommunikation zwischen den im Gesundheitswesen Beteiligten vor. Ziel ist die Vereinfachung und Beschleunigung der Übermittlung der Verordnungsdaten an Apotheken und Krankenkassen und die elektronische und maschinell verwertbare Übermittlung von Befunden, Diagnosen, Therapieempfehlungen und Behandlungsberichten. Das Gesetz zwingt somit jeden niedergelassenen Kassenarzt, ein Computersystem einzuführen. Nach Ablauf der im Gesetz vorgesehenen Übergangsfrist wird also für solche Praxissoftware eine 100-prozentige Marktsättigung erreicht sein. In dieser Situation können sich die Hersteller von Praxissoftware ein sehr genaues Bild von ihrem Markt machen. Der Gesamtmarkt ist bekannt: Die Adressen aller Arztpraxen kann man bei verschiedenen Anbietern kaufen. Die eigenen Kunden sind natürlich auch bekannt. So kann der eigene Marktanteil einfach berechnet werden. Durch geeignete (nicht ganz triviale) Verfahren des Adressabgleichs können die Arztpraxen ermittelt werden, die keine eigenen Kunden sind. Da aufgrund der Gesetzeslage nahezu vollständige Marktsättigung angenommen werden kann, findet inzwischen reiner Verdrängungswettbewerb statt. Da ist es für den Markterfolg ausgesprochen wichtig, Aktivitäten des Wettbewerbs zeitnah zu erkennen, um frühzeitig gegensteuern zu können.

Der Nutzen

Eine Karte der gewonnenen und verlorenen Kunden kann Aufschlüsse über besonders intensive Vertriebsaktivitäten des Wettbewerbs in bestimmten Regionen liefern und den eigenen Vertrieb zu intensiven Gegenmaßnahmen in diesen Gebieten veranlassen. Umgekehrt kann eine Häufung von neu gewonnenen Kunden in bestimmten Gebieten darauf schließen lassen, dass der Wettbewerb dort besonders tief schläft (oder aus anderen Gründen geschwächt ist). Dies kann wiederum Anlass sein, die eigenen Vertriebsaktivitäten gerade dort noch weiter zu forcieren.

Abbildung 4.4 zeigt, dass Meier so viele Kunden neu gewinnen konnte, wie er bis dato in seinem Bestand hatte; er hat keine Kunden verloren. Müller hat nur einen Kunden im äußersten Osten seines Gebiets verloren; dies könnte darauf hindeuten, dass der verlorene Kunde wegen seiner Lage am Rande des Gebiets nicht intensiv genug betreut wurde. Lehmann verliert Kunden im Norden seines Gebiets; hier sind Gegenmaßnahmen erforderlich. Brandt verliert Kunden am Rande seines Gebiets. Gibt es im Gebiet von Brandt das gleiche Problem wie im Gebiet Müller?

4.1 Marktbeobachtung

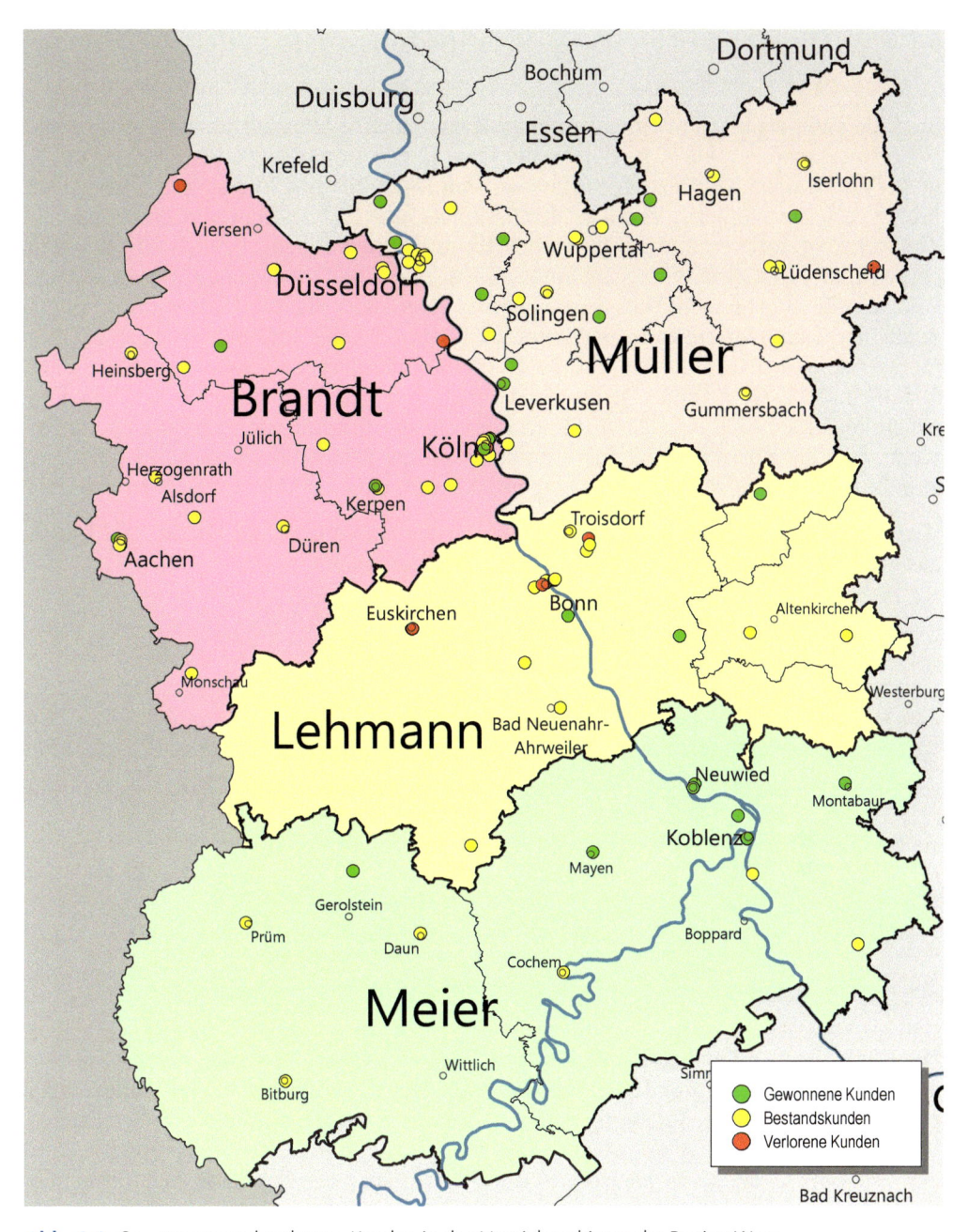

Abb. 4.4 Gewonnene und verlorene Kunden in den Vertriebsgebieten der Region West

4.1.3 Einzugsbereichs- und Kundenstrukturanalysen mittels PLZ-Abfrage an der Kasse

Sind Sie nicht auch schon einmal an einer Kasse nach der Postleitzahl gefragt worden? Viele Unternehmen, wie z. B. IKEA oder Conrad Electronic, wollen darüber ermitteln, woher ihre Kunden kommen. Sie erfassen somit Daten für eine Einzugsbereichsanalyse. Früher schickte man jemanden über den Parkplatz, um die Kfz-Kennzeichen der parkenden Autos zu notieren und darüber einen Eindruck vom Einzugsbereich zu gewinnen. Diese Methode ist zwar einfach und preisgünstig, sie schafft aber nur ein sehr ungenaues Bild vom Einzugsbereich. Dies liegt einerseits daran, dass die Kfz-Kennzeichen mit den Stadt- und Landkreisen korrespondieren und somit wenige und relativ große Flächen repräsentieren. Angesichts von 401 Stadt- und Landkreisen im Vergleich zu über 8.000 5-stelligen PLZ-Gebieten in Deutschland wird sofort klar, dass die Postleitzahl eine genauere regionale Analyse zulässt. Mindestens ebenso aufschlussreich ist jedoch die Tatsache, dass die Kasse die PLZ in Verbindung mit der Buchung erfasst. Somit sind auch raumbezogene Analysen in Verbindung mit Absatzmengen und Umsatzzahlen möglich.

Was die großen Freizeitbäder, die ebenfalls an der Kasse nach der Postleitzahl fragen, aus den Daten herauslesen können, ist schon beeindruckend.

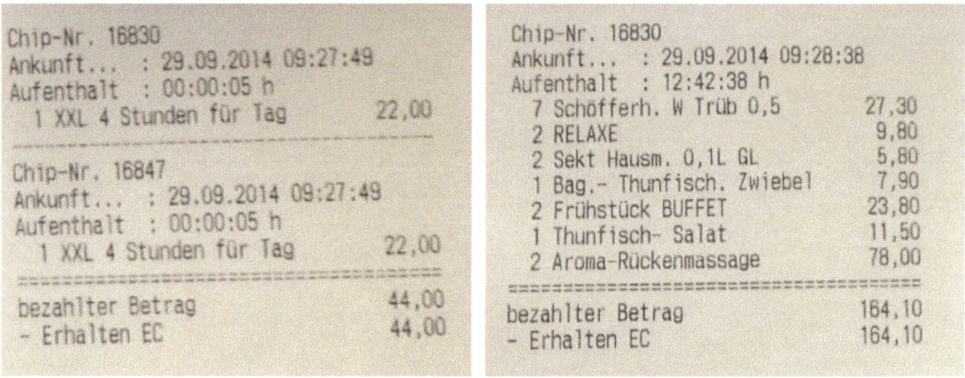
Chip-Nr. 16830
Ankunft... : 29.09.2014 09:27:49
Aufenthalt : 00:00:05 h
1 XXL 4 Stunden für Tag 22,00

Chip-Nr. 16847
Ankunft... : 29.09.2014 09:27:49
Aufenthalt : 00:00:05 h
1 XXL 4 Stunden für Tag 22,00
====================================
bezahlter Betrag 44,00
- Erhalten EC 44,00

Chip-Nr. 16830
Ankunft... : 29.09.2014 09:28:38
Aufenthalt : 12:42:38 h
7 Schöfferh. W Trüb 0,5 27,30
2 RELAXE 9,80
2 Sekt Hausm. 0,1L GL 5,80
1 Bag.- Thunfisch. Zwiebel 7,90
2 Frühstück BUFFET 23,80
1 Thunfisch- Salat 11,50
2 Aroma-Rückenmassage 78,00
====================================
bezahlter Betrag 164,10
- Erhalten EC 164,10

Abb. 4.5 Kassenbons nach Besuch im Freizeitbad (Eintritt und Verzehr/Anwendungen)

Die Kassenbuchung enthält nämlich folgende Daten: Anzahl Personen, die das Freizeitbad besucht haben (aufgrund der unterschiedlich Eintrittstarife sogar unterscheidbar nach Erwachsenen, Kindern, Senioren), Aufenthaltsdauer, Umsatz, differenziert nach Eintritt, Verzehr, Shop, Sauna, Wellness und sonstigen Extras. In manchen Freizeitbädern wird nur zeitweilig an der Kasse nach der PLZ gefragt, z. B. in den Ferien, an Feiertagen oder bei bestimmten Werbekampagnen; in anderen Freizeitbädern wird permanent nach der PLZ gefragt. Da kann man sich gut vorstellen, dass bei mehreren hunderttausend Besuchern im Jahr ein umfassender Datenpool entsteht, der sich für Einzugsbereichs- und Kundenstrukturanalysen als äußerst wertvoll erweist (s. Abb. 4.6).

4.1 Marktbeobachtung

PLZ	Kinder	Erwachsene	Besucher gesamt	Umsatz Tarif	Umsatz sonstige	Umsatz gesamt	Verweildauer	Umsatz Durchschnitt
44135	5	160	165	2.629,70	1.560,70	4.190,40	3,52	25,4
44137	28	284	312	4.412,10	4.057,25	8.469,35	4,48	27,15
44139	26	400	426	6.114,60	6.539,43	12.654,03	3,80	29,7
44141	10	260	270	4.492,10	4.598,30	9.090,40	4,85	33,67
44143	84	312	396	3.771,90	3.843,29	7.615,19	6,20	19,23
44145	11	71	82	995,3	653,9	1.649,20	5,90	20,11
44147	15	102	117	1.524,80	1.284,10	2.808,90	6,12	24,01
44149	73	252	325	3.272,30	3.342,40	6.614,70	4,15	20,35
44225	21	299	320	3.761,30	4.683,90	8.445,20	4,20	26,39
44227	22	191	213	2.667,30	3.128,00	5.795,30	5,33	27,21
44229	23	205	228	3.232,90	3.968,05	7.200,95	4,19	31,58
44263	7	133	140	1.737,65	1.976,50	3.714,15	3,89	26,53
44265	1	191	192	2.981,30	2.284,19	5.265,49	6,70	27,42
44267	40	265	305	3.750,80	4.349,88	8.100,68	7,10	26,56
44269	28	245	273	3.344,00	3.321,40	6.665,40	4,22	24,42
44287	25	285	310	4.501,20	3.831,60	8.332,80	5,66	26,88
44289	6	118	124	1.453,80	1.277,20	2.731,00	9,12	22,02
44309	26	222	248	2.886,90	2.163,49	5.050,39	8,40	20,36
44319	30	268	298	3.330,30	5.032,10	8.362,40	7,86	28,06
44328	40	98	138	1.428,70	1.246,90	2.675,60	7,23	19,39
44329	34	188	222	2.393,10	2.112,40	4.505,50	5,45	20,3
44339	183	650	833	8.454,30	6.791,08	15.245,38	4,89	18,3
44357	182	438	620	5.499,80	5.270,14	10.769,94	7,43	17,37
44359	227	714	941	9.309,00	7.689,47	16.998,47	6,58	18,06
44369	110	327	437	4.434,20	3.919,03	8.353,23	6,12	19,11
44379	104	337	441	3.766,60	4.229,59	7.996,19	5,84	18,13
44388	105	610	715	7.980,40	8.768,89	16.749,29	5,92	23,43

Abb. 4.6 Tabelle der aggregierten Daten pro PLZ

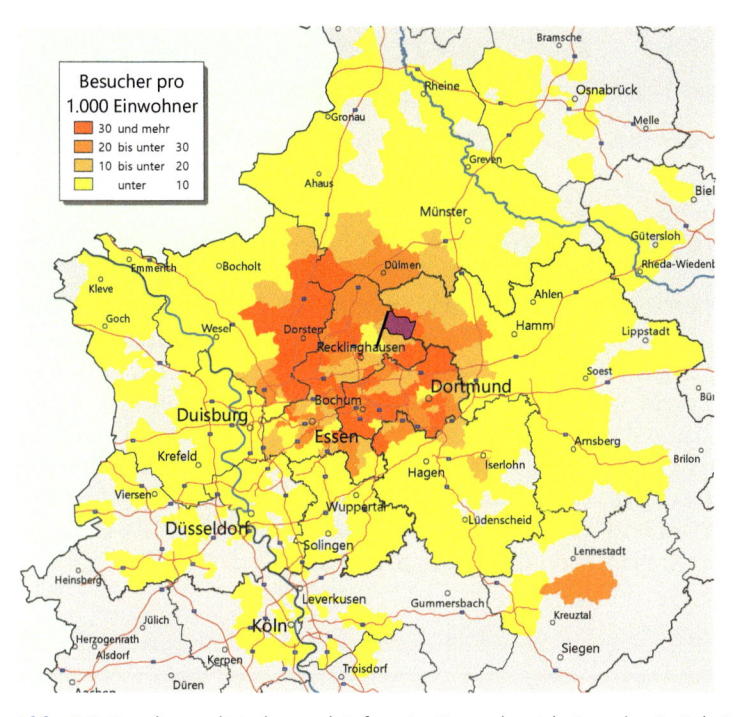

Abb. 4.7 Standort und Marktausschöpfung im Einzugsbereich: Besucher in Relation zur Einwohnerzahl je PLZ

4 Anwendungsbeispiele aus der Praxis

Die durch die Einzugsbereichs- und Kundenstrukturanalysen gewonnenen Erkenntnisse liefern fundierte Grundlagen für Planungen und Entscheidungen im Hinblick auf die räumliche Ausdehnung von Werbekampagnen, aber auch auf die Gestaltung besonderer Angebote je nach Zielgruppe und Zielgebiet (Abb. 4.7 und 4.8).

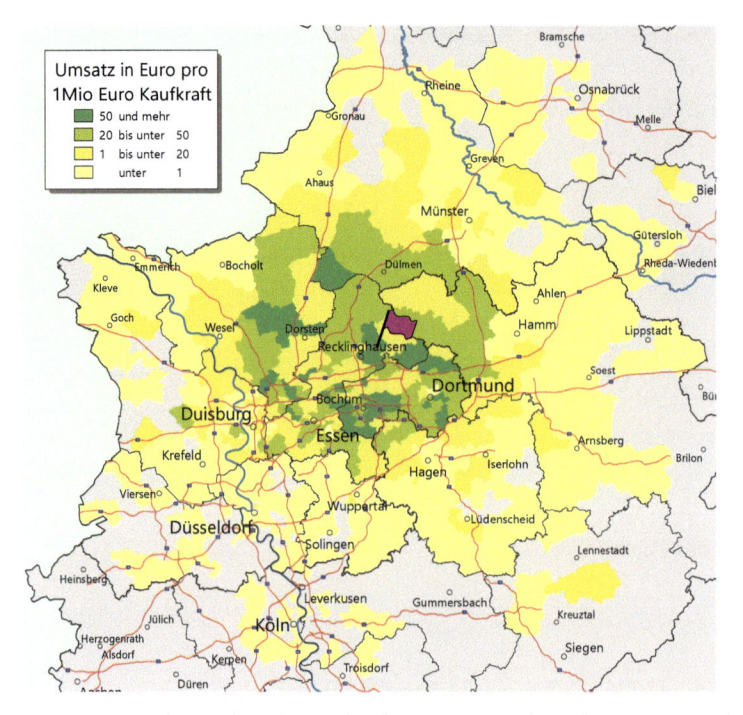

Abb. 4.8 Standort und Marktausschöpfung im Einzugsbereich: Umsatz in Relation zur Kaufkraft je PLZ

4.2 Außendienststeuerung und Vertriebsorganisation

Der Begriff Außendienst bezeichnet eine Organisation, „bei der mindestens eine Person an typischerweise ca. 200 Tagen im Jahr mindestens einen oder auch wesentlich mehr Kunden pro Tag zumeist regelmäßig wiederkehrend oder aber auch je nach Anwendungsfall nur einmalig besucht. Dazu zählen zum einen der klassische einzelreisende Handelsvertreter, zum anderen die großen Strukturvertriebe, Servicetechniker, Gutachter, Direkt- und Indirektvertriebe aller Art, sowohl im B2B- als auch im B2C-Bereich. […] Unter Außendienststeuerung versteht man die Planung, Steuerung und Kontrolle aller Aktivitäten einer Außendienst- oder auch Feldorganisation" (Frerk 2018). Dazu gehört zum Beispiel auch die Konstruktion von Vertriebsgebieten.

4.2 Außendienststeuerung und Vertriebsorganisation

4.2.1 Vertriebsstrategieentwicklung

„Wo sind die weißen Flecken auf der Karte?" Diese Frage interessiert viele Vertriebsstrategen. Dahinter steckt der Wunsch, unausgeschöpfte Marktpotenziale zu entdecken und zu lokalisieren, um sie dann vertrieblich ins Visier zu nehmen. Die Abbildungen 4.9a und 4.9b zeigen eine solche typische Situation: Die weißen Flecken sind Gemeinden, die nicht an das Erdgas-Verbundnetz angeschlossen sind. Diese Gebiete sind somit für den Vertrieb anderer Energieträger interessant (z. B. Flüssiggas, Pellets, Heizöl).

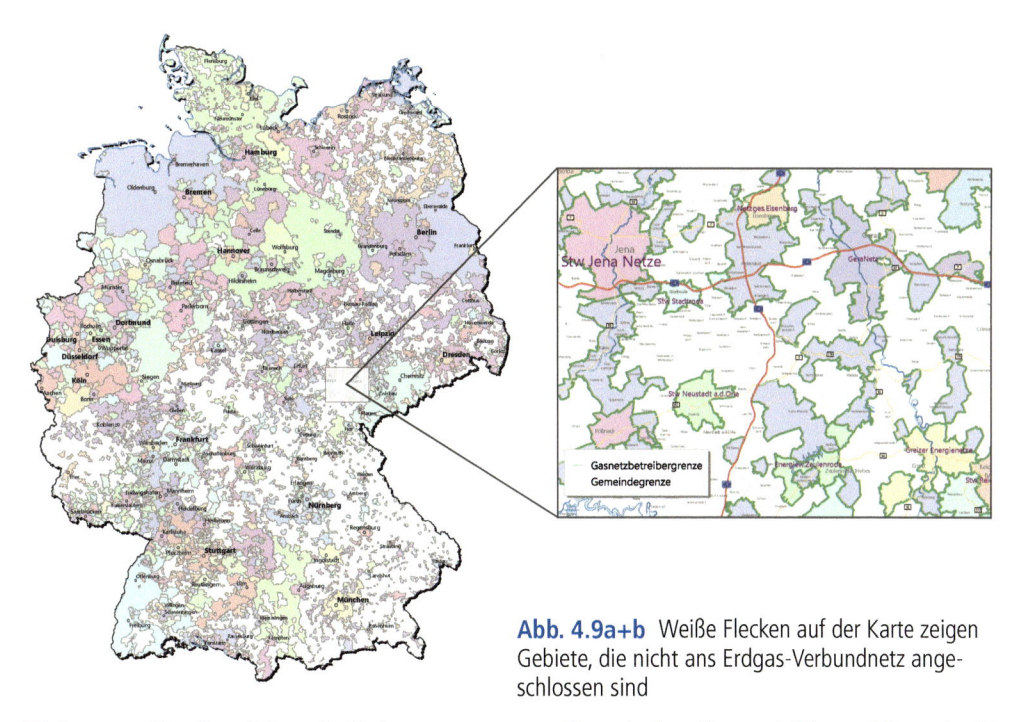

Abb. 4.9a+b Weiße Flecken auf der Karte zeigen Gebiete, die nicht ans Erdgas-Verbundnetz angeschlossen sind

Zieht man für die nicht mit Erdgas versorgten Gemeinden Potenzialdaten hinzu (z. B. Einwohner, Haushalte, Zahl der Wohngebäude und Wohnungen), so erhält man genau lokalisierte und mit Potenzialen hinterlegte Informationen darüber, wo Vertriebsaufwand Erfolg verspricht (s. Abb. 4.10).

Gemeinde	Name	Einwohner	Haushalte	Wohngebäude	Betriebe
16053000	Jena	111193	62165	14997	2696
16052000	Gera	95978	57526	14487	2761
14523340	Reichenbach im Vogtland	21099	12089	4694	670
16076022	Greiz	20863	12085	4404	655
16076087	Zeulenroda-Triebes	16795	8392	4943	581
16074018	Eisenberg	13874	7450	2188	336
16075085	Pößneck	12149	6902	2885	420
16077043	Schmölln	11361	6284	2773	372
16076079	Weida	8768	4845	2071	253
16075073	Neustadt an der Orla	8243	4521	1860	264
16074041	Hermsdorf	7689	4343	1408	274
16074044	Kahla	6963	4032	1288	189
16073111	Unterwellenborn	6073	2924	1910	166
16074094	Stadtroda	5908	3141	1383	212
16074011	Dornburg-Camburg	5486	2751	1566	75
16076061	Ronneburg	4986	2929	1062	149

Abb. 4.10 Die Tabelle zeigt beispielhafte Potenzialdaten der Gemeinden

Die weißen Flecken auf der Karte der Gasnetzbetreiber zeigen allerdings nicht „die ganze Wahrheit". Für die weißen Flecken kann man zwar mit nahezu hundertprozentiger Sicherheit ausschließend, dass dort Erdgas verfügbar ist. Die farblich hinterlegten Flächen kennzeichnen jedoch lediglich, welcher Netzbetreiber dort für die das Erdgasnetz zuständig ist bzw. dort die Konzession zum Betrieb eines Erdgasnetzes hat. Sie zeigen hingegen nicht, in welchen Straßen tatsächlich eine Erdgasleitung liegt oder welche Gebäude ans Erdgasnetz angeschlossen sind. Für den Vertrieb von Erdgas wären diese Daten jedoch extrem wertvoll. Sie liegen bei den Erdgasnetzbetreibern vor, werden von diesen jedoch meist nicht für Marketingzwecke zur Verfügung gestellt. Somit versuchen Marktforscher, durch Auswertung anderer Quellen zu ermitteln, in welchen Straßen Erdgasversorgung besteht bzw. welche Gebäude ans Erdgasnetz angeschlossen sind. Sie werten dazu Immobilienanzeigen im Internet aus, aber auch die von den Gaspreisvergleichsportalen bereitgestellten anonymisierten Daten über Anbieterwechsel. Wird auf Basis solcher Daten die Erdgasverfügbarkeit für eine Straße ausgewiesen, so steckt dahinter eine sehr einfache und daher recht wackelige Annahme. Man schließt nämlich u. U. von einem einzigen Haus auf die gesamte Straße: Wenn auch nur ein Haus in einer Straße einen Erdgasanschluss hat, so nimmt man an, dass in der gesamten Straße eine Erdgasleitung liegt und somit jedes Haus in dieser Straße einen Erdgasanschluss hat. Diese Annahme kann im Einzelfall zu falschen Daten führen; sie wird aber nach dem Gesetz der großen Zahl überwiegend zu richtigen Daten führen.

4.2 Außendienststeuerung und Vertriebsorganisation

Abb. 4.11 Die gelben Symbole kennzeichnen Straßen mit Erdgasversorgung

4.2.2 Gebietsorganisation und Gebietsdokumentation

Die Einteilung der Arbeitsgebiete für den Vertriebsaußendienst und die Organisation der Kundenbetreuung in den Vertriebsgebieten ist eine klassische Aufgabe der Vertriebsorganisation. Die Festlegung von Arbeitsgebieten für den Vertriebsaußendienst dient der straffen Organisation. Danach können jeder Kunde und jeder Interessent über ihre Adressen eindeutig einem Vertriebsgebiet und somit einem Außendienstmitarbeiter zugeordnet werden. Umgekehrt ist für jeden Außendienstmitarbeiter genau festgelegt, welche Kunden er zu betreuen hat und (buchstäblich!) wo seine Grenzen sind. Damit wird typisch menschlichem Handeln innerhalb der Vertriebsorganisation begegnet. Sind die Grenzen der Vertriebsgebiete nur ungenau festgelegt, so werden eifrige Außendienstmitarbeiter versuchen, Kunden im Grenzbereich zum Nachbarn für sich zu beanspruchen, vielleicht sogar im Gebiet des Nachbarn zu „wildern". Schließlich bringt jeder weitere Kunde zusätzliche Provision. Sind die Außendienstmitarbeiter gesättigt, überlastet oder aus anderen Gründen wenig motiviert, so werden sie dazu neigen, Kunden, die nicht eindeutig einem Gebiet zuzuordnen sind, im Zweifelsfall dem Nachbarn zu überlassen. Denkt der Gebietsnachbar genauso, werden solche Kunden einfach „liegen gelassen" – ein gefundenes Fressen für den Wettbewerb.

4 Anwendungsbeispiele aus der Praxis

Abb. 4.12 Mit dem Zeichnen der Vertriebsgebietskarte haben die Kinder des Vertriebsleiters ihr Taschengeld aufgebessert

Eine eindeutig festgelegte und rechtssicher dokumentierte Gebietsdefinition wird unverzichtbar, sobald sie Gebietsschutz gewähren, so wie es z. B. in Verträgen mit freien Handelsvertretern und bei einigen Franchise-Organisationen üblich ist. Bei markengebundenen Auto-Händlern gibt es heute keinen Gebietsschutz mehr. Stattdessen wird jedem Händler ein Marktverantwortungsgebiet zugewiesen. Der Händler darf zwar seine Autos auch an Kunden außerhalb seines Marktverantwortungsgebiets verkaufen und muss auch hinnehmen, dass andere Händler Autos an Kunden in seinem Gebiet verkaufen. Seine Verkaufsleistung wird aber ausschließlich in seinem Marktverantwortungsgebiet gemessen. Innerhalb dieses Gebietes muss er einen für den Automobilhersteller oder -Importeur zufriedenstellenden Marktanteil erreichen. Davon hängen wiederum maßgeblich die Konditionen und Vergünstigungen ab, die der Hersteller bzw. Importeur ihm gewährt.

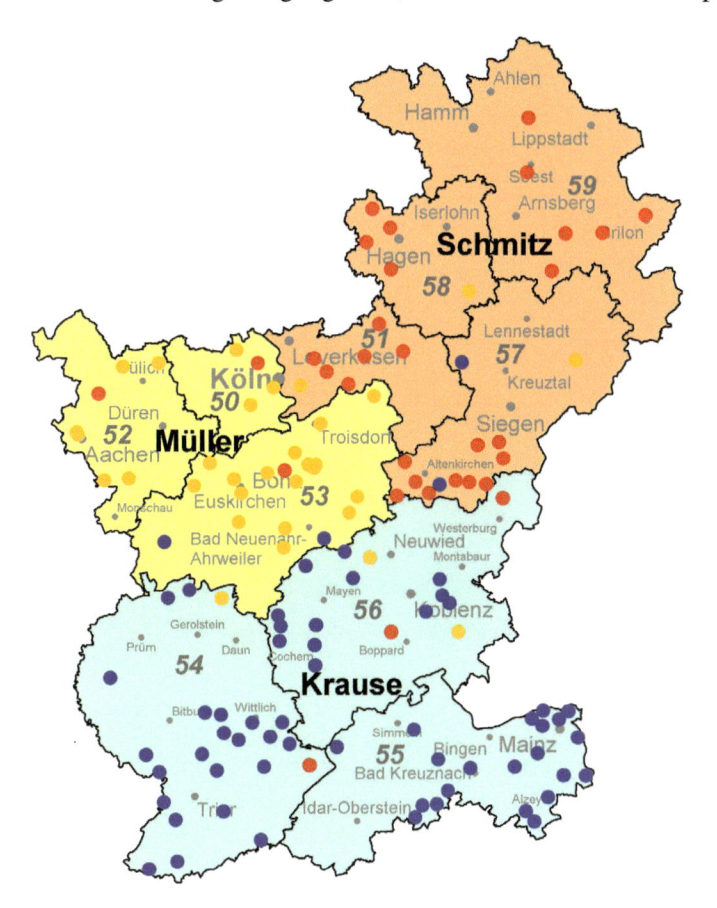

Abb. 4.13 Vertriebsgebiete in Region Köln – die Kundenstandorte sind entsprechend der Zuordnung zum Vertriebsmitarbeiter dargestellt. Dadurch sind Kunden in „fremden Gebieten" deutlich erkennbar.

So mancher Vertriebsleiter hat schon unangenehme Überraschungen erlebt, wenn er nach der Einführung von Geomarketing seine ursprünglich in Tabellen oder handgezeichneten Karten beschriebene Gebietsaufteilung mit der gelebten Praxis verglich. Nicht selten offenbart sich dabei nämlich, dass in der Praxis vielfach von den Vorgaben abgewichen wurde und Kunden in der Kundendatenbank oder im CRM nicht den Außendienstmitarbeitern zugeordnet sind, denen sie gemäß der geplanten Gebietsaufteilung zugeordnet sein müssten. Geomarketing trägt hier also dazu bei, Differenzen zwischen der „gedachten" und der „gelebten" Außendienstorganisation aufzudecken und zu eliminieren (s. Abb. 4.13).

4 Anwendungsbeispiele aus der Praxis

Die Vorteile einer straffen Gebietsorganisation und sauberen Gebietsdokumentation sind also evident. Der Einsatz moderner Geomarketing-Software bringt hierbei handfesten Nutzen!

Der Nutzen

- Eindeutig festgelegte Gebietsgrenzen
- Klar geregelte Zuständigkeiten
- Flächendeckende Marktbearbeitung
- Jederzeit aktuelle und rechtssicher dokumentierte Gebietsdefinition
- Schnell und einfach zu erstellende Gebietskarten und Gebietslisten (Abb. 4.14)

Abb. 4.14 Gebietsdokumentation im Intranet. Die Gebietskarten und -listen wurden automatisch generiert: links die Startseite mit den Links zu den einzelnen Karten und Listen, in der Mitte eine Gebietskarte und rechts ein Auszug aus einer Gebietsliste mit Postleitzahlen, Umsätzen und Besuchszeiten.

4.2.3 Gebietsoptimierung für den Vertriebsaußendienst

Ein wesentlicher Bestandteil einer Vertriebsreorganisation ist die Gebietsoptimierung für den Vertriebsaußendienst. Vertriebsgebiete sind häufig historisch gewachsen. Eine einmal gefundene Gebietseinteilung lässt man nur zu gern unangetastet, denn Gebietsänderungen sind immer mit Arbeit, oft mit Ärger und meist auch mit Risiken verbunden. Sie fordern dem Vertriebsleiter viel Energie ab. Überzeugungsarbeit ist zu leisten, Widerstände sind zu überwinden und der Bruch gewachsener Beziehungen zwischen Kunden und Außendienstmitarbeitern birgt das Risiko von Einbußen im Verkauf (jedenfalls malen Außendienstler gerne dieses Schreckgespenst an die Wand, um ihre besten Kunden nicht an Kollegen abgeben zu müssen). Andererseits weist eine Gebietseinteilung, die früher einmal optimal erschien, heute möglicherweise Schwächen auf: Die Auslastung der Außendienstmitarbeiter ist im Laufe der Zeit sehr unterschiedlich geworden,

Potenziale werden nicht mehr ausgeschöpft, die Vertriebskosten sind zu hoch. Deshalb sollte eine Vertriebsgebietsstruktur regelmäßig anhand aktueller Daten überprüft und an veränderte Marktbedingungen angepasst werden. Versäumt man dies, riskiert man eine Schwächung der Schlagkraft des Vertriebs.

Die althergebrachte Arbeitsweise bei der Gebietsoptimierung sieht so aus: Der Vertriebsleiter steht vor der Karte und skizziert darin Grenzverschiebungen. Seinem Assistenten, der gerade am Tisch sitzt, ruft er Ortsnamen und Postleitzahlen zu, die durch eine Grenzverschiebung von einem Vertriebsgebiet in ein anderes wandern. Darauf berechnet der Assistent (mit dem Taschenrechner oder mit Excel!), wie viele Kunden und ggfs. Wie viel Umsatz durch die Grenzverschiebung von einem Gebiet ins andere wandern. Dass diese Arbeitsweise mühsam, zeitaufwendig und fehleranfällig ist, liegt auf der Hand. Dass sie nicht viel Lust macht, auch noch Alternativen und Varianten durchzuspielen, versteht sich da von selbst.

Geomarketing-Software bietet hier wertvolle Unterstützung. Sie entlastet Vertriebsleiter, Projektmanager und Assistenten von lästiger Rechenarbeit und trägt nebenbei auch noch zur Versachlichung der Diskussion bei. Durch die Verknüpfung von Vertriebsdaten und Marktdaten mit digitalen Karten können die Vertriebsgebiete anhand aktueller Zahlen bewertet werden.

Bei Haribo, dem bekannten Hersteller von Gummibärchen, Lakritz und anderen Süßwaren hat man entsprechend positive Erfahrungen mit dem Einsatz von Geomarketing-Software gemacht (siehe Business Geomatics 8/2003). Der nationale Marktführer beschäftigte in Deutschland rund 60 Außendienstler. Jeder von ihnen bearbeitete ein genau festgelegtes Gebiet, seinen „Bezirk". Darin fuhr er den Lebensmittel-Einzelhandel ab, um die Süßwaren aus dem Hause Haribo an den Mann zu bringen. Trotz der großen Außendienstmannschaft musste man jedoch feststellen, dass keineswegs jeder der rund zehntausend Kunden regelmäßig genug besucht wurde. Arbeitsüberlastung der Vertreter führte dazu, dass kleinere Märkte immer wieder links liegen gelassen wurden. Nicht ausgeschöpfte Marktpotenziale waren die Folge. Diese unbefriedigende Situation war Anlass für eine systematische Vertriebsgebietsreorganisation mit folgenden Zielen:

- Erhöhte Besuchskapazitäten (um mehr in die Breite gehen zu können)
- Gleichmäßige Auslastung der Außendienstmitarbeiter
- Möglichst gleich große Bezirke für die einzelnen Vertreter
- Berücksichtigung der über Jahre gewachsenen Bindungen der Kunden an die Vertreter
- Potenzialgerechte Besuchsabdeckung

Bei dem anzustrebenden Ziel, möglichst gleich große Bezirke für die einzelnen Vertreter zu schaffen, sollte neben dem Umsatzpotenzial der Gebiete auch deren Ausdehnung berücksichtigt werden. Hierzu war nicht nur die rein geometrische Fläche zu betrachten, sondern auch die Erreichbarkeit der Kunden im Gebiet, die wiederum durch die Qualität und Dichte des Straßennetzes im Gebiet beeinflusst ist. Auch natürliche Barrieren, wie z. B. Gebirge, Küste und große Flüsse mit längeren Abschnitten ohne Brücke, spielen dabei eine Rolle und letztendlich natürlich auch die Kundendichte.

Nachdem die Ziele der Gebietsreorganisation festgelegt waren, ging man bei Haribo so vor:

Zunächst wurden die Kunden klassifiziert. Dabei legte man zwei Kriterien zugrunde: Das „Outlet-Potenzial" (Anzahl der geführten Haribo-Produkte und der damit erzielte Umsatz) und den „Beeinflussungsgrad" (d. h. die Möglichkeiten, Haribo-Produkte besonders auffällig im Laden zu platzieren oder Promotion-Aktionen zu starten). Ergebnis war eine Einteilung in „A-", „B-", „C-" und „D-Kunden". Es folgte die Festlegung von Besuchsabständen (= Besuchsrhythmen). A-Kunden sollten von den Vertretern im ein- bis zweiwöchigen Rhythmus besucht werden, D-Kunden „nur bei konkreter Aufgabenstellung". Auch die durchschnittlich benötigte Besuchszeit wurde für jede Kundenklasse festgelegt. Nach dieser Vorarbeit war es möglich, anhand des Kundenbestands in einem Gebiet die erforderliche Gesamtbesuchszeit in diesem Gebiet zu ermitteln. In der abschließenden Phase der Gebietsreorganisation, der Neufestlegung der Vertriebsgebiete, konnte somit die durch Besuchszeiten bedingt Arbeitslast berücksichtigt werden. Bei der Konstruktion der neuen Vertriebsgebiete wurden außerdem die Standorte der Kunden und die damit in Zusammenhang stehenden Fahrzeiten berücksichtigt. Ziel war, den gesamten Zeitaufwand eines jeden Außendienstmitarbeiters innerhalb eines festgelegten „Korridors" möglichst gleich zu halten. Die neuen Vertriebsgebiete wurden sogar wo möglich an den Wohnorten der Vertreter ausgerichtet. Die Philosophie des Vertriebsleiters: „Es bringt nichts, die Gebiete neu einzuteilen, und dann sind die Mitarbeiter weg."

Wie das Beispiel von Haribo zeigt, gliedert sich der Gebietsoptimierungsprozess typischerweise in Teilschritte. Diese sind:

Schritt 1: Ermitteln des Status Quo der Vertriebsgebiete:

- Anzahl Kunden im Gebiet
- Aufgewendete Besuchszeiten des Außendiensts
- Vertriebsergebnisse (Umsatz, Absatz, neu gewonnene Kunden)
- Gebietsgröße (Fläche, Kundendichte)
- Standorte bzw. Wohnsitze der Außendienstmitarbeiter
- Marktpotenzial, Marktausschöpfung

Schritt 2: Ziele der Gebietsoptimierung festlegen:

- Flächendeckend gleichmäßige Marktbearbeitung und Marktdurchdringung
- Annähernd gleiche Umsatzpotenziale pro Vertriebsgebiet (dadurch gleiche Provisionschancen für alle Außendienstmitarbeiter)
- Annähernd gleiche Arbeitsbelastung pro Außendienstmitarbeiter (z. B. Besuchszeiten)

Allerdings sind selten alle Ziele gleichzeitig erreichbar (z. B. durch unterschiedliche Kundendichte und -struktur). 200 Kunden in zwei benachbarten Großstädten zu besuchen, erfordert wesentlich weniger Fahrzeit als die gleiche Kundenzahl in einem sehr großflächigen ländlichen Raum. Um annähernd gleiche Umsatzpotenziale in allen Vertriebsgebieten zu erzielen, müssen erhebliche Differenzen bei der Arbeitsbelastung (vor allem wegen der Fahrzeiten) in Kauf genommen werden. Weisen hingegen alle Gebiete annähernd gleiche Arbeitsbelastung auf (gemessen an Besuchszeiten und Fahrzeiten), so sind die Umsatzpotenziale und die damit verbundenen Provisionschancen der Außendienstmitarbeiter möglicherweise sehr unterschiedlich. Diesem Zielkonflikt kann durch eine Provisionsregelung begegnet werden, in der Umsatzpotenziale und Arbeitsbelastung angemessen berücksichtigt werden.

Schritt 3: Anzahl der Vertriebsgebiete festlegen

Durch die Festlegung der Anzahl der Gebiete wird gleichzeitig die Anzahl der benötigten Außendienstmitarbeiter bestimmt. Einen Anhaltspunkt für eine angemessene Anzahl Gebiete ergibt sich aus der Division der erforderlichen Besuchszeiten im gesamten Planungsgebiet durch die Arbeitszeit eines Außendienstmitarbeiters.

Schritt 4: Optimale Gebietseinteilung entwickeln/Planspiele durchführen

Meist wird man Planspiele durchführen wollen, bei denen man unterschiedliche Gebietseinteilungen durchspielt, evtl. sogar die Gebietsanzahl variiert. Moderne Geomarketing-Software unterstützt sie dabei. Karte und Daten sind miteinander verknüpft und werden übersichtlich nebeneinander auf dem Bildschirm dargestellt. Natürlich können Sie nun in Handarbeit die aus ihrer Sicht optimale Gebietseinteilung entwickeln, indem Sie Grenzen manuell verschieben, Gebiete aufteilen oder zusam-menlegen und die Auswirkungen auf die geänderten Gebietskennzahlen beobachten. Sie können sich aber auch von der Software Optimierungsvorschläge berechnen lassen. Dazu geben Sie die gewünschte Anzahl der Gebiete vor. Außerdem legen Sie das Optimierungsziel fest, z. B. möglichst ausgewogene Anzahl Kunden, Besuchszeiten oder Umsatzpotenziale in allen Vertriebsgebieten. Die Software kann nun

- die vorhandenen Gebiete untereinander ausbalancieren,
- eine neue, optimale Gebietsaufteilung berechnen, ohne dabei Rücksicht auf Vertriebsstandorte, Wohnsitze der Außendienstmitarbeiter und bisherige Gebietsgrenzen zu nehmen,
- optimale Gebiete zu den vorhandenen Vertriebsstandorten bzw. Wohnsitze der Außendienstmitarbeiter ermitteln,
- ideale Vertriebsstandorte in den Vertriebsgebieten berechnen.

Gerade die letzten beiden Punkte stehen für zwei völlig konträre Auffassungen über den richtigen Ansatz zur Gebietsoptimierung. Die einen gestandenen Vertriebsorganisatoren sind überzeugt: „Die Gebiete müssen an den Wohnorten der Vertreter ausgerichtet werden. Es bringt nichts, die Gebiete neu einzuteilen und dann sind die Mitarbeiter weg." Andere, ebenso gestandene Vertriebsleiter vertreten die gegenteilige Auffassung: „Gebiete dürfen nie an den Wohnorten der Vertreter ausgerichtet werden. Bei Fluktuation muss ein Gebiet problemlos neu besetzt werden können. Ist das Gebiet auf den entlegenen Wohnort eines bestimmten Mitarbeiters zugeschnitten, so könnte es sehr schwer neu zu besetzen sein." Da sich kompetente Fachleute in diesem Punkte uneinig sind, sieht sich auch der Autor außerstande, in diesem Richtungsstreit Stellung für eine Seite zu beziehen.

4 Anwendungsbeispiele aus der Praxis

22 Bezirke	Anzahl Kunden	AnzKunden	Umsatz	Ums	Besuchszeit	Zeit	Fläche	Flaeche
100 Kiel	80		454.275		160,0		11.722	
102 Berlin	111		446.535		222,0		44.502	
103 Leipzig	117		444.803		244,0		24.680	
104 Schwerin	78		423.075		156,0		29.957	
110 Hannover	72		444.384		146,5		22.868	
111 Hamburg	82		455.399		164,0		15.360	
201 Kassel	68		446.773		150,0		19.627	
204 Bremen	70		448.907		163,0		22.370	
205 Essen	61		442.030		175,0		8.750	
206 Koblenz	59		448.577		178,5		10.637	
207 Köln	63		447.643		169,0		8.794	
302 Stuttgart	52		447.621		232,5		9.411	
303 Frankfurt	55		443.242		177,5		20.574	
304 Kaiserslautern	55		441.801		208,5		9.396	
307 Freiburg	50		442.314		225,0		7.761	
308 Heidelberg	53		443.685		220,5		7.633	
309 Heilbronn	52		449.248		228,0		9.258	
405 Ulm	50		449.168		225,0		9.898	
406 Ingolstadt	50		446.208		225,0		9.411	
407 München	50		445.961		225,0		9.107	
408 Erlangen	49		449.194		200,5		33.677	
409 Rosenheim	50		448.301		225,0		12.248	

Abb. 4.15 Ergebnistabelle nach der Gebietsoptimierung: vier Regionen, darin 22 Bezirke mit annähernd gleichem Umsatzpotenzial

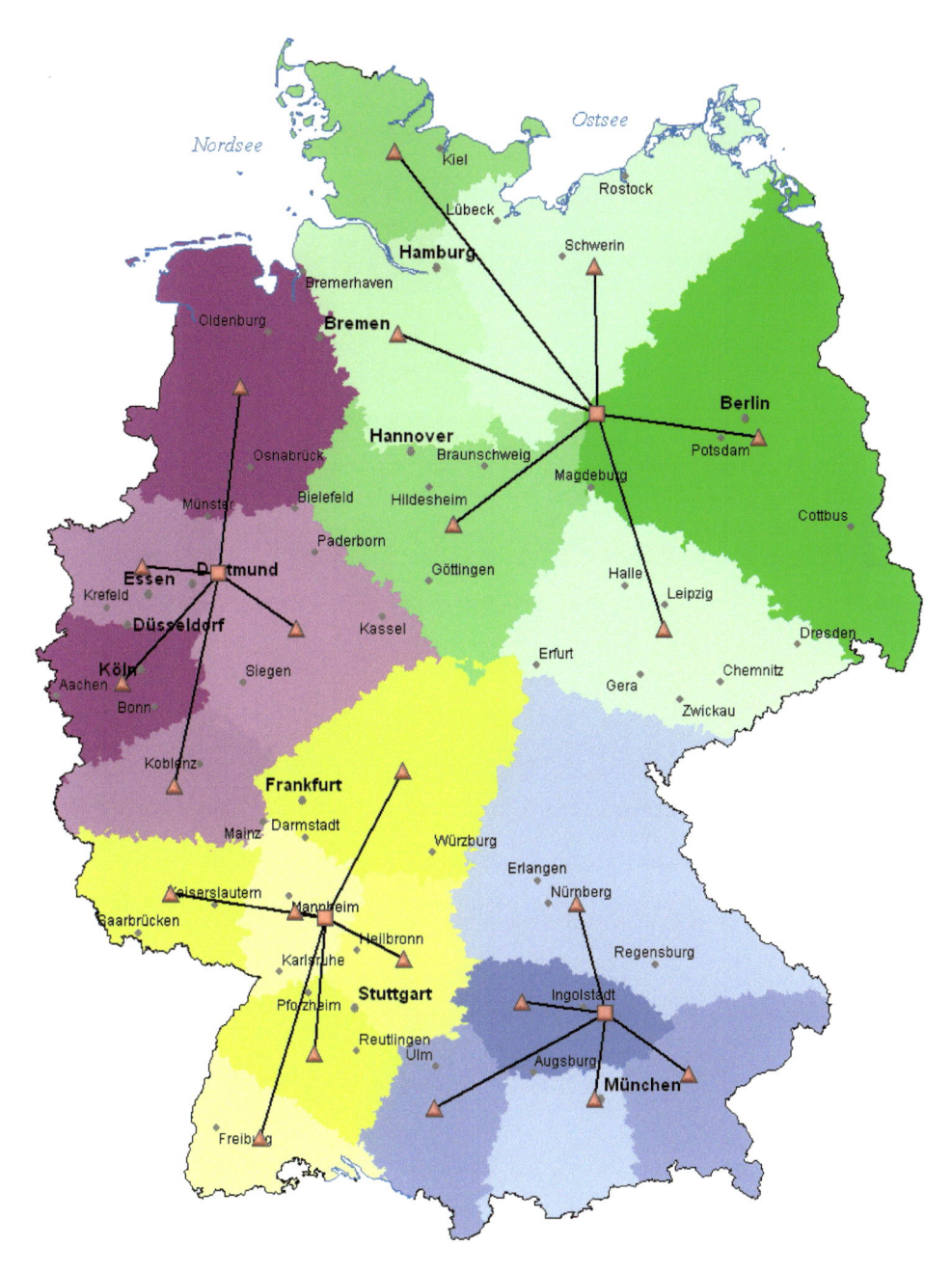

4.2 Außendiensteuerung und Vertriebsorganisation

Abb. 4.16 Ergebniskarte nach der Gebietsoptimierung: vier Regionen, darin 22 Bezirke mit annähernd gleichem Umsatzpotenzial

4 Anwendungsbeispiele aus der Praxis

22 Bezirke	Anzahl Kunden	AnzKunden	Umsatz	Ums	Besuchszeit	Zeit	Fläche	Flaeche
100 Berlin	98		365.040		196,0		25.242	
101 Gera	92		364.476		196,5		21.069	
102 Schwerin	98		501.051		196,0		50.092	
103 Kiel	98		545.096		196,0		16.904	
104 Hamburg	98		542.663		196,0		16.627	
201 Köln	71		509.778		197,0		12.824	
202 Düsseldorf	72		513.907		196,0		10.432	
204 Koblenz	70		512.324		196,0		12.697	
205 Hannover	94		596.516		195,0		32.249	
207 Bremen	84		543.911		197,0		26.664	
300 Ulm	44		393.590		198,0		6.619	
304 Fürth	44		392.308		198,0		14.801	
305 Passau	43		384.930		193,5		13.285	
306 München	44		398.106		198,0		9.575	
307 Erlangen	50		464.916		195,0		29.486	
308 Kempten	44		392.320		198,0		9.357	
402 Stuttgart	45		379.089		195,0		6.056	
403 Friedrichshafen	44		390.961		198,0		8.471	
404 Pforzheim	45		385.907		196,5		6.537	
405 Freiburg	44		388.002		198,0		8.174	
406 Saarbrücken	52		415.948		195,0		9.474	
407 Frankfurt	53		428.305		196,0		11.007	

Abb. 4.17 Ergebnistabelle nach der Gebietsoptimierung: vier Regionen, darin 22 Bezirke mit annähernd gleicher Arbeitslast (Besuchszeitaufwand)

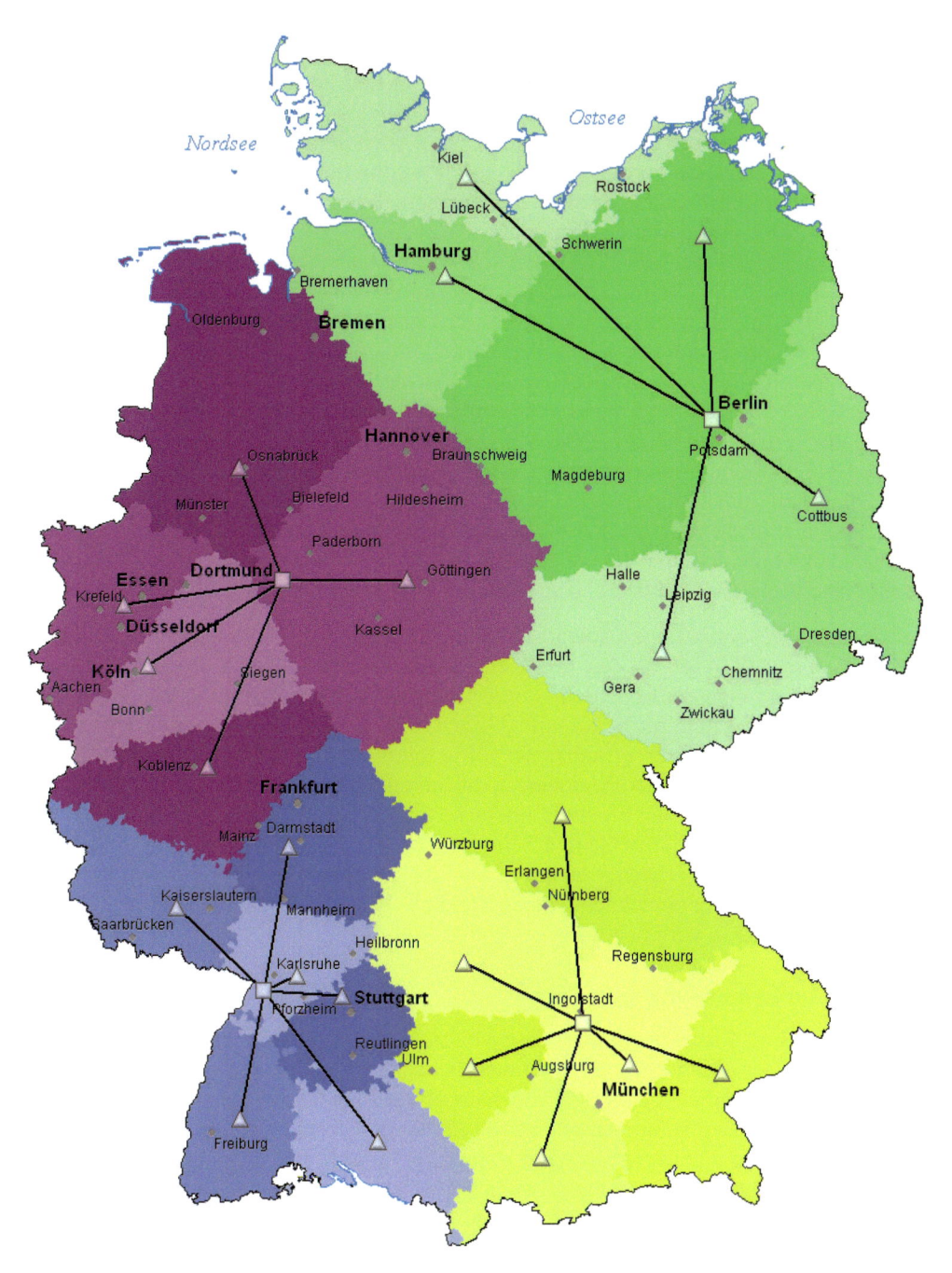

4.2 Außendienststeuerung und Vertriebsorganisation

Abb. 4.18 Ergebniskarte nach der Gebietsoptimierung: vier Regionen, darin 22 Bezirke mit annähernd gleicher Arbeitslast (Besuchszeitaufwand)

Zusammenlegung von Vertriebslinien

Relativ häufig steht man bei einer Vertriebsreorganisation auch vor der Aufgabe, Vertriebslinien zusammenzulegen. Dieses Problem entsteht z. B., wenn nach der Fusion zweier Unternehmen, die bislang einen eigenen Außendienst hatten, nur noch mit einer Außendienstorganisation operiert werden soll. Das durch die Fusion entstandene Unternehmen hat nun die Kundenbestände beider ehemaligen Teilunternehmen vertrieblich zu betreuen. Der gewachsenen Kundenzahl steht eine größere Zahl an Außendienstmitarbeitern gegenüber. Meist ist auch die Produktpalette umfangreicher geworden. Synergieeffekte für den Vertrieb entstehen u. a. durch die höhere Kundendichte. Dadurch ergeben sich nämlich wesentlich kleinere Vertriebsgebiete bei gleicher Kundenanzahl pro Gebiet, wodurch sich wiederum die Fahrzeiten verkürzen. Dies führt dazu, dass die Außendienstmitarbeiter mehr effektive Zeit für die eigentliche Kundenbetreuung zur Verfügung haben. Allerdings müssen die Außendienstmitarbeiter nun die erweiterte Produktpalette vertrieblich beherrschen. Vor diesem Hintergrund ist die Aufgabenstellung bei der Gebietsoptimierung zu erweitern: Nun wird man sich nicht nur ausgewogene Gebiete wünschen (hinsichtlich Kundenbestand, Arbeitslast und Umsatzpotenzial), sondern zusätzlich anstreben, dass jeder Außendienstmitarbeiter möglichst viele seiner bisherigen Kunden weiter betreuen kann. Perfekt wäre das Ergebnis, wenn jeder auch zukünftig in der Nähe seines Wohnorts arbeiten kann.

Wer jemals versucht hat, eine solche komplexe Aufgabe ohne Geomarketing-Software zu lösen, der weiß, wie viel Zeit und Geduld dies erfordert. Umso größer ist die Enttäuschung, wenn man am Ende dann den Entscheidern den Entwurf der neuen Gebietsstruktur vorlegt und zu hören bekommt: „Gute Arbeit. Alles entspricht eigentlich unseren Vorgaben. Allerdings wurde offenbar die völlig unterschiedliche Kundenstruktur in Ballungsräumen und ländlichen Regionen nicht angemessen berücksichtigt. Der Entwurf muss also diesbezüglich noch einmal überarbeitet werden!" Haben Sie in dieser Situation die Unterstützung durch Geomarketing-Software, dann ändern Sie im einfachsten Fall die Optimierungsparameter, drücken auf den Knopf und lassen die Software eine neue Gebietseinteilung berechnen. Haben Sie diese Unterstützung nicht, heißt es, Ärmel aufkrempeln und von vorn beginnen …

Besuchs- und Tourenplanung

Die Besuchs- und Tourenplanung ist eine weitere Teilaufgabe innerhalb der Vertriebsoptimierung, bei der digitale Karten und entsprechende Software wertvolle Unterstützung bieten. Während die Festlegung der Vertriebsgebiete eine strategische Planungsaufgabe ist, gehört die Tourenplanung zur operativen Planung, sofern die Außendienstmitarbeiter ihre Besuchstouren eigenverantwortlich planen (dezentrale Planung). Nur bei einer zentralen Besuchs- und Tourenplanung, wenn also die Besuchstouren zentral geplant und festgelegt werden und den Außendienstmitarbeitern fest vorgegeben werden, ist auch die Besuchs- und Tourenplanung eine strategische Planungsaufgabe. Jedenfalls ist die Tourenplanung ein der Gebietsplanung nachgeschalteter Planungsschritt. Die Wunschvorstellung, dass bei der Gebietsplanung auch die Fahrzeiten gemäß Besuchs- und Tourenplanung berücksichtigt werden, scheitert bisher an den extrem hohen Rechenzeiten, die dadurch entstehen würden. Man muss sich klarmachen, dass allein mit der Verschiebung eines einzigen Postleitzahlgebiets von einem Außendienstgebiet in ein anderes möglicherweise Dutzende Kunden das Gebiet wechseln und somit für beide betroffenen Vertriebsgebiete die kompletten Besuchs- und Tourenpläne neu berechnet werden müssten. Eine Gebietsoptimierung besteht aber aus zahllosen solcher kleinen Optimierungsschritte. Eine flüssige Gebietsplanung wäre damit unmöglich.

Die Besuchs- und Tourenplanung darf nicht mit der Routenplanung verwechselt werden, denn bei der Routenplanung geht es lediglich um die Ermittlung der kürzesten bzw. schnellsten Fahrstrecke. Bei der Tourenplanung hingegen ist zusätzlich der Besuchsplan des Außendiensts zu berücksichtigen. In einigen Branchen sind diese Besuchspläne sehr genau festgelegt. Sie lassen dem Außendienstmitarbeiter dadurch relativ wenige Spielräume bei der Planung seiner Aufgaben. Im Konsumgüterbereich besucht der Außendienst den Einzelhandel nicht nur, um neue Aufträge einzuholen, sondern auch, um die Regale aufzufüllen und zu überwachen, ob Sonderaktionen angemessen innerhalb der Verkaufsfläche positioniert sind (Nachliefern und „Regalpflege"). Dazu wird in vielen Unternehmen (vom Vertriebsleiter oder dem regionalen Verkaufsleiter) genau festgelegt, in welchen Zeitabständen die Kunden zu besuchen sind und welche Zeit beim Kunden zu verbringen ist. Einzelne Kunden machen evtl. zusätzliche Vorgaben, z. B. „Vertreterbesuche nur am Montagvormittag erwünscht" oder „Lieferungen am Freitagnachmittag nicht möglich". Hinzu kommen manchmal verkehrsbedingte Einschränkungen (z. B. „Zufahrt donnerstags nicht möglich. Innenstadt wg. Markt gesperrt.") Der Pharma-Außendienst kennt typische Restriktionen für Arztbesuche: „Nicht am Mittwochnachmittag" oder „dienstags OP-Tag. Vertreterbesuche nicht möglich". Tourenplanungssoftware ermittelt „optimale" Besuchspläne für jeden Außendienstmitarbeiter und alle seine Kunden. Dabei werden die Besuchsvorgaben (Besuchsabstände und Dauer der Besuche) ebenso berücksichtigt wie Besuchsrestriktionen der Kunden. Zur Berechnung der Fahrzeiten zwischen den Kunden greift Tourenplanungssoftware auf digitale Straßennetze zurück. Ergebnis der Tourenplanung ist eine Wochenplanung (meist für zwölf Wochen im Voraus). Diese enthält für jede verplante Woche die Kunden, die in dieser Woche zu besuchen sind. Einige Tourenplanungsprogramme schreiben sogar tageweise vor, welche Kunden zu besuchen sind (z. B., wenn Besuchsrestriktionen zu berücksichtigen sind). Selbst die Reihenfolge, in der die Kunden angefahren werden sollten, um die Gesamtfahrzeit der Rundreise zu minimieren, kann berechnet werden (= Routenplanung).

Man kann sich leicht vorstellen, dass der Vertriebsleiter seinen Außendienstmitarbeitern keine große Freude bereitet, wenn er eine Tourenplanung einführt, die ihnen den Tagesablauf so dezidiert vorschreibt. In manchen Unternehmen hat man die Vorgaben deshalb wieder etwas gelockert. Dort macht man lediglich Rahmenvorgaben für die Kundenbesuche (maximal bis auf die Ebene von Wochenplänen), erwartet keine rein schematische Planerfüllung und misst die Leistung der Außendienstmitarbeiter nicht an Besuchsberichten, sondern am Vertriebserfolg.

4.3 Standort- und Filialnetzplanung

Nicht nur das Online-Geschäft, sondern auch demographischer Wandel, Urbanisierung, neue Technologien, verändertes Konsumentenverhalten und neue Geschäftsmodelle werden die Handelslandschaft tiefgreifend verändern. Laut einer Studie des Instituts für Handelsforschung (IFH), Köln, vom Mai 2019 werden von den seinerzeit noch knapp 110.000 Einzelhandelsgeschäften in Nordrhein-Westfalen bis 2030 wahrscheinlich 13.000 bis 20.000 verschwinden. Abgesehen von der klassischen Versorgungsfunktion mit Lebensmitteln und anderen Artikeln des täglichen Bedarfs werde der Einzelhandel laut dieser Studie voraussichtlich vorrangig an attraktiven Standorten in den größeren Städten stattfinden. Konsumenten würden künftig immer bewusster zwischen Versorgungs- und Erlebniseinkäufen unterscheiden. Demnach müssen sich die Innenstädte vom Versorger zum Freizeitanbieter wandeln. Für das klassische Geomarketing-Thema der Standort- und Filialnetzplanung bedeutet dies, dass es dabei zukünftig immer seltener um Expansionsplanung und stattdessen mehr und mehr um Reduktionsplanung geht, also um die Kernfrage: Welche Filialen arbeiten noch wirtschaftlich und haben eine Perspektive und welche sollten geschlossen werden?

Branchenwechsel: Ein großes deutsches Versicherungsunternehmen hat nach eingehenden Analysen festgestellt, dass die Stornoquote für neu abgeschlossene Versicherungsverträge sprunghaft ansteigt, wenn für den Kunden der nächstgelegene Agenturstandort mehr als 10 km entfernt ist. Diese Versicherung hat dadurch erkannt, dass es für sie von großer Bedeutung ist, ihre Agenturstandorte so zu wählen, dass jeder Kunde im Umkreis von 10 Kilometern eine Agentur vorfindet. So wie in diesem einführenden Beispiel geht es bei der Analyse und Bewertung von Vertriebsstandorten und der Überprüfung des Filialnetzes in puncto Raumbezug immer um folgende Fragen:

- Sind alle Standorte nah genug am Kunden?
- Wo fehlen Standorte?
- Wo liegen Standorte zu dicht beieinander?
- Liegen die Standorte zentral am Potenzialschwerpunkt?
- Welche Standorte müssten verlagert oder geschlossen werden?

Die Abbildungen 4.19 und 4.20 zeigen Analysen zu diesen Fragestellungen.

4.3 Standort- und Filialnetzplanung

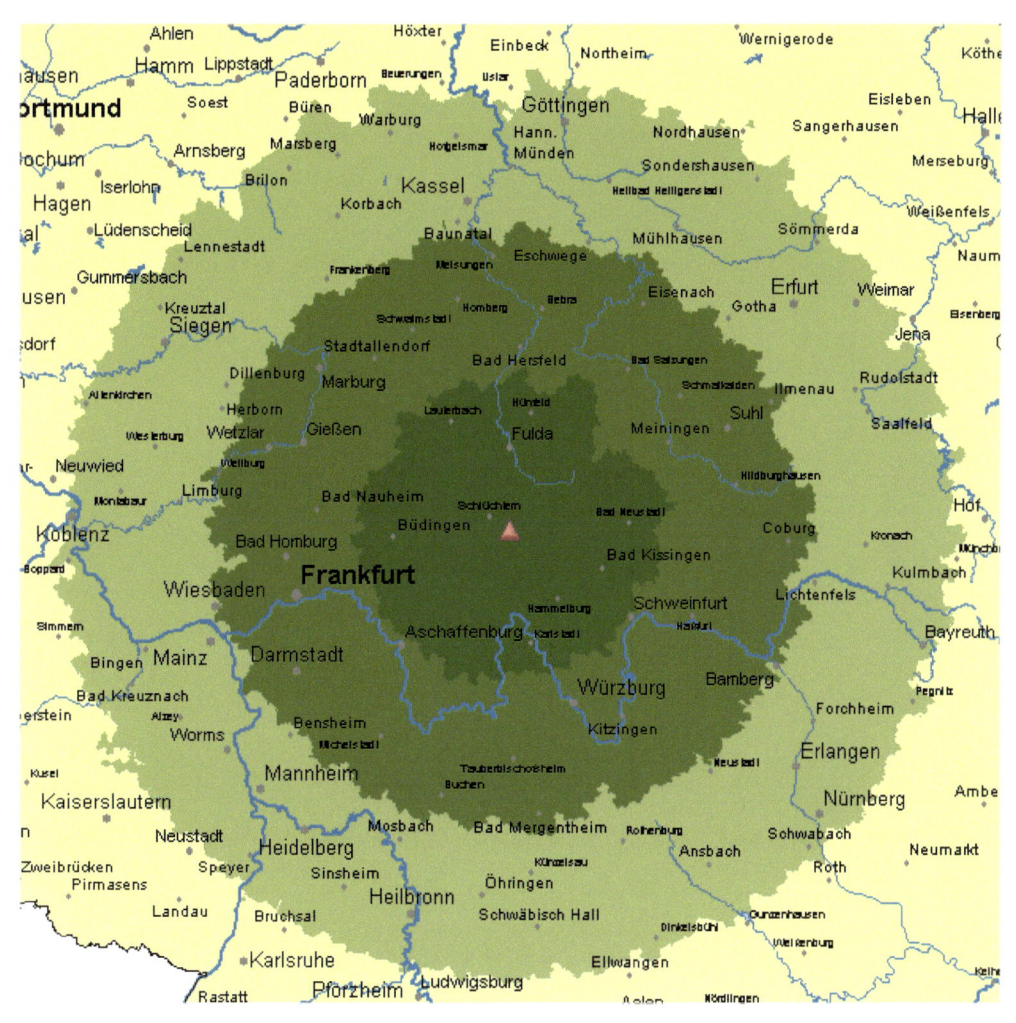

Abb. 4.19 Standort mit Lieferzonen 50 km/100 km/150 km

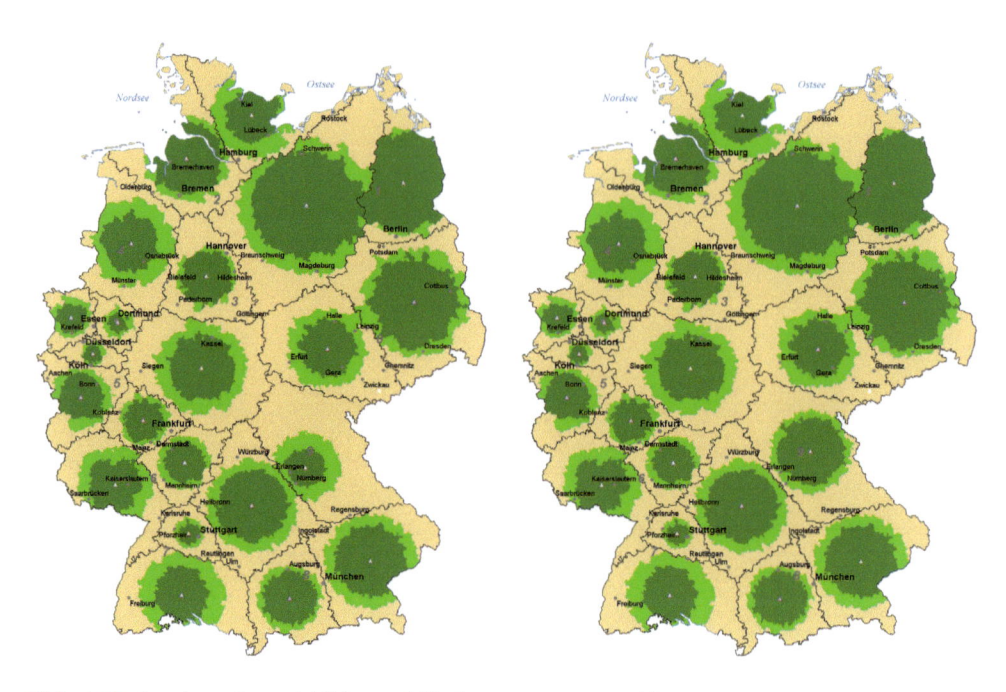

Abb. 4.20 Standorte, Potenzialdichte und Marktverantwortungsgebiete

In Abbildung 4.20 links liegen alle Standorte zentral in ihrem Marktverantwortungsgebiet. Innerhalb der dunkelgrünen Fläche liegen 25 % des Potenzials ihres Gebiets, innerhalb der hellgrünen Fläche weitere 25 %. Je kleiner die grünen Flächen, umso höher die Potenzialdichte in der Umgebung der Standorte. In der Abbildung 4.20 rechts wurde der Standort des Gebiets „Franken" in die Nähe von Nürnberg verlegt. Damit liegt er nun zwar am Rande seines Marktverantwortungsgebiets, die Potenzialdichte in der Nähe des Standorts ist aber viel höher.

Abbildung 4.21 zum Versorgungsgrad zeigt in Rot Gebiete, die durch die vorhandenen Standorte nicht ausreichend versorgt werden, während in Grün überversorgte Gebiete dargestellt sind. Die Grafik basiert auf der Annahme, dass jeder Standort bestrebt ist, das Potenzial in der Umgebung auszuschöpfen und seinen Einzugsbereich solange ausdehnt, bis die Kapazitätsgrenze des Standorts erreicht ist. Naturgemäß bleiben dadurch weit vom Standort entfernte Gebiete unversorgt, es sei denn, sie werden von einem anderen Standort aus erreicht. Dort, wo Standorte zu geringen Abstand voneinander haben, ergeben sich Flächen, die von mehreren Standorten aus gut versorgt werden können (die dunkelgrüne Fläche bei Darmstadt signalisiert, dass dieses Gebiet sogar von drei Standorten aus versorgt werden könnte). Eine solche Versorgungsgradanalyse gibt Auskunft darüber, wie gut oder wie schlecht die Standorte in der Fläche verteilt sind.

4.3 Standort- und Filialnetzplanung

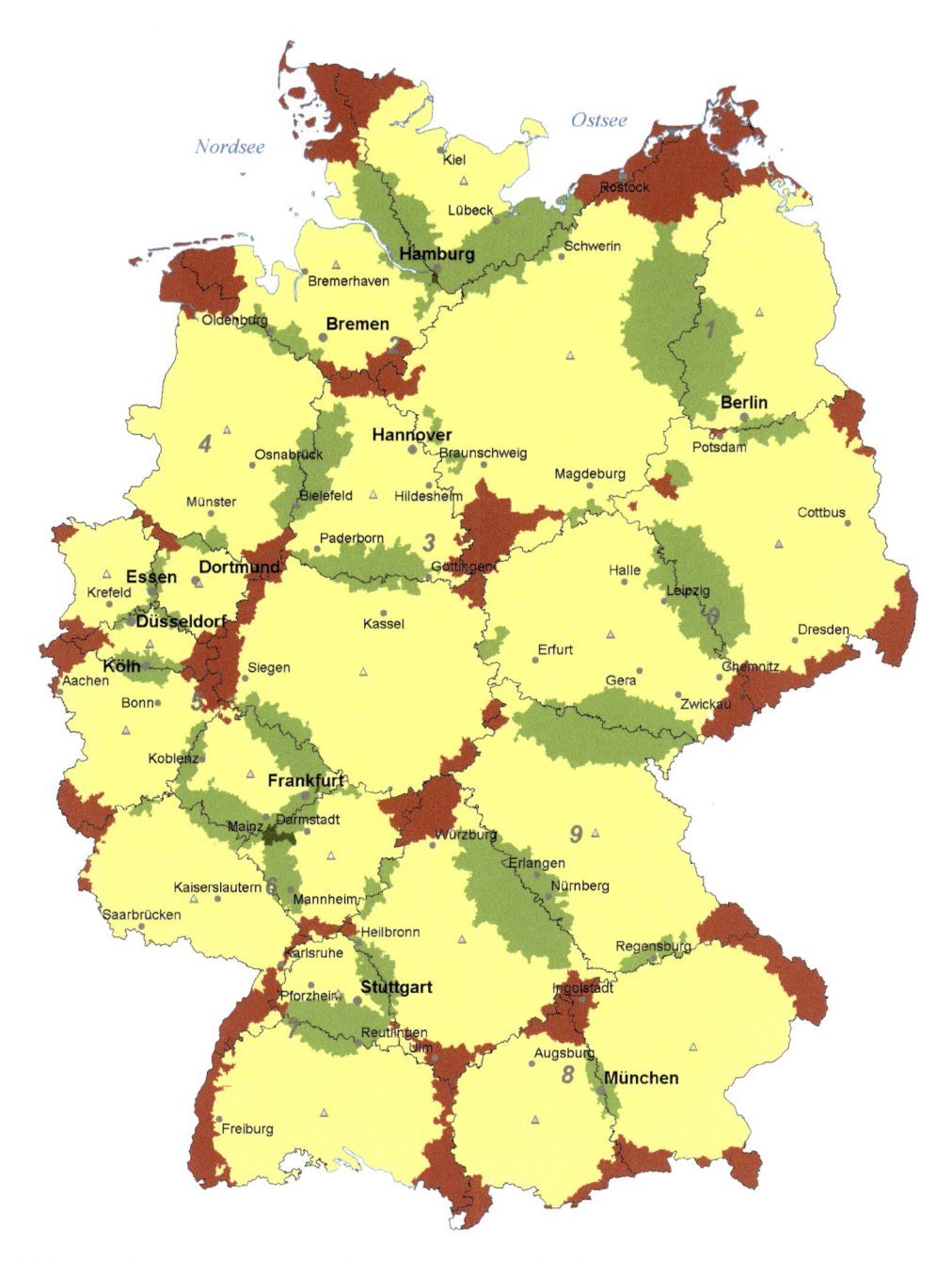

Abb. 4.21 Grad der Versorgung der Regionen durch die vorhandenen Standorte

Dass Standortplanung nicht immer eine mikrogeographische Fragestellung ist, zeigt auch das nächste Beispiel. Im Rahmen einer Filialnetzüberprüfung für Gartencenter entstand die Karte in Abbildung 4.22. Sie zeigt an jedem bestehenden Filialstandort ein

Kreissektorendiagramm. Die Größe des Kreises ist proportional zur Verkaufsfläche. Aus der Verkaufsfläche wurde eine theoretische Versorgungskapazität abgeleitet. Der blaue Sektor stellt die tatsächliche Versorgungsleistung dar, abgeleitet aus dem Umsatz, der rote Sektor das unausgeschöpfte Restpotenzial. Dieses wurde aus der Versorgungskapazität und der Bevölkerung im Einzugsbereich ermittelt. Standorte mit einem vollständig blauen Kreis arbeiten bereits „am Limit". Sie schöpfen ihr Potenzial voll aus; ihr Marktgebiet hat keine nennenswerten Wachstumsreserven mehr. Standorte mit einem roten Sektor unter 50 % (z. B. Kornwestheim, Leimen, Malsch, Tuttlingen) haben Wachstumsreserven in gesunder Größenordnung. Standorte mit einem blauen Sektor unter 50 % (z. B. Augsburg, Ludwigshafen, Neuwied, Wiesbaden) sind nicht in der Lage, das Standortpotenzial zu erschließen. In diesen Städten käme eine zweite Filiale in Betracht.

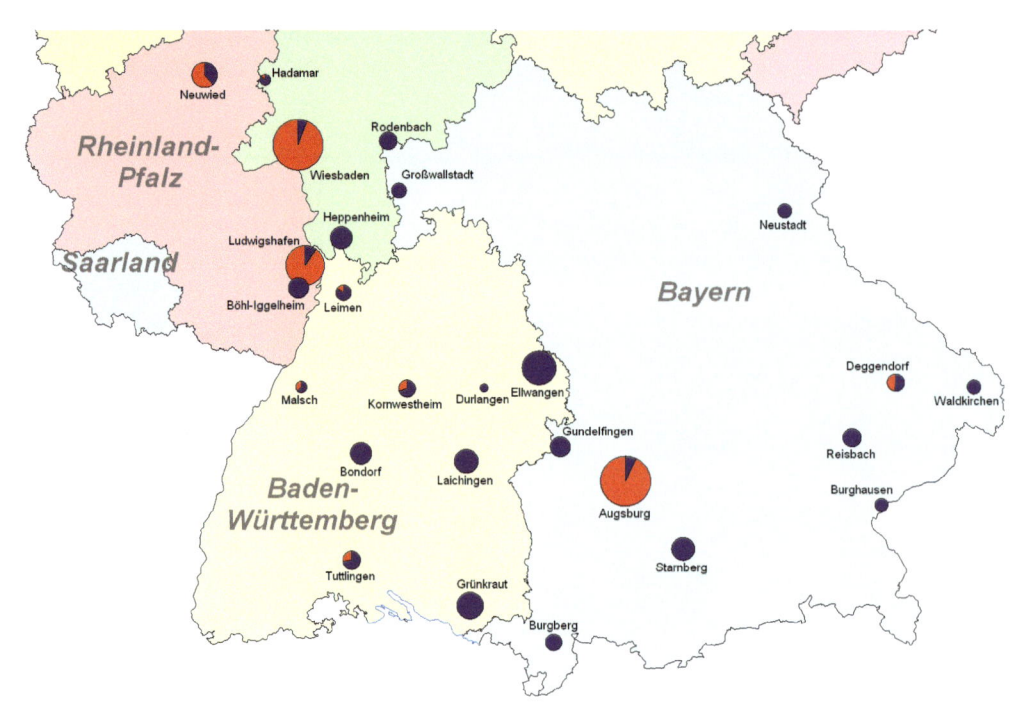

Abb. 4.22 Filialnetzüberprüfung Gartencenter

4.3.1 Die Standorte der Tankstellen und Raststätten an den Autobahnen

Die Autobahn Tank & Rast ist der führende Anbieter von Services und Dienstleistungen an den Autobahnen in Deutschland: Mit ihren Pächtern betreibt das Unternehmen rund 360 Tankstellen und rund 400 Raststätten (einschließlich 50 Hotels). Rund 500 Millionen Reisende besuchen jedes Jahr die Servicebetriebe der Tank & Rast. Als Dienstleistungsunternehmen stellt Autobahn Tank & Rast den Kunden in den Mittelpunkt aller Aktivitäten; gelebte Kundenorientierung und konsequentes Qualitätsmanagement sind wichtige Pfeiler der Geschäftspolitik. Der Konzern überprüft ständig alle Serviceleistungen und stimmt sie auf die wechselnden Bedürfnisse der unterschiedlichen Kundengruppen ab. Weitere strategische Eckpfeiler sind die Entwicklung innovativer neuer Konzepte und Dienstleistungen, die Zusammenarbeit mit starken Partnern und Marken sowie renditeorientierte Investitionen. Besonders mit Blick auf die Wünsche jüngerer Gäste arbeitet Tank & Rast seit 2004 verstärkt mit vielen bekannten Gastronomiemarken zusammen, z. B. Barilla, Burger King, Mc Donalds, Nordsee, Segafredo, Lavazza, Coffee Fellows und Dallmayr. Diese modernen Marken ergänzen die klassische Gastronomie. Deren eigenständige, oft regional geprägten Angebote erweitern und verbessern das Unternehmen und seine Pächter ebenfalls ständig (nach Tank & Rast 2020).

Zur Überprüfung der Tank & Rast-Standorte und zu deren Weiterentwicklung nutzt die Autobahn Tank & Rast sehr intensiv das Geomarketing. Dies ist nahe liegend, denn gerade beim Tanken und Rasten an den Autobahnen spielen fast immer auch geographische Zusammenhänge eine Rolle. Diese erkennt man am besten in einer Karte. Brechen bei bestimmten Rastanlagen die Umsätze der Tankstellen und Restaurants ein, so könnte eine Baustelle auf dem betreffenden Streckenabschnitt die Ursache sein. Sinkt hauptsächlich der Umsatz beim Lkw-Diesel, so wird eher ein neuer Autohof die Ursache sein. Sinkt der Umsatz im Restaurant, so könnte eine neue McDonalds-Filiale die Ursache sein, wenn dessen Werbung auf einem hohen Mast errichtet wurde und dadurch weithin sichtbar ist. Sinkt der Umsatz im Restaurant am Abend und in der Nacht stärker als am Tage, so deutet noch mehr auf die neue McDonalds-Filiale als Ursache hin, denn deren Leuchtreklame wirkt in der Dunkelheit mehr als bei Tageslicht. Auch die Spuren der Lkw-Maut konnte die Autobahn Tank & Rast in Karten ablesen, denn der Absatz beim Lkw-Diesel sank besonders dort, wo Lkws auf Bundesstraßen ausweichen konnten. Sind die Kraftstoffpreise im Ausland niedriger als in Deutschland, so hat dies meist negative Auswirkungen auf die Ergebnisse der grenznahen Rastanlagen in Deutschland. Dabei beschränken sich die negativen Auswirkungen keineswegs nur auf die Tankstellen. Auch die Restaurants, Shops und Hotels spüren die niedrigeren Kraftstoffpreise im Ausland, denn wer seinen Tankstopp ins Ausland verlegt, der hält nicht extra zum Essen oder Einkaufen an einer deutschen Rastanlage.

4 Anwendungsbeispiele aus der Praxis

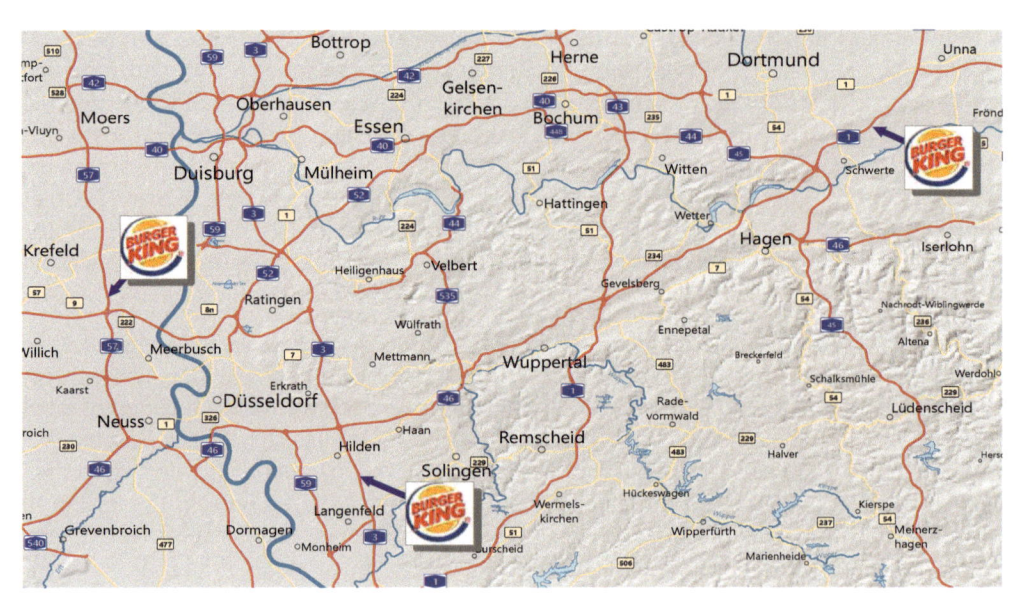

Abb. 4.23 Raststätten mit einem Burger King Restaurant

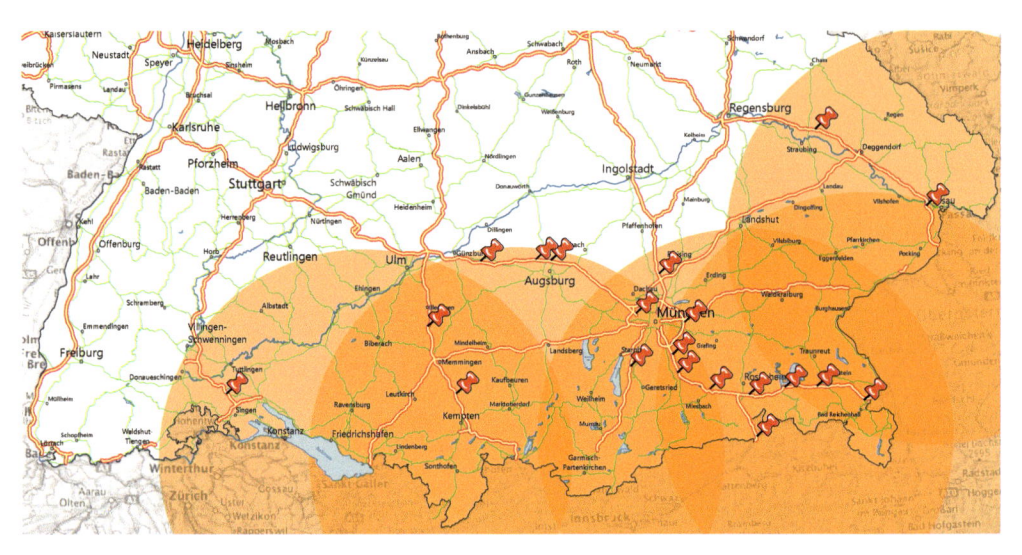

Abb. 4.24 Raststätten, die nicht weiter als 100 km vom nächsten Autobahn-Grenzübergang nach Österreich entfernt sind

4.3.2 Standortplanung für die DHL Packstationen

Eine klassische Aufgabenstellung zur Standortplanung ergab sich für die Deutsche Post bei der Einführung der sogenannten Packstationen von DHL, einem Unternehmen von Deutsche Post World Net. Diese Aufgabe wäre ohne den Einsatz von Geo-Informationssystemen und mikrogeographischer Methoden nicht so schnell, effizient und erfolgreich lösbar gewesen. Gleich zu Anfang waren mehrere hundert Standorte in 15 Städten auszuwählen. Rund 200.000 Kunden nutzen inzwischen die ca. 700 Paketautomaten.

Packstation ist das innovative, automatenbasierte Paketabholsystem von DHL, über das registrierte Kunden kostenlos Pakete, Päckchen und Warensendungen rund um die Uhr abholen und verschicken können. Wer sich bei der Post als Nutzer einer Packstation hat registrieren lassen, kann sich Pakete und Päckchen statt an seine Privatadresse an die Packstation senden lassen. Über neu eingegangene Sendungen wird er über E-Mail oder SMS informiert. Um an seine Pakete oder Päckchen zu gelangen, erhält der Nutzer eine Codekarte mit individueller PIN, die das jeweilige Fach freigibt. Möchte der Nutzer ein Paket oder Päckchen versenden, so kann er es an der Packstation abgeben. Der Vorteil: Die Packstation ist täglich rund um die Uhr geöffnet und vollständig automatisiert. Sie bietet eine EC- und Geldkartenfunktion an, um Porto und Nachnahme-Sendungen zu bezahlen.

Die Zielgruppen wurden vom Packstation-Expansionsteam gemeinsam mit dem konzerninternen Dienstleister Market Research Service Center (MRSC) für diesen Dienst identifiziert: berufstätige Singles und Paare, die zu den üblichen Zustellzeiten nicht zu Hause sind. Diese Zielgruppen-Definition bildete ein wesentliches Kriterium bei der Findung geeigneter Standorte. Hinzu kam die Erkenntnis einer Umfrage des MRSC, dass 70 Prozent der potenziellen Kunden eine räumliche Nähe zur eigenen Wohnung als entscheidend für den Standort einer Packstation betrachten. Weiteres Kriterium war ein hinreichend großes Aufkommen an Paketen und Päckchen im Einzugsbereich der Packstation.

Mit den Werkzeugen und Methoden des Geomarketing sollte anschließend die Frage gelöst werden: Wo wohnen diese idealen Kunden und wo wären die optimalen Standorte für die Automaten? Ziel war, die „theoretisch-idealen" Standorte beziehungsweise Standort-Umfelder für Packstation-Automaten auszuweisen, um so die Kundennähe sowie die bestmögliche Auslastung der Automaten zu erreichen (s. Abb. 4.25).

4 Anwendungsbeispiele aus der Praxis

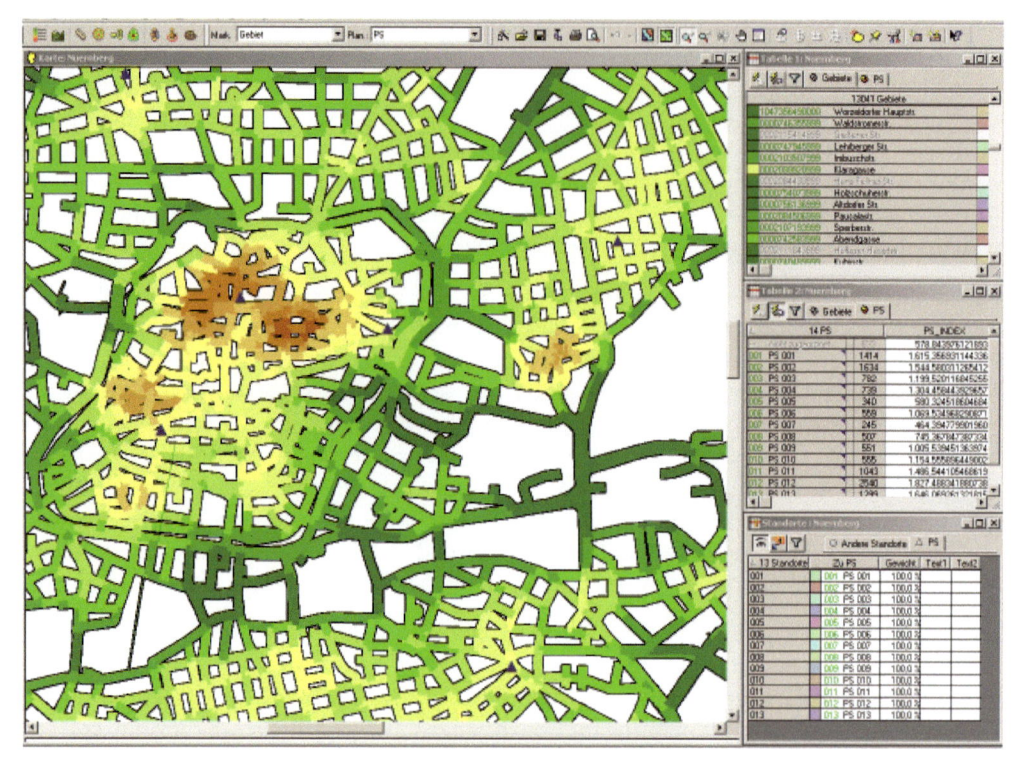

Abb. 4.25 Standortplanung für die DHL Packstationen. Die Karte zeigt das Straßennetz in der Nürnberger Innenstadt; braune Straßenabschnitte signalisieren eine hohe Zielgruppendichte.

Die Aufgabe des MRSC bestand somit darin, unter Verwendung von Methoden des Mikromarketings die bevorzugten Wohngebiete der Zielgruppe zu finden und die so identifizierten Flächen mit den Daten über das Aufkommen an Paketen und Päckchen zu verschneiden. Daten über die Menge der zugestellten Pakete und Päckchen, bezogen auf einzelne Straßenabschnitte, lag im Konzern vor. Die Deutsche Post Direkt GmbH lieferte Mikrodialog-Daten. Diese beinhaltete beispielsweise Angaben zu Kaufkraft, Anzahl der Privathaushalte, Familien- und Altersstruktur in einem Straßenabschnitt. Durch die Verknüpfung dieser Daten mit dem digitalen Straßennetz von TeleAtlas in einem Geoinformationssystem wurde die räumliche Konzentration der Kunden ermittelt. Für jeden Straßenabschnitt wurde das Kundenpotenzial in einem definierten Umkreis berechnet. Mit Geomarketing-Software wurden auf Basis der zuvor generierten Kundenkonzentrationen optimale Versorgungsgebiete für jeweils eine Packstation ermittelt. Der rechnerische Flächenschwerpunkt eines Versorgungsgebiets stellte dann den theoretisch optimalen Standort der Packstation in diesem Versorgungsgebiet dar. Je näher der tatsächliche Standort dem berechneten optimalen Standort kommt, umso besser ist seine Versorgungsleistung innerhalb seines Einzugsgebiets einzuschätzen (s. Abb. 4.26).

4.3 Standort- und Filialnetzplanung

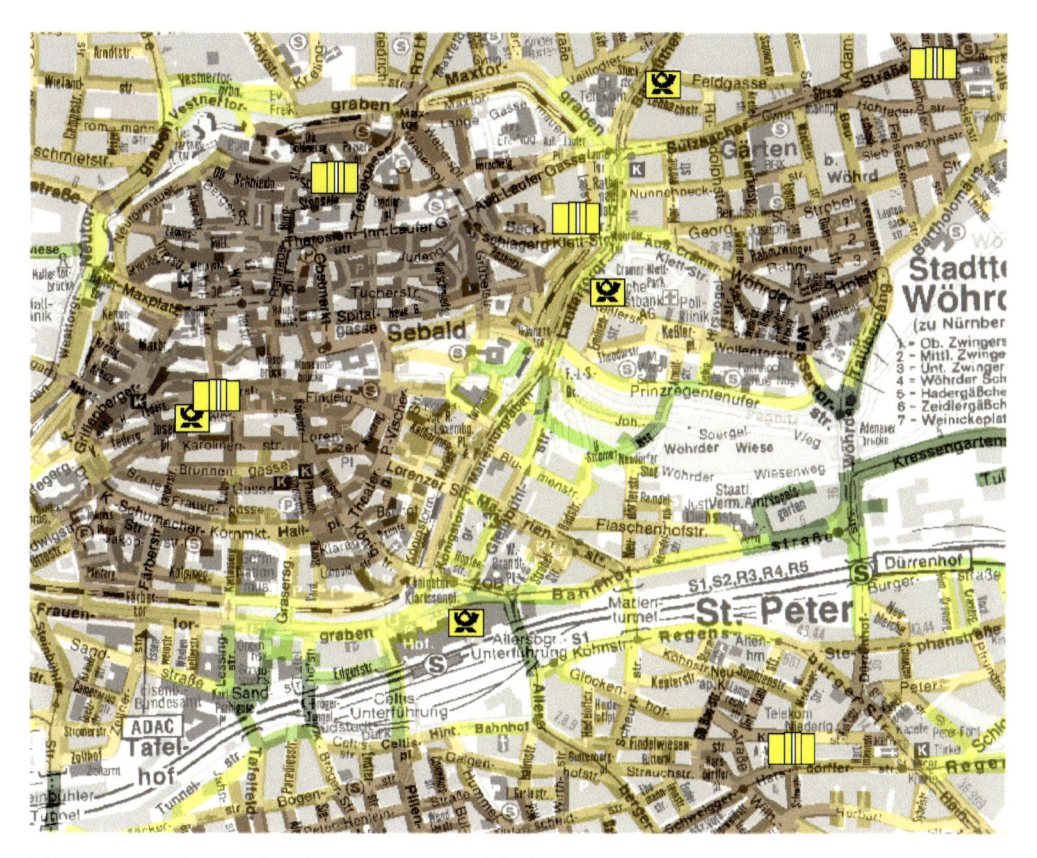

Abb. 4.26 Ergebnis der Standortplanung für die Nürnberger Innenstadt

4.3.3 Die Planung von Standorten für Marketing-, Vertriebs- und PR-Events

Anders als bei der Planung von Produktions- oder Verkaufsstandorten geht es bei der Planung von Standorten für Marketing-, Vertriebs- und PR-Events nicht um die Auswahl geeigneter Immobilien, sondern um die Auswahl von Orten, an denen die Events stattfinden sollen. Eine dafür typische Aufgabenstellung beschrieb mir ein deutscher Pharmahersteller, der keinen Vertriebsaußendienst hat. Stattdessen veranstaltet das Unternehmen regelmäßig Informationsveranstaltungen, zu denen Ärzte der entsprechenden Fachrichtungen eingeladen werden. In diesen Veranstaltungen informiert das Unternehmen über Krankheitsbilder, Behandlungsmöglichkeiten und insbesondere auch über die Anwendungsweise und Wirkung der eigenen Arzneimittel. Die Planungsaufgabe besteht darin, Orte zu finden, die so gut über Deutschland verteilt sind, dass jeder einzuladende Arzt binnen einer Stunde einen Veranstaltungsort erreichen kann. Sind die Veranstaltungsorte festgelegt, so muss jeder einzuladende Arzt einem Veranstaltungsort zugeordnet werden. Danach kann die Gesamtzahl der eingeladenen Teilnehmer pro Veranstaltungsort ermittelt und Räume mit ausreichender Kapazität gebucht werden. Außerdem kann jeder Arzt der entsprechenden Zielgruppe gezielt zu dem für ihn nächstgelegenen

4 Anwendungsbeispiele aus der Praxis

Termin eingeladen werden. Diese typische Geomarketing-Aufgabe kann mit entsprechender Software sehr schnell gelöst werden (s. Abb. 4.27). Voraussetzung ist lediglich, dass eine entsprechende Adressenliste vorliegt. Außerdem muss der Parameter „maximale Distanz zum Veranstaltungsort" festgelegt sein. Hierzu liegen in der Praxis meist sehr gute Erfahrungswerte vor.

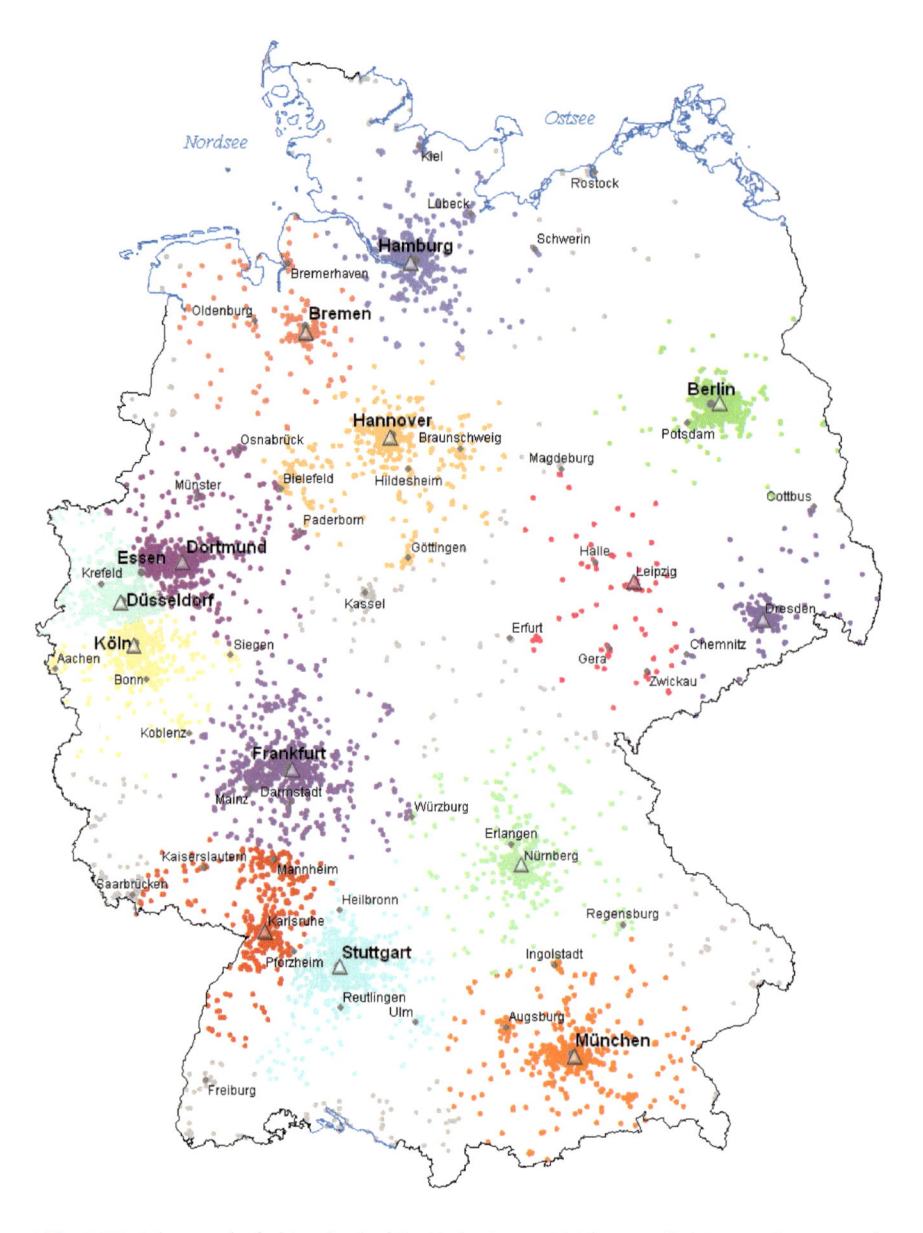

Abb. 4.27 Adressen (= farbige Punkte) im Umkreis von 100 km um die Veranstaltungsorte (= Dreiecke). Graue Punkte stellen Adressen dar, die mehr als 100 km vom nächsten Veranstaltungsort entfernt sind.

Ähnliche Planungsaufgaben kommen in der Praxis in verschiedenen Varianten vor. Oft wird die zusätzlich die Maximalzahl der Teilnehmer pro Veranstaltung festgelegt. In anderen Fällen wird die Zahl der Veranstaltungen und damit die Zahl der Veranstaltungsorte vorgegeben. Bei diesem Ansatz muss man allerdings die Forderung fallen lassen, dass kein Veranstaltungsort weiter entfernt sein darf als eine bestimmte Maximalentfernung.

4.4 Mediaplanung

Ein klassisches Geomarketingthema ist die Mediaplanung. Ihre Aufgabe lautet, räumlich begrenzte Werbekampagnen zu planen, deren Effizienz zu optimieren und ihren Erfolg zu messen. Je kleinräumiger die Werbung gestreut werden soll, umso komplexer wird die Aufgabenstellung. Ein wesentlicher Teilaspekt ist dabei die Auswahl der Werbeträger unter Berücksichtigung der geographischen Gegebenheiten. Meist geht man dabei vor wie folgt:

- Vorgabe der Standorte, für die geworben werden soll;
- Ermitteln der Einzugsbereiche der Standorte;
- Festlegen der Zielgebiete für die Werbeaktion;
- Berücksichtigung von Gebietsschutz;
- Auswahl der Werbeträger unter Berücksichtigung ihrer Verbreitungsgebiete, Kosten und Konsumentenstruktur.

Ein wichtiges Kriterium für die Vorauswahl der Werbemedien ist deren Regionalisierbarkeit. Dieses Kriterium gewinnt an Bedeutung, je kleinräumiger die Zielgebiete für die Werbeaktion abzugrenzen sind. Tabelle 4.1 ordnet die Mediengattungen nach Reichweite und Regionalisierbarkeit.

Viele Werbekampagnen laufen zeitgleich oder nacheinander in verschiedenen Mediengattungen, wenige Mediaplanungsagenturen sind deshalb auf nur eine Mediengattung spezialisiert. Die meisten Agenturen arbeiten gattungsübergreifend und würden deshalb ein Mediaplanungssystem benötigen, in dem alle Gattungen integriert sind; in der Realität sind wir aber noch ein gutes Stück weit von dieser Wunschvorstellung entfernt. In der Praxis sind Mediaplanungssysteme gebräuchlich, die sich auf eine Mediengattung bzw. auf einige wenige Gattungen beschränken. Schnittstellen bieten dem Mediaplaner bestenfalls den Austausch von Standorten Zielgebieten, Planungsdaten und Leistungswerten. Typische Mediaplanungssysteme für Tageszeitungen, Radiowerbung und Prospektverteilung sollen hier exemplarisch vorgestellt werden. Auf die Plakatwerbung wird im Kapitel über Mikromarketing noch eingegangen.

Reichweite und Regionalisierbarkeit	Mediengattungen
National	- Bundesweit ausstrahlende Fernseh- und Rundfunksender - Überregionale Tageszeitungen - Publikumszeitschriften - Fachzeitschriften
Regional	- Landesrundfunkanstalten - „Große" Privatsender - „Große" regionale Tageszeitungen
Ballungsraum, Großstadt	- Lokalfernsehen - Lokalrundfunk - Regionale Tageszeitungen
Stadtteile, Teile eines Landkreises	- Regionale Tageszeitung (Lokalausgaben, Unterausgaben) - Anzeigenblätter
Einzelne Siedlungen, bestimmte Straßen	- Prospektverteilung - Beilagen in Tageszeitungen und Anzeigenblättern - Brief - Telefon
Räumlich begrenzt, aber nicht flächendeckend	- Plakat - Kino

Tabelle 4.1 Reichweite und Regionalisierbarkeit der verschiedenen Mediengattungen

4.4.1 Werbung in Tageszeitungen und Anzeigenblättern

> „Deutschland ist ein Zeitungsland. Täglich erscheinen hier 327 Tageszeitungen mit 1.452 lokalen Ausgaben in einer – gedruckten – Gesamtauflage von 13,52 Millionen Exemplaren. Daneben kommen 17 Wochenzeitungen mit 1,61 Millionen Exemplaren und sechs Sonntagszeitungen mit einer Auflage von 1,74 Millionen heraus" (BDZV; Daten: Stand 2019)

Die Lokal-, Regional- oder Einzelausgaben, wie man sie im Abo oder Handel erwerben kann, sind allerdings bei Weitem nicht die einzigen Belegungseinheiten für Anzeigen- und Beilagenwerbung. Es gibt zahlreiche Kombinationsmöglichkeiten von Lokal- und Regionalausgaben eines Zeitungshauses, aber auch viele titelübergreifende Anzeigenkooperationen. Dahinter verbirgt sich eine unübersichtliche Vielzahl von Verbreitungsgebieten und Tarifen. Dadurch ist die Zeitungslandschaft in Deutschland für Werbungtreibende und Mediaplaner ebenso schwierig zu überschauen wie für die Zeitungsverlage selbst. Licht in den Dschungel bringt hier der Zeitungsatlas der ZMG Zeitungsmarktforschung Gesellschaft mbH, Frankfurt. Er zeigt die Verbreitungsgebiete der deutschen Zeitungen und ihrer Lokal- und Regionalausgaben einschließlich der Überschneidungen zwischen Anzeigen-Belegungseinheiten und Titeln. Der Planer erhält zu jeder Belegungseinheit die Gesamtauflage sowie für jeden Kreis und jede Gemeinde die Zahl der Einwohner und Haushalte und die Auflagen der dort verbreiteten Zeitungen (s. Abb. 4.28 – 4.30).

4.4 Mediaplanung

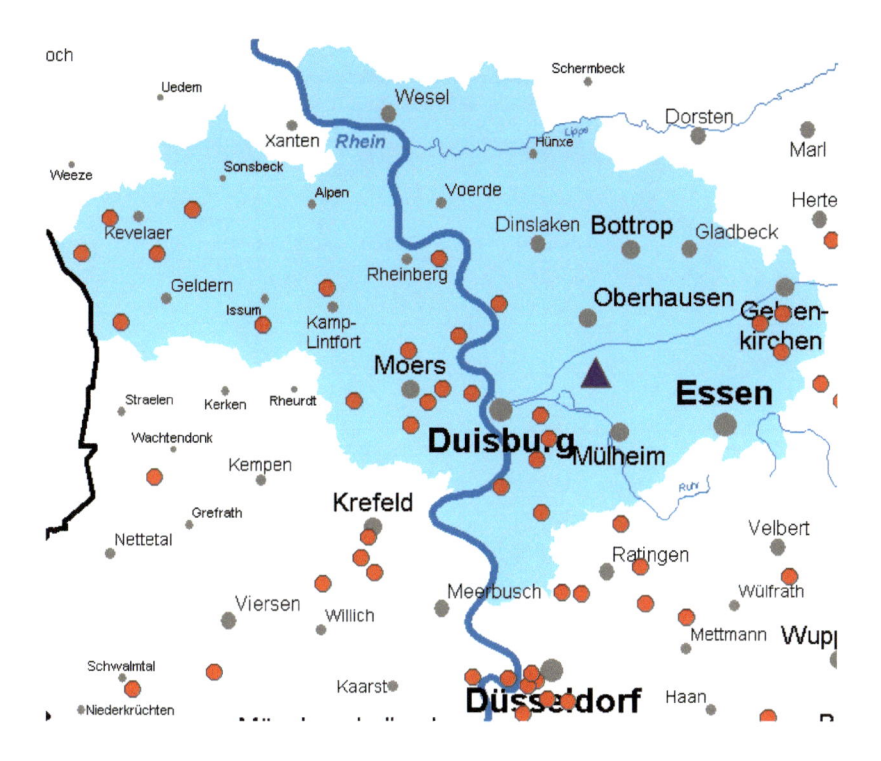

Abb. 4.28 Verkaufsstandort (= blaues Dreieck) und dessen Zielgebiet für die Werbung

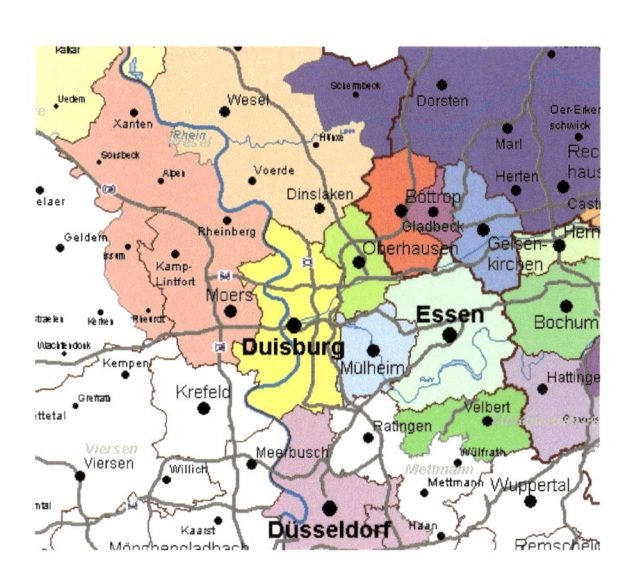

Abb. 4.29 Verbreitungsgebiete der Lokalausgaben einer Tageszeitung; selten stimmen Verbreitungsgebiete und Zielgebiete überein (vgl. Abb. 4.28)

4 Anwendungsbeispiele aus der Praxis

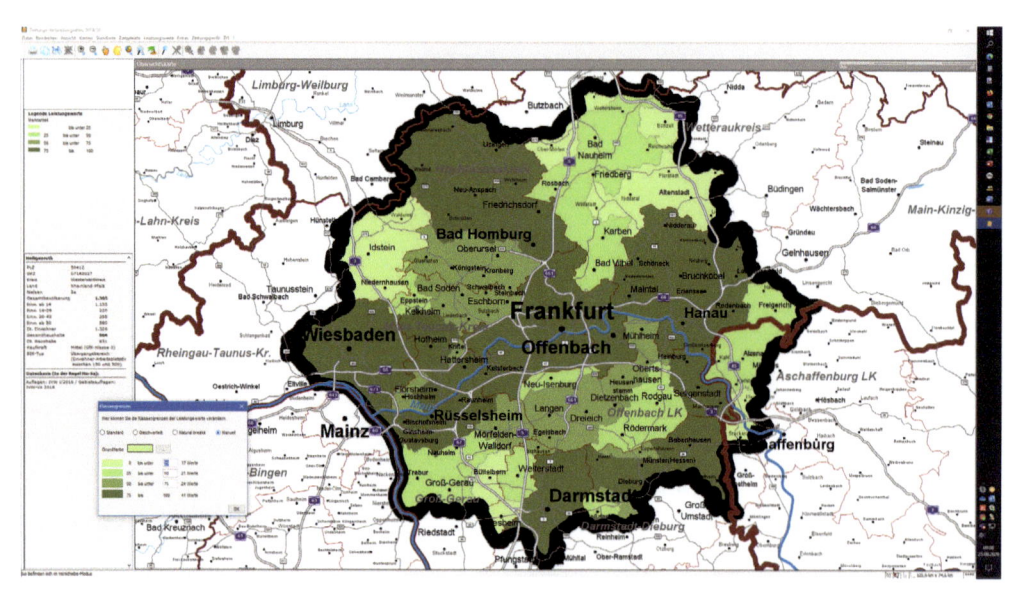

Abb. 4.30 Die Darstellung der Abdeckung nach Gemeinden enthüllt „Lücken im Plan" sofort

Aber die Kenntnis der Verbreitungsgebiete reicht für die Planung von Zeitungskampagnen bei Weitem nicht aus. Formate und Kosten spielen eine ebenso wichtige Rolle. Das Planungsprogramm ZIS Zeitungs Informations System der ZMG bietet beides. ZIS enthält die tagesaktuellen Mediadaten der Zeitungen in Print und Online sowie der Anzeigenblätter und Zeitungs-Anzeigenblatt-Kombinationen, alle für die Gebietsauswertung notwenigen verbreitungsanalytischen Daten, eine automatische Titellisten-Optimierung und ist über Schnittstellen mit dem Zeitungsatlas gekoppelt. Durch die Kombination beider Tools können Nutzer alle Planungsschritte bis hin zur präzisen Kalkulation aller Anzeigen- und Beilagenformate oder der kartographischen Darstellung der Planleistung abarbeiten.

Noch einen Schritt weiter geht das Tageszeitungs-Planungsprogramm Regiomds, das die Axel Springer AG in Kooperation mit der ZMG herausgibt. Neben den eben genannten Daten enthält Regiomds auch die Reichweiten und soziodemographischen Merkmale der Mediennutzer der ma Mediaanalyse Tageszeitungen der ag.ma. Regiomds ist eine beispielhafte Geomarketing-Lösung im Mediabereich: Es optimiert die Werbeträgerleistung bei vorgegebenem Budget durch angemessene Berücksichtigung der geographischen Vorgaben (Standorte, Einzugsbereiche, Zielgebiete, Verbreitungsgebiete). Die integrierte digitale Karte visualisiert alle geographischen Gegebenheiten; sie ermöglicht es, Zielgebiete interaktiv in der Karte festzulegen, und veranschaulicht die erzielten Planergebnisse in Form von Heatmaps (s. Abb. 4.31 – 4.34).

4.4 Mediaplanung

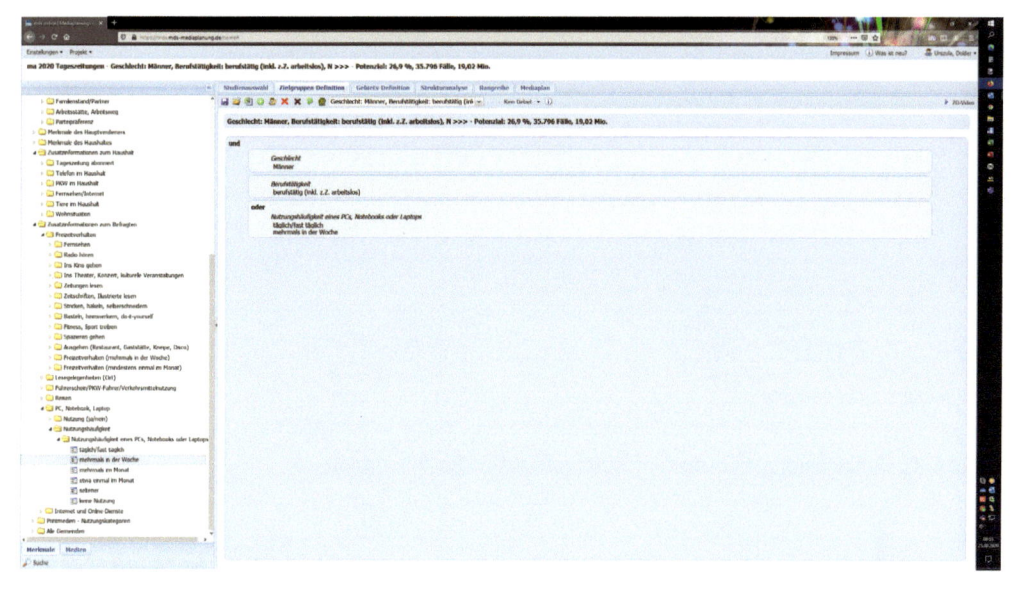

Abb. 4.31 Definition einer Zielgruppe

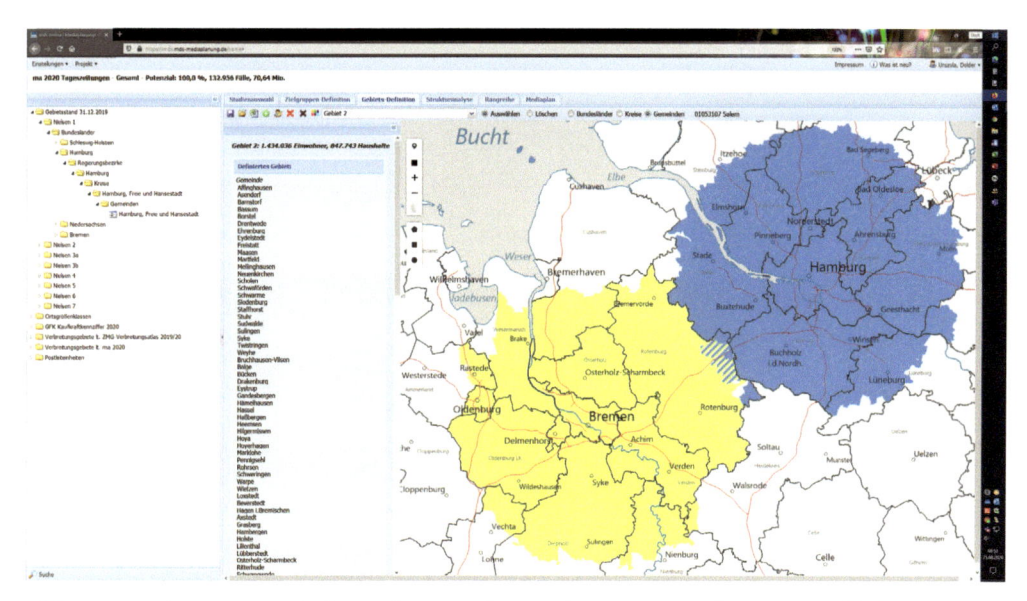

Abb. 4.32 Definition von Zielgebieten (hier: Hamburg und Bremen mit 50 km Einzugsgebiet)

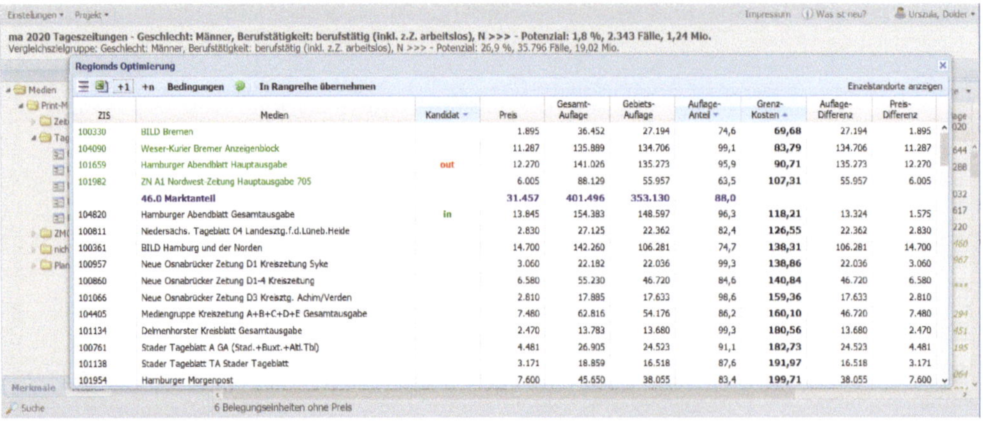

4 Anwendungsbeispiele aus der Praxis

Abb. 4.33 Auflagenrangreihe: die fünf wirtschaftlichsten Belegungseinheiten

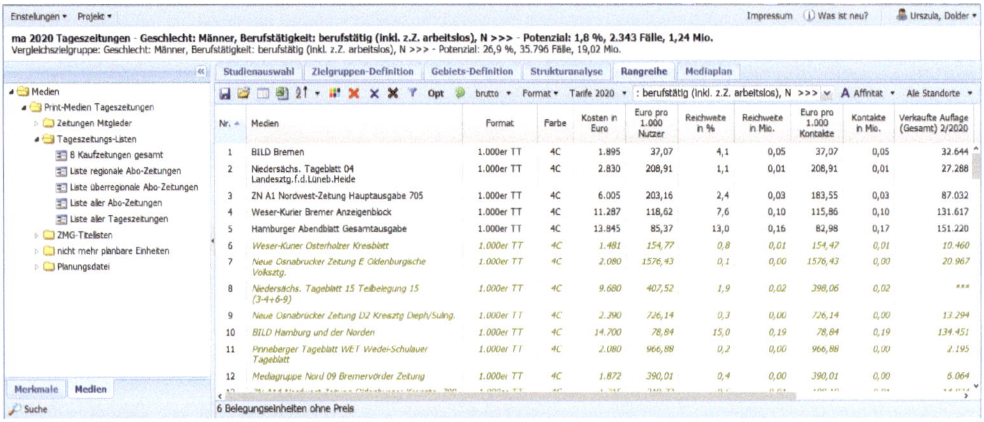

Abb. 4.34 Rangreihe über die Gesamt-Leserschaft der Titel

Anzeigenblätter sind kostenlos an Haushalte verteilte Printmedien, die in der Gestaltung den Tageszeitungen ähneln, auch einen kleinen redaktionellen Teil beinhalten (oft mit stark regionalem Bezug), meist wöchentlich erscheinen und werbefinanziert sind. Da Anzeigenblätter und Tageszeitungen in der Praxis häufig gemeinsam betrachtet und geplant werden, ermöglichen das ZMG-Planungstool ZIS und seit 2020 auch das browserbasierte Anzeigenblatt-Tool Advertizor des Bundesverbands Deutscher Anzeigenblätter (BVDA) die crossmediale Planung und Kalkulation von Zeitungen und Anzeigenblättern. ZIS bildet rund 7.000 Belegungseinheiten beider Gattungen und der Advertizor rund 4.000 Belegungseinheiten für Anzeigen und mehr als 40.000 Belegungs- und Zustelleinheiten für Prospektbeilagen ab. Basis beider Tools sind die Media- und verbreitungsanalytischen Daten, die sie in anschaulichen, interaktiven Karten darstellen und über Optimierungsautomatiken auswerten. So kann man alle Tageszeitungen und Anzeigenblätter in der Zielregion überblicken sowie Belegungseinheiten und Überschneidungen leicht erfassen. Man definiert Plangebiete für Werbekampagnen und Werbeträger intuitiv auf visuellem Weg. Die Kartentools bieten zudem viele Funktionen moderner Geoinformationssysteme, wie GIS-gestützte Definition von Plangebieten durch Geocodierung von Filialstandorten oder im Falls des Advertizor sogar durch Definition von Einzugsbereichen auf Basis von Fahrzeiten (ZMG und BDVA).

4.4.2 Radiowerbung

Die Radioplanung weist viele Analogien zur Tageszeitungsplanung auf. Auch hier sind Standorte, Einzugsbereiche und Zielgebiete zu berücksichtigen. An die Stelle der Verbreitungsgebiete der Tageszeitungen treten die Sendegebiete der Radiosender (s. Abb. 4.35). Auch bei der Radioplanung besteht die Optimierungsaufgabe darin, mit gegebenem Budget den höchstmöglichen Werbedruck im Zielgebiet und in der Zielgruppe zu erreichen und Streuverlust (d. h. Werbung außerhalb des Zielgebiets und außerhalb der Zielgruppe) weitgehend zu vermeiden. Eine typische Fragestellung lautet z. B.: Welche Zeitschiene in welchem Sender bringt den größten Nettoreichweitenzuwachs, wenn schon Schaltungen in den reichweitenstarken Sendern und Zeitschienen vergeben sind?

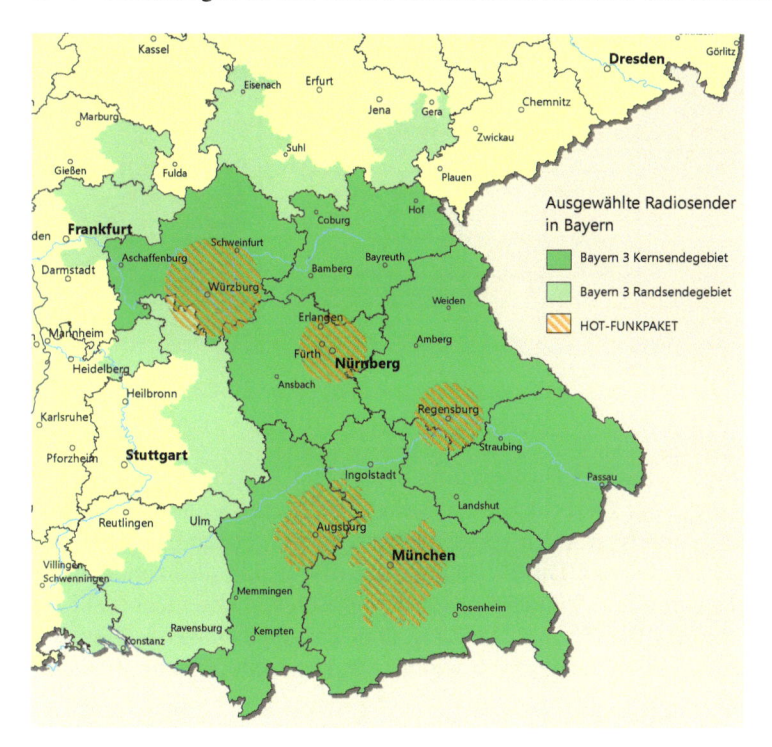

Abb. 4.35 Sendegebiete ausgewählter Radiosender in Bayern. Leistungswerte, wie Anzahl Hörer pro Tag und Tagesreichweite, können durch Klick in die Karte abgerufen werden.

Eine Lösung für solche Aufgabenstellungen ist RadioXpert, ein professionelles Tool für die Planung und Kalkulation von Radiowerbung, das einen einfachen Einstieg in die komplexe deutsche Radiolandschaft bietet. Es wird von Radio Marketing Service und ARD-Werbung Sales & Services zur Verfügung gestellt.

RadioXpert stellt alle Radio-Werbeangebote in Deutschland für die Mediaplanung zur Verfügung. Neben den ma-ausgewiesenen Angeboten sind auch die regionalen Hörfunksender zusammen in einem Programm planbar. Die visuelle Unterstützung durch Karten und Grafiken macht den Planungsprozess für den User anschaulicher. Zusätzlich sind zu allen Angeboten Informationen zu Zielgruppen, Formaten und Stammdaten enthalten (s. Abb. 4.36).

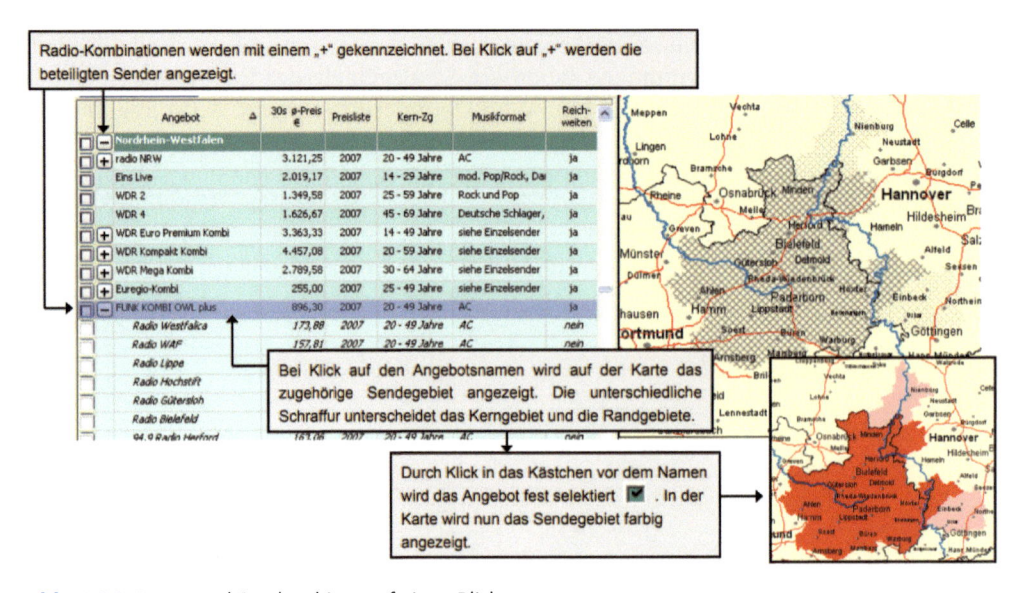

Abb. 4.36 Daten und Sendegebiete auf einen Blick

4.4.3 Adressable TV

HbbTV steht als Abkürzung für „Hybrid Broadcasting Broadband TV" und besagt, dass es über vielfältige TV-Empfangswege (Hybrid Broadcasting) und Breitbandinternet (Broadband) möglich ist, Fernsehen und Internet zu verschmelzen und somit neue Informationen und Services am Fernseher anzubieten. Die Werbeindustrie macht sich dies zunutze. Basierend auf diesem neuen technischen Standard bietet sie Fernsehwerbung nicht mehr nur flächendeckend – quasi mit der Gießkanne; Werbung über das sogenannte „Adressable TV" kann auch feinräumig selektiert ausgestrahlt werden. Weischer.Media schreibt dazu:

„Mithilfe von Datenquellen wie bspw. Best4Planning, MB-Micromarketing oder der Otto Group Media qualifizieren wir die passenden PLZ5-Gebiete für die Zielgruppe und Zielsetzung unserer Kunden. Wohnortdaten geben uns Aufschluss, wo wir die Zielgruppe bestmöglich erreichen können. Wir matchen dann die Daten mit den ATV-Standorten und können sie programmatisch anspielen. Über das Portfolio der Sendergruppe ProSiebenSat.1 erreichen wir die Zielgruppe in den von uns über unsere Daten qualifizierten PLZ-Gebieten" (Weischer.Media).

4.4.4 Postalische Werbung, E-Mail- und Social-Media-Marketing

Seit eh und je bieten Adressverlage Privat- und Gewerbeadressen für postalische Werbung an. Für Privatadressen stehen zahlreiche soziodemographische Selektionsmerkmale zur Verfügung, z. B. Geschlecht, Alter, Nationalität; mehr dazu im Kapitel 4.5 Mikromarketing. Gewerbeadressen sind üblicherweise zumindest nach Branchen und Unternehmensgrößen selektierbar. Personalisierte Gewerbeadressen können zusätzlich nach Funktion im Unternehmen selektiert werden, also z. B. Geschäftsführer, Leiter Einkauf, Leiter IT, Leiter Personal etc. Alle Adressen können darüber hinaus natürlich nach Belieben auch räumlich selektiert werden. Die Kunst besteht heute eher darin, vorhandene Adressen für postalische Werbung DSGVO-konform zu nutzen. Deshalb werden Werbeadressen heute nicht mehr „verkauft, stattdessen bieten die Adressanbieter die Adressen lediglich zur Nutzung für Mailingaktionen an. Das werbungtreibende Unternehmen erhält keinen Zugriff auf die Adressen, denn die Mailingaktion wird von Dienstleistern unter Nutzung der selektierten Adressen DSGVO-konform abgewickelt (AZ Direct: Postalische Werbung/Direct Mail)

Da die DSGVO die Nutzung personenbezogener Daten, welche Konsumenten z. B. zielgruppenspezifisch bewerten können, streng reglementiert, sind Nutzer und Anbieter dieser Daten dazu angehalten, dem Schutz, der Speicherung und Verwendung der Daten äußerste Sorgfalt zukommen zu lassen. Beispielsweise werden für die AZ Direct durch deren internen Analyse- und Datenpartner Direct Analytics GmbH alle Daten, die sich z. B. auf eine Person, einen Haushalt oder ein Gebäude beziehen und diese über die Adresse hinaus beschreiben, anonym und damit entpersonalisiert in deren Merkmalsdatenbank AZ DIAS gespeichert. Hierfür werden von AZ Direct und sonstigen Datenlieferanten aus Namen und Adressen oder aus E-Mail-Adressen über ein patentiertes Datenschutzverfahren lieferantenspezifische Hashcodes produziert, die nach mehrfacher Ver- und Umschlüsselung unter Einbindung eines weiteren sicheren Drittunternehmens als für Direct Analytics eindeutige, aber nicht personalisierbare Personen-Hashes an AZ DIAS übermittelt werden. Mitgelieferte Merkmale können dann in AZ DIAS übernommen und für die Bildung neuer Merkmale verwendet werden. Zielgruppenspezifische Hash-Selektionen für postalische Mailings oder E-Mail-Kampagnen können anschließend an die Datenlieferanten über den gleichen gesicherten Prozess zurückübermittelt werden. Nur die Empfänger haben anschließend die Möglichkeit, die Hash-Selektionen in Selektionen ihrer klarschriftlichen Adressen für den Kampagneneinsatz zu überführen.

Bei zielgruppenorientierten Kampagnen in Social-Media-Kanälen liefert nicht die postalische Anschrift, sondern die E-Mail-Adresse den Zugang zum Konsumenten. Um auch Social-Media-Nutzer für Werbekampagnen nach soziodemographischen und räumlichen Kriterien von Anbietern wie AZ Direct selektieren zu können, nutzen diese sogenannte Datenbrücken zwischen verhashten E-Mail-Adressen und den Daten und Merkmalen, die zu Personen, Haushalten und Gebäuden vorliegen. AZ Direct, einer der größten und erfahrensten Anbieter von Dialogmarketinglösungen, beschreibt das Verfahren so:

Der AZ Bridge-Pool umfasst mehr als 100 Millionen als Hashwerte vorliegende anonymisierte E-Mailadressen, die mit dem AZ Audience Targeting System AZ DIAS verknüpft und dadurch zielgruppenspezifisch selektierbar sind. AZ DIAS umfasst wiederum mehrere einhundert statistische Merkmale z. B. zur Soziodemographie und zum

4 Anwendungsbeispiele aus der Praxis

Konsumverhalten zu mehr als 70 Millionen anonymisierten Personen auf unterschiedlichsten Bezugsebenen (Personen, Haushalte, Gebäude sowie diverse mikro- und makrogeographische Ebenen) (AZ Direct: E-Mail-Marketing) (s. Abb. 4.37).

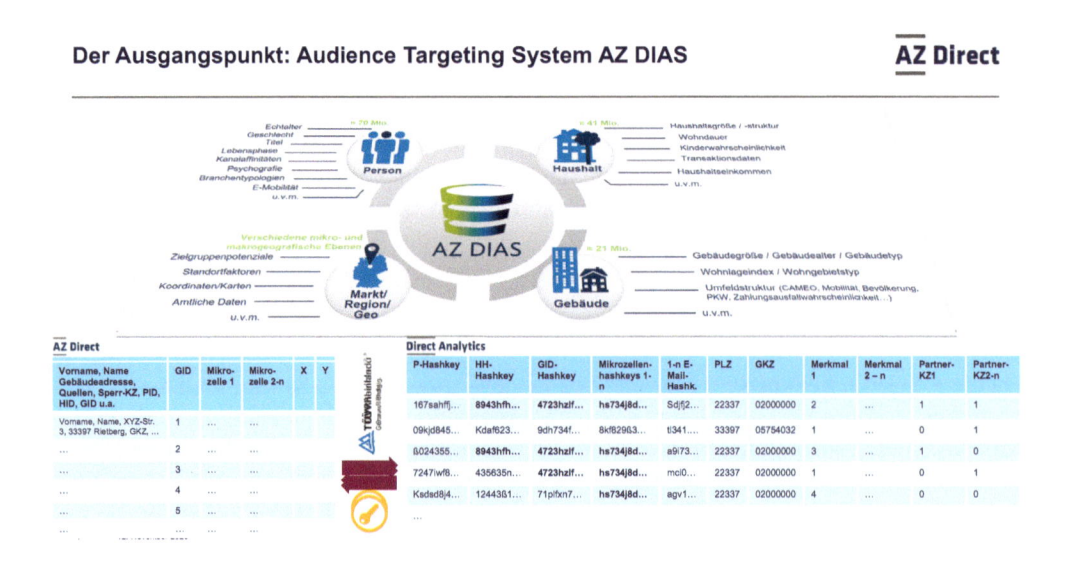

Abb. 4.37 Der Ausgangspunkt: das Audience Targeting System AZ DIAS

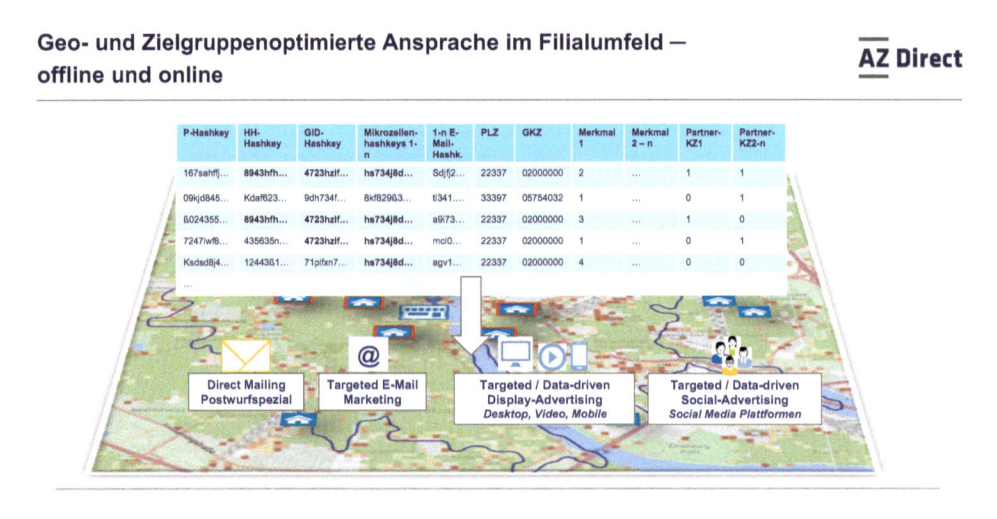

Abb. 4.38 Geo- und Zielgruppenoptimierte Ansprache – offline und online

Für Werbekampagnen in Social-Media Plattformen werden die in AZ DIAS als Hashcodes vorliegenden und zielgruppenspezifisch selektierten Personen in das Hashcodeformat konvertiert, welches durch die Schnittstelle der jeweiligen Social-Media-Plattform vorgegeben ist. Dorthin werden die konvertierten Hashcodes hochgeladen und mit von der Social-Media-Plattform hierfür ebenfalls erzeugten Hashcodes aller registrierten Plattformbenutzer anonymisiert abgeglichen. Anschließend wird die beauftragte Werbung an die matchenden Plattformnutzer ausgespielt. Durch die Verwendung von Hashcodes werden also auch hier keine personenbezogenen, sondern lediglich anonymisierte Daten verarbeitet, also selektiert, hochgeladen und abgeglichen (s. Abb. 4.38).

Über die klassischen Anspracheweg der Filialwerbung (Postwurf, Beilagen, OOH etc.) erreicht man heute nicht mehr alle Konsumenten. Für das zielgruppenorientierte Filialmarketing wird es deshalb immer wichtiger, Online- bzw. Social-Media-affine Zielgruppen auch in ihren Kanälen bzw. Umfeldern anzusprechen. Das zielgruppenorientierte Filialmarketing in Social-Media-Kanälen bietet eine gute Möglichkeit, die Wahrnehmung der Filialen weiter zu steigern bzw. bei abnehmender Aufmerksamkeit in den klassischen Kanälen aufrechtzuerhalten und so auch langfristig einen Platz in der Customer Journey aktueller und potenzieller Kunden zu sichern (Kothe 2019).

4.5 Mikromarketing

4.5.1 Mikrogeographische Marktsegmentierung

Mikromarketing basiert auf dem Nachbarschaftsprinzip, also der Erkenntnis: „Gleich und gleich gesellt sich gern." Es hat sich nämlich gezeigt, dass Menschen, die räumlich nahe beieinander leben, oft sehr ähnliche Konsumgewohnheiten haben. Innerhalb einer Straße, eines Baublocks oder eines Wohnquartiers sind in der Regel die Lebenshaltungskosten ähnlich, die Gebäude ähnlich und Infrastruktur und Wohnumfeld homogen. Vergleichbare Wohnbedingungen ziehen Personen mit ähnlichen Lebensumständen, ähnlichen Interessen und ähnlichem Kaufverhalten an. Aus der Marktforschung weiß man, wie Interessen mit soziodemographischen Merkmalen und Wohnbedingungen zusammenhängen. Damit lässt sich für soziodemographisch beschreibbare Gruppen eine Wahrscheinlichkeit für diese Interessen ermitteln. Wenn ein Unternehmen nun seine Zielgruppe sucht, findet es diese in Gebieten mit den entsprechenden soziodemographischen Gruppen.

Diese Erkenntnisse brachten die Idee der mikrogeographischen Marktsegmentierung hervor. Dabei leitet man mittels statistischer Methoden aus den individuellen Konsumgewohnheiten der einzelnen Menschen charakteristische Konsumprofile für Wohngebiete ab. Hierzu kann beispielsweise das Kaufverhalten der Kunden eines Unternehmens analysiert werden. Voraussetzung ist eine hinreichend große Fallzahl, sonst können keine validen statistischen Aussagen getroffen werden. Außerdem müssen natürlich die Kundenadressen bekannt sein. Diese Voraussetzungen sind grundsätzlich bei Banken und Versicherungen, aber auch bei Telekommunikationsanbietern und vielen Unternehmen aus anderen Branchen gegeben. Parallel zur Analyse des Kaufverhaltens der Kunden charakterisiert man jedes Wohngebiet anhand von neutralen statistischen Daten, z. B. nach

- Alter, Bildungsstand und Familienstand der Bevölkerung,
- Gebäudebestand,
- Kfz-Bestand,

- Wohnlage,
- Wahlergebnisse/Parteienpräferenzen.

Für jedes Kriterium werden die Daten klassifiziert und die am häufigsten vertretene Werteklasse ermittelt. Das Profil eines Wohngebiets könnte sich danach so lesen:

- Alter der Haushaltsvorstände überwiegend zwischen 40 und 50 Jahren
- Höchster Schulabschluss überwiegend Abitur
- Familienstand überwiegend verheiratet
- Kfz-Bestand überwiegend obere Mittelklasse
- Wohngebäude überwiegend Ein- bis Zweifamilien-Reihenhäuser
- Stadtrandlage, ländlicher Verdichtungsraum
- Mehrheitlich CDU-Wähler

Nun wird das aus der Analyse der eigenen Kunden bekannte Konsumverhalten über die Kundenadressen mit der Charakterisierung der Wohngebiete verknüpft. Lassen sich danach Korrelationen erkennen, so bedeutet dies, dass in Wohngebieten mit einer bestimmten Charakteristik ein bestimmtes Konsumverhalten zu erwarten ist. Kennt man nun von einem Kunden nur die Adresse, so kann man dennoch mit einer bestimmten statistischen Wahrscheinlichkeit auf sein Konsumverhalten schließen, indem man zu seiner Adresse das Wohngebiet ermittelt. Diese Erkenntnisse ermöglichen, Werbemaßnahmen auf bestimmte Wohngebiete zuzuschneiden und Vertriebsaktivitäten ganz gezielt in bestimmte Gebiete zu lenken.

Wie bei der Rasterfahndung zur Terrorismusbekämpfung versuchen die Marketingstrategen, das Raster immer enger zu ziehen, indem sie die Wohnquartiere immer kleinmaschiger machen und immer mehr Kriterien zur Charakterisierung hinzuziehen. Da aber Daten aus der amtlichen Statistik nicht sehr kleinräumig veröffentlicht werden, sucht man Ersatzlösungen. Telefonbuch- und Adressverlage analysieren dazu die Adressen der privaten Haushalte. Sie ermitteln zu jeder Adresse die Anzahl der vorkommenden Namen und stufen damit jede Adresse in Kategorien ein, wie z. B. Ein- bis Zweifamilienhaus, Drei- bis Achtfamilienhaus, Hochhaus. Auch die Häufigkeit des Vorkommens von akademischen Titeln oder Adelstiteln wird untersucht. Die Analyse der Vornamen lässt sogar Rückschlüsse auf die Altersstruktur zu. Vornamen unterliegen nämlich Modewellen – sie sind eine Weile lang beliebt und kommen dann wieder aus der Mode. Dies führt dazu, dass Vornamen sich in bestimmten Geburtsjahrgängen häufen, während sie in anderen nur selten vorkommen. Eine systematische statistische Auswertung der Vornamen pro Geburtsjahrgang ergibt somit pro Vornamen eine Wahrscheinlichkeit, mit der dieser Vorname einem Geburtsjahrgang zugeordnet werden kann. Wertet man mit dieser Erkenntnis nun die Vornamen aus den Adressen eines ganzen Wohnquartiers aus, so lässt sich daraus mit hoher Treffsicherheit auf das Durchschnittsalter der Haushaltsvorstände in diesem Wohngebiet schließen.

4.5.2 Sinus-Milieus® in der Mikrogeographie und Limbic® Geo Types

Die Sinus-Milieus® unterteilen die Bevölkerung Deutschlands nach Lebensauffassung und Wertehaltung in unterschiedliche Gruppen gleichgesinnter Menschen. Das Wissen über die Milieuzugehörigkeit beinhaltet viele Vorteile für die Zielgruppenansprache, da die meisten Kaufentscheidungen unter Beeinflussung des Lebensstils und der Milieuzugehörigkeit getroffen werden.

Die Sinus-Milieus® gruppieren Menschen entlang zweier Dimensionen (soziale Lage und normative Grundorientierung) (s. Abb. 4.39). Dabei liefern die Sinus-Milieus® ein wirklichkeitsgetreues Bild der soziokulturellen Vielfalt in Gesellschaften, indem sie die Befindlichkeiten und Orientierungen der Menschen, ihre Werte, Lebensziele, Lebensstile und Einstellungen sowie ihren sozialen Hintergrund genau beschreiben. Mit den Sinus-Milieus® kann man die Lebenswelten der Menschen somit „von innen heraus" verstehen, gleichsam in sie „eintauchen". Mit den Sinus-Milieus® versteht man, was die Menschen bewegt und wie sie bewegt werden können. Denn die Sinus-Milieus® nehmen die Menschen ganzheitlich wahr, im Bezugssystem all dessen, was für ihr Leben Bedeutung hat.

Seit Beginn der 1980er-Jahre werden die Sinus-Milieus von führenden Markenartikel-Herstellern und Dienstleistungsunternehmen für das strategische Marketing, für Produktentwicklung und Kommunikation genutzt. Ebenso gehören politische Parteien, Ministerien, Gewerkschaften, Kirchen und Verbände zu den Anwendern. Große Medienunternehmen arbeiten damit seit Jahren genauso wie Werbe- und Mediaagenturen. Mit der Integration der Sinus-Milieus in die wichtigsten Markt-Media-Studien (z. B. Best-4Planning) sowie in das AGF/GfK-Fernsehpanel sind darüber hinaus interessante Möglichkeiten einer optimierten Media-Auswertung und Planung gegeben. Sie liefern somit den „roten Faden" für Produktentwicklung, Strategie, Positionierung, Kommunikation, Mediaplanung und CRM (nach: Sinus-Institut).

4 Anwendungsbeispiele aus der Praxis

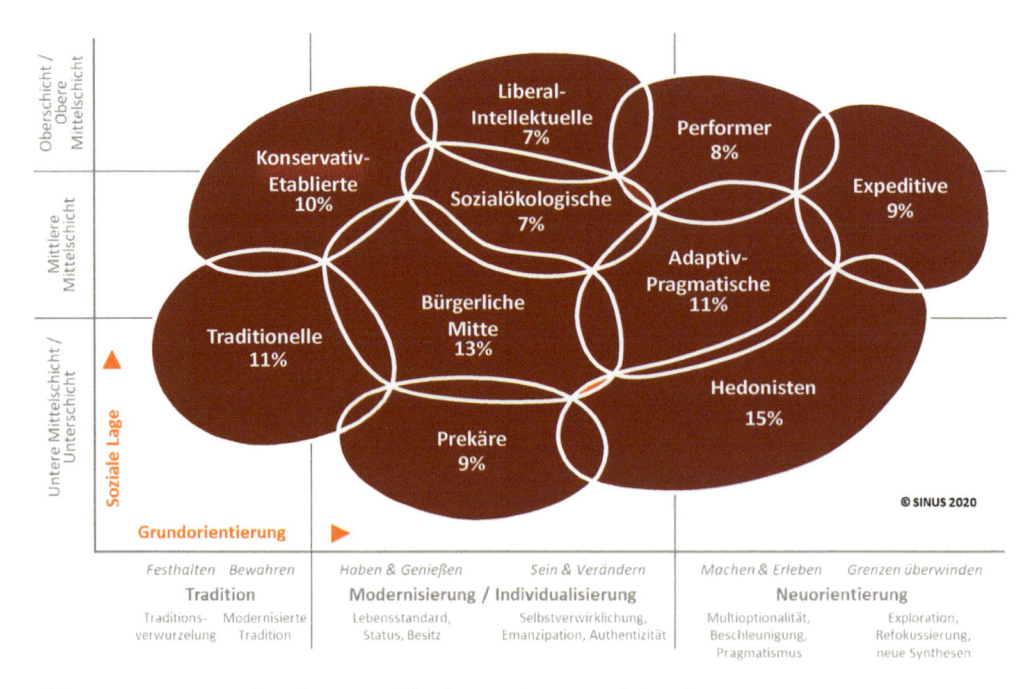

Abb. 4.39 Die Sinus-Milieus® in Deutschland – soziale Lage und Grundorientierung

Die Michael Bauer Micromarketing GmbH, Düsseldorf, hat in Zusammenarbeit mit dem Sinus-Institut das Zielgruppenmodell der Sinus-Milieus® mit der Mikrogeographie verknüpft und so Marktforschung und Mediaplanung auf Basis der Sinus-Milieus® lokal nutzbar gemacht. Für jedes Haus in Deutschland wird die statistische Wahrscheinlichkeit berechnet, mit der die einzelnen Sinus-Milieus® darin vorkommen und zusätzlich ein dominantes Milieu bestimmt. Ausgehend von der Gebäudeebene sind die Sinus-Milieus® in der Mikrogeographie auf jeder bei MB Micromarketing verfügbaren Raumebene nutzbar, also z. B. auf Ebene der Straßenabschnitte oder MikroPLZ. „Kundendatenbestände können über die geographische Verknüpfung mit den Sinus-Milieus® angereichert und qualifiziert werden (s. Abb. 4.40 und 4.41). Damit können zwei wichtige Themen im Marketing verbessert werden: Das Verständnis der eigenen Kunden in Bezug auf Lebensstil und Konsumverhalten und die zielgruppengerechte Ansprache potenzieller Kunden über die gesamte Customer Journey" (Michael Bauer Micromarketing GmbH).

4.5 Mikromarketing

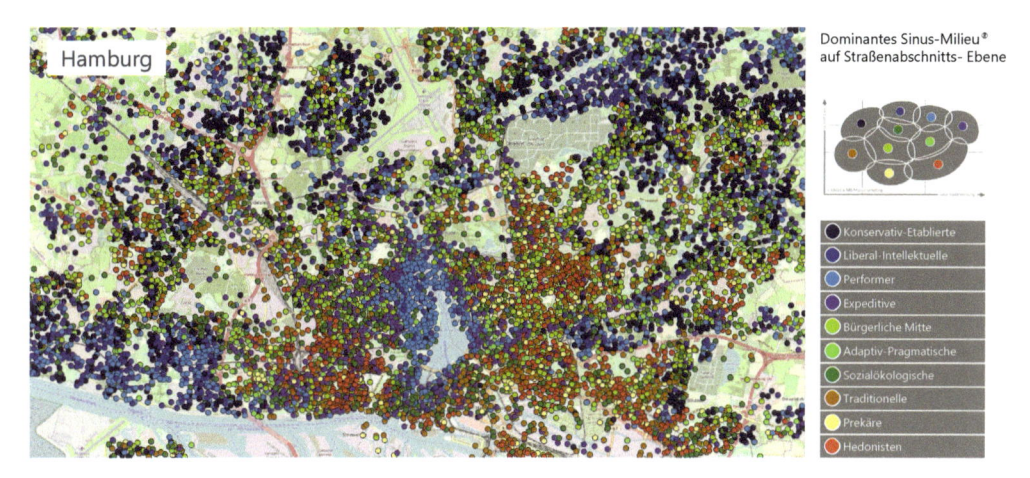

Abb. 4.40 Dominantes Sinus-Milieu® in Hamburg auf Straßenabschnitts-Ebene

Abb. 4.41 Dominantes Sinus-Milieu® in Hamburg auf Gebäude-Ebene

Die Limbic® Types sind eine Verdichtung der komplexen emotionalen Persönlichkeitsstrukturen (Limbic® Personality). Die Konsumenten werden über das Hauptemotionsfeld ihrer emotionalen Persönlichkeitsstruktur einem Limbic® Type zugeordnet (Gruppe Nymphenburg Consult AG). In Partnerschaft mit der Gruppe Nymphenburg Consult AG hat die microm GmbH, Neuss, den interdisziplinären Forschungsansatz Limbic® zur operativen Anwendung im Geomarketing und Dialogmarketing in die Fläche übertragen und die Limbic® Geo Types entwickelt. Damit kann man nicht nur sagen, welchem Limbic® Type eine bestimmte Zielgruppe angehört, sondern auch, wo genau diese wohnt (microm).

4.5.3 Mikrogeographische Scoringmodelle

So erschreckend es klingt, aber die Zahlungsmoral Ihres Nachbarn kann Ihre eigene Bonität beeinflussen. Dazu ein Beispiel: Versicherungsunternehmen entsteht ein erheblicher Aufwand durch die Stornierung von Versicherungsverträgen. Zur Senkung ihrer Kosten sind die Versicherungsunternehmen deshalb bestrebt, die Stornoquoten zu senken. Ein Ansatz dazu ist die Früherkennung möglicher „Wackelkandidaten". Idealerweise erkennt man die Kunden, bei denen eine hohe Stornowahrscheinlichkeit besteht, schon bei der Bearbeitung des Versicherungsantrags. Dies bietet die Möglichkeit, hohen Aufwand im Zusammenhang mit der Stornierung von laufenden Versicherungsverträgen dadurch zu vermeiden, dass der Versicherungsantrag von Personen mit niedriger Bonität abgelehnt wird.

Selbstverständlich werden dazu Auskünfte zur Bonität z. B. bei der SchuFa eingeholt. Hat ein Antragsteller Insolvenz angemeldet, läuft ein gerichtliches Mahnverfahren oder zahlt er seine Darlehensraten nicht, so liegen klare Hinweise auf mangelnde Zahlungsfähigkeit (oder Zahlungsbereitschaft) vor, die meist zur Ablehnung des Versicherungsantrags führen. Schwieriger zu erkennen sind jedoch die Verbraucher, bei denen die drohende Zahlungsunfähigkeit noch nicht dokumentiert ist, bei denen aber dennoch eine hohe Stornowahrscheinlichkeit besteht.

Um ein entsprechendes Früherkennungssystem aufzubauen, haben die Versicherungen das Zahlungsverhalten der Verbraucher in der Phase vor der eigentlichen Zahlungsunfähigkeit analysiert. Man hat erkannt, wo der Verbraucher am ehesten Zahlungsunregelmäßigkeiten riskiert, wenn das Geld knapp wird. Es sind in dieser Reihenfolge: ÖPNV („Schwarzfahren"), Mobilfunk, Versandhandel, Telefon-Festnetz, Strom/Gas/Wasser, Miete. Da ist es für die Versicherungsunternehmen natürlich nahe liegend, Versicherungsantragsteller auch dahingehend zu prüfen, ob Zahlungsunregelmäßigkeiten in der Vorphase der Zahlungsunfähigkeit vorliegen. Allerdings verhindert der Datenschutz den Austausch von personenbezogenen Daten, die Auskunft über das Zahlungsverhalten geben könnten. Deutsche Bahn, Vodafone, Quelle, Telekom (um nur einige denkbare Quellen zu nennen) dürfen also Listen ihrer säumigen Zahler nicht herausgeben.

Nun kommt der Mikromarketing-Gedanke ins Spiel. Wenn das Versicherungsunternehmen wegen des Datenschutzes schon keine Möglichkeiten hat, Daten zum Zahlungsverhalten einzelner Personen von anderen Unternehmen zu erhalten, so nimmt es ersatzweise Kennziffern zu Hilfe, die etwas über das erwartete zukünftige Zahlungsverhalten aussagen. Diese sog. Scoringverfahren stützen sich selbstverständlich zunächst auf klassische Kriterien wie Alter, Geschlecht, Beruf, Beschäftigungsstatus, Familienstand, Nationalität. Sie beziehen aber zunehmend auch das mikrogeographische Wohnumfeld mit ein. Die Scoringverfahren wurden inzwischen von einigen Versicherungsunternehmen evaluiert. Dazu wurden über ein Jahr alle Versicherungsanträge dem Scoringverfahren unterzogen und die Stornowahrscheinlichkeit ermittelt. Allerdings wurden die Anträge ohne Berücksichtigung des Scores angenommen bzw. abgelehnt. Nach einem Jahr wurde der tatsächliche Versicherungsverlauf mit der berechneten Stornowahrscheinlichkeit abgeglichen und eine hohe Korrelation zwischen der prognostizierten Stornierung laut Scoringverfahren und tatsächlicher Stornierung ermittelt.

Also Achtung: Wenn sich in Ihrer direkten Nachbarschaft die Fälle von Zahlungsunfähigkeit häufen, könnte dies zur Folge haben, dass auch Sie bald nicht mehr als kreditwürdig eingestuft werden (oder zumindest mit einem höheren Zinssatz zu rechnen haben). Verbraucherschützer kritisieren die dahinterstehende Pauschalisierung, die zu Ungerechtigkeiten und Benachteiligungen führen. Die Unternehmen rechtfertigen diesen Ansatz mit erheblichen Rationalisierungseffekten und den damit verbundenen Kosteneinsparungen.

4.5.4 CASA Consumer – eine hausgenaue mikrogeographische Marktdatenbank

Um dem Leser einen Eindruck zu vermitteln, welch umfangreiche mikrogeographischen Marktdaten heute verfügbar sind, sei hier exemplarisch die infas360-Mikrodatenbank „CASA Consumer" erwähnt. Mit ca. 40 Millionen Haushalten sowie über 21 Millionen postalisch adressierbaren Gebäuden ist sie eine der umfangreichsten Datenquellen für das B2C-Geschäft in Deutschland. Sie beinhaltet eine Vielzahl von hausgenauen Informationen für Anreicherungen und räumliche Analysen, wie z. B.:

- Hochdifferenzierte Gebäudetypen und Gebäudegrundflächen
- Anzahl Haushalte
- Soziodemographische Informationen (z. B. soziale Schicht, Alters- und Familienstruktur)
- Infrastrukturinformationen (z. B. Breitbandverfügbarkeit, Solaranlagen, Gasverfügbarkeit)
- Branchenspezifische Affinitäten (z. B. Telekommunikation, Energie, Versicherung, Gesundheit)

(infas360)

4.5.5 Bewertung von Out-of-Home-Medien

Für Out-of-Home-Medien, von den klassischen Medien wie Litfaßsäule und Großflächenplakat über City-Light-Poster, City-Light-Säule, Mega-Light bis hin zum digitalen City-Light-Board, gilt grundsätzlich: Einen wesentlichen Einfluss auf die Medienwirkung und somit auf den Mietpreis einer Out-of-Home-Werbefläche hat nicht nur die Anzahl der „Blickkontakte", sondern auch deren Dauer. Für die Werbewirksamkeit und folglich für den Mietpreis einer Out-of-Home-Werbefläche ist somit dessen Standort ein wichtiges Kriterium. Je stärker der Verkehr in unmittelbarer Nähe des Standorts, desto größer die Zahl der „Blickkontakte". Out-of-Home-Medien, die parallel zur Straße aufgestellt sind, haben eine geringere Aufmerksamkeitswirkung als Plakate, die quer zur Straße stehen bzw. hängen. Besonders gute Aufmerksamkeitswerte erzielen Out-of-Home-Medien an Ampeln, denn bei Rot hat der Autofahrer besonders lange Zeit, die Werbebotschaft zu aufzunehmen. Außerdem hilft ein interessantes Werbemotiv, die Wartezeit an der roten Ampel zu ‚verkürzen'. Ähnlich gute Wirkung zeigen Out-of-Home-Medien an Bus- und Bahnhaltestellen.

Während die Vermieter von Out-of-Home-Medien von Natur aus bestrebt sind, ihre Standorte als durchweg hochfrequentiert und sehr gut einsehbar darzustellen und dementsprechend teuer zu verkaufen, verblieb bei der Werbung treibenden Wirtschaft oft ein Rest an Misstrauen, ob die gebuchten Werbeflächen wirklich ausnahmslos ihr Geld wert sind. Was fehlte, waren einheitliche, nachprüfbare und von einer neutralen Instanz ermittelte Qualitätskriterien für alle Plakatstandorte. Angesichts von über 290.000 klassischen und digitalen Plakatmedien in Deutschland (Stand 2019; OOH-Magazin 1/2020) ist dies eine Mammutaufgabe, die geradezu nach dem Einsatz digitaler Methoden verlangt.

Diese Aufgabe wurde für Deutschland inzwischen weitestgehend gelöst. Möglich wurde dies, weil der überwiegende Teil der Out-of-Home-Mediastandorte inzwischen mit Geokoordinaten versehen ist, digitale Straßennetze flächendeckend für Deutschland verfügbar sind, umfangreiche Daten von Verkehrsfrequenzmessungen vorliegen und Data Mining Verfahren eingesetzt werden konnten. Das mikrogeographische Projekt wurde vom Fachverband Aussenwerbung e. V. (FAW) und dem Fraunhofer Institut Autonome Intelligente Systeme (IAIS) gemeinsam durchgeführt. Ergebnis ist der „Frequenzatlas für Deutschland", der 2005 erstmals veröffentlicht wurde.

„Der „Frequenzatlas für Deutschland" ist ein allgemeingültiges Datenmodell für Verkehrsfrequenzen auf breiter empirischer Basis. Mit diesem in seiner Art einzigartigen Datenwerk ist es möglich, Anzahl und Art der Nutzer von Verkehrswegen nahezu punktgenau zu ermitteln und damit insbesondere in Verbindung mit der Außenwerbung Aussagen und Vorhersagen zu Kontaktmengen existierender oder potenzieller Plakatstandorte zu machen. Die Frequenzdaten liegen flächendeckend für alle Gemeinden in Deutschland vor.

[…]

Die Frequenzen werden für einzelne Straßenabschnitte als durchschnittliche Anzahl der Passanten pro Stunde ausgewiesen, aufgeschlüsselt nach drei verschiedenen Gruppen von Verkehrsteilnehmern – Kraftfahrzeug-Insassen, Fußgänger und Fahrgäste in öffentlichen Personennahverkehrsmitteln. Die Erhebung der Daten beruht auf rund 140.000 standortbezogenen Frequenzzählungen, die über ein Data-Mining-Modell vom Fraunhofer Institut Autonome Intelligente Systeme (IAIS) mit weiteren Informationen aus zusätzlichen Datenquellen verknüpft werden. Dazu gehören auch geographische Faktoren wie Bevölkerungsdichte, Straßennetz, Straßenkategorie NAVTEQ, Häufungen von sogenannten Points of Interest (POI) wie zum Beispiel Bahnhöfe, öffentliche Gebäude, Geschäfte oder Restaurants. Kommunale Zählungen werden ebenfalls zur externen Validierung der Frequenzdaten eingesetzt.

Die im FAW-Frequenzatlas ermittelten Werte stellen eine wertvolle Planungs- und Entscheidungshilfe in der Werbe- und Out-of-Home-Medienbranche dar. In der Aussenwerbung fließen die Frequenzdaten in die Reichweitenstudie ma Plakat und ihren Kontaktwert PpS (Plakatseher pro Stelle) ein" (FAW Fachverband Außenwerbung e. V.).

4.6 Energiegeographie und Geomarketing

Dass die Netz- und Grundversorgungsgebiete für die Strom- und Gasversorgung auch im Geomarketing von grundsätzlicher Bedeutung sind, wurde bereits in Kapitel 1.6.2 erläutert. Dass diese Gebietsstrukturen erheblichen Einfluss auf die Gestaltung von Strom- und Gastarifen haben und somit von großer Bedeutung für den Wettbewerb um die Energieverbraucher sind, soll hier noch einmal vertiefend dargestellt werden. Während es bei den Strom- und Gastarifen primär um B2C-Geschäft geht, stammt das Beispiel im darauf folgenden Kapitel aus dem B2B-Bereich: Es geht um „Big Business", nämlich um den Wettbewerb, um die Konzessionen zum Betrieb von Strom- und Gasverteilnetzen und darum, welche Bedeutung der Raumbezug dabei spielt.

4.6.1 Die Bedeutung des Raumbezugs beim Vertrieb von Strom und Gas

Laut Monitoringbericht 2018 von Bundesnetzagentur und Bundeskartellamt entfielen rund 24 Prozent des Strompreises auf Netzentgelte (einschließlich Mess- und Abrechnungskosten). Da jeder der rund 860 Stromverteilnetzbetreiber und rund 700 Gasverteilnetzbetreiber die Netznutzungsentgelte für sein Netzgebiet eigenständig festlegt, fallen die Netznutzungsentgelte im bundesweiten Vergleich höchst unterschiedlich aus. Wenn also Energieanbieter den Strompreis kalkulieren und ihre Tarife modellieren, müssen sie eine regional sehr unterschiedliche Kostenkomponente berücksichtigen.

Andererseits stehen sie im scharfen Wettbewerb zu den vielen anderen Energieanbietern. Der Verbraucher nimmt diesen Wettbewerb oft nur am Rande wahr, wenn er z. B. den Strom- oder Gasanbieter wechseln möchte und dazu auf einem der Preisvergleichsportale im Internet nach dem für ihn attraktivsten Tarif sucht. Für die Anbieter ist es somit äußerst wichtig zu wissen, zu welchen Konditionen die Wettbewerber Strom bzw. Gas anbieten. Wird ein neuer Tarif modelliert, so ist nicht nur zu beachten, dass die Erlöse kostendeckend sind, also insbesondere auch die regional unterschiedlichen Netzentgelte abdecken und eine zufriedenstellende Marge bieten, sondern auch, dass sie im Wettbewerb zu den Tarifen der übrigen Anbieter konkurrenzfähig sind. Für die Tarifmodellierung ist somit essentiell, für jeden Ort in Deutschland sowohl die dort aktuell geltenden Netzentgelte als auch die dort aktuell angebotenen Tarife der Wettbewerber zu kennen, denn es gilt die einfache Faustformel: Da, wo die Netzentgelte niedrig sind und das Preisniveau der Wettbewerber hoch ist, habe ich gute Chancen, mit einem konkurrenzfähigen Tarif eine zufriedenstellende Marge zu erzielen. Die Marktstrategie und insbesondere die Preispolitik der Energieanbieter hat also einen erheblichen Raumbezug.

Anbieter wie die GET AG (Leipzig) oder ene´t (Hückelhoven) liefern den Energieanbietern tagesaktuelle Datenbanken der Netzentgelte und Tarife nahezu aller Marktteilnehmer. Diese Daten sind heruntergebrochen auf Postleitzahlgebiete und da, wo erforderlich, sogar auf Straßenzüge. Mit entsprechender Modellierungssoftware können auf dieser Datenbasis Tarife modelliert werden und deren Marktchancen beurteilt werden. Wegen der großen Bedeutung des Raumbezugs sind solche Lösungen ohne interaktive Karten heute nicht mehr vorstellbar. Die GET AG schreibt dazu auf ihrer Webseite:

4 Anwendungsbeispiele aus der Praxis

„Auf Basis der bundesweiten, topaktuellen [...] Tarif-, Entgelt- und Wechseldaten der GET AG erstellen Sie [...] Benchmarks, Preisvergleiche, Margenberechnungen und Gegenüberstellungen von Netzentgelten, Preisstrukturanalysen, Zeitreihenanalysen, Produkt(typ)vergleiche, Rankinganalysen und vieles mehr. [...] Auf Basis Ihrer Analysen und unserer Daten entwickeln und simulieren Sie Produkte und Tarife unter realen Bedingungen: Sie loten strategisch relevante Vertriebsgebiete aus, entwickeln attraktive Produkte, führen Rankings gegen bereits vorhandene Angebote durch und behalten dabei immer Ihre Marge im Auge" (GET AG).

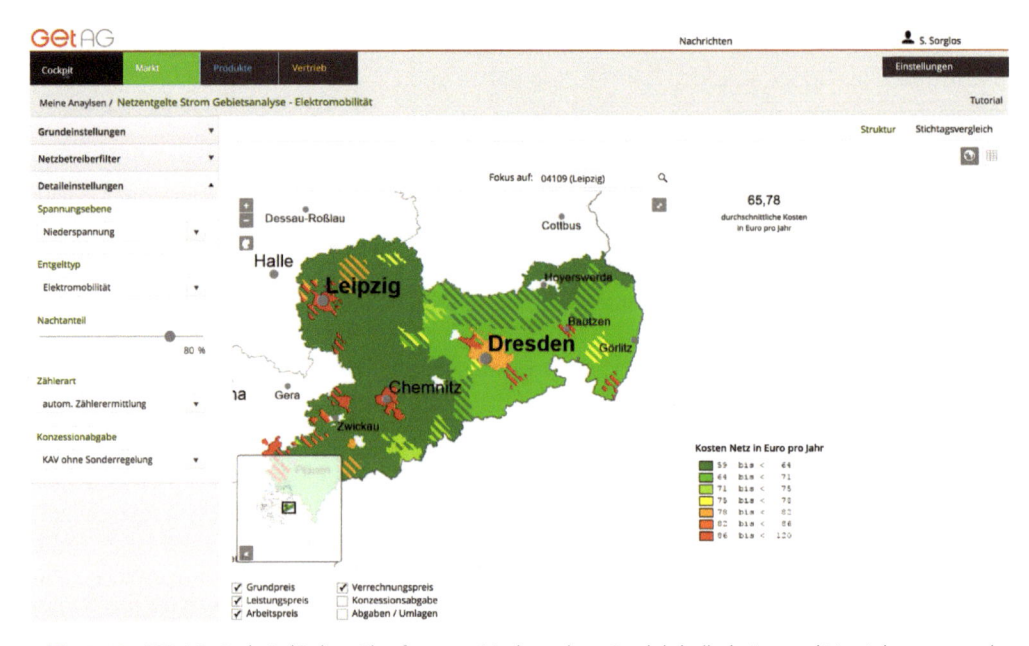

Abb. 4.42 GET AG-Cockpit (Online-Plattform zur Marktanalyse, Produktkalkulation und Vertriebssteuerung)

4.6.2 Der Wettbewerb um Konzessionen zum Betrieb von Strom- und Gasverteilnetzen

Ein weiterer Wettbewerb im Energiesektor, der weitgehend unbemerkt hinter den Kulissen stattfindet, ist der Wettbewerb um die oft äußerst lukrativen Konzessionen für den Betrieb von Strom- und Gasnetzen. Auch hier spielt der Raumbezug eine große Rolle, weshalb Geomarketingmethoden auch hier gerne eingesetzt werden.

Um das politische Ziel zu erreichen, in möglichst vielen Bereichen der Energieversorgung Wettbewerb zu erzeugen, sollen auch die über Jahrzehnte gewachsenen regionalen Monopole der Strom- und Gasverteilnetze aufgebrochen werden. Dazu wurde festgelegt, dass die sog. Wegenutzungsrechte für Aufbau und Betrieb von Strom- und Gasverteilnetzen von den Städten und Gemeinden nur für maximal 20 Jahre vergeben werden dürfen und spätestens zwei Jahre vor Auslaufen der Konzessionsverträge die bevorstehende Neuvergabe der Konzessionen amtlich bekannt gemacht werden muss. Somit können sich interessierte Unternehmen rechtzeitig um die neue Konzession bewerben und es entsteht Wettbewerb um die Konzessionen.

In der Praxis haben es allerdings die in den großen Energiekonzernen für die Konzessionsstrategie Verantwortlichen äußerst schwer, sich einen Überblick über die Restlaufzeiten der Konzessionen zu verschaffen, da jede der über 11.000 Städte und Gemeinden in Deutschland die Konzession für sein Gemeindegebiet eigenständig vergibt, manchmal Konzessionen für bestimmte Gemeindeteile separat vergeben werden, die Konzessionen für die Strom- und Gasnetze oft unterschiedliche Restlaufzeiten haben und die amtlichen Bekanntmachungen über das Auslaufen einer Konzession im Bundesanzeiger nur in Textform veröffentlicht werden und somit nicht systematisch abgefragt werden können.

Die systematische Erfassung und kartographische Visualisierung dieser Daten verschafft Überblick und ermöglicht raumbezogene Abfragen unter Berücksichtigung der Restlaufzeiten von Konzessionen, z. B.: „In welchen Städten und Gemeinden Bayerns ab 50.000 Einwohner läuft in den nächsten Jahren die Konzession für das Stromnetz aus und welches Unternehmen hat derzeit die Konzession?" Für Unternehmen, die an der Konzession interessiert sind, ist der Blick auf die Karte sehr aufschlussreich, denn man erkennt, wie weit das neue Konzessionsgebiet vom bisherigen Netzgebiet des Unternehmens entfernt ist und welche Netzbetreiber in der Umgebung aktiv sind und somit potenzielle Wettbewerber um die Konzession sind.

Informationen über auslaufende Konzessionen sind aber keineswegs nur für Unternehmen interessant, die ihr Netzgeschäft ausweiten wollen. Insbesondere Konzessionärswechsel, also die Neuvergabe einer Konzession an ein anderes Unternehmen als den bisherigen Netzbetreiber, bieten ein attraktives Betätigungsfeld für verschiedenste Berater im Umfeld: Unternehmensberater beraten die Unternehmensführung in Fragen der Konzessionsstrategie, Wirtschaftsprüfer bestimmen den Wert der zu übertragenden Netze, Juristen erarbeiten Verträge und führen Prozesse, Banken finanzieren den Kauf der Netze und IT-Berater sorgen für die Migration von Daten aus ERP, CRM, GIS o. Ä. nach dem Wechsel des Konzessionärs. Präzises, raumbezogenes Wissen um die Restlaufzeiten der Konzessionen ist somit für alle in diesem Markt agierenden Unternehmen sowie deren Berater und Dienstleister unerlässlich, um Geschäftspotenziale frühzeitig zu erkennen und sich rechtzeitig „in Stellung" zu bringen.

Schlusswort

Die vorgestellten Geomarketing-Anwendungsbeispiele wurden so gewählt, dass das breite Spektrum der Einsatzmöglichkeiten erkennbar wird. Dennoch blieb mancher Anwendungsbereich unerwähnt, etwa Geomarketing im öffentlich-rechtlichen Bereich. Im Gesundheitswesen analysiert man zum Beispiel mit Geomarketing-Methoden die Patientenströme vom niedergelassenen Arzt in die Klinik und zurück. Auch die Landeskrankenhausgesellschaften nutzen Geomarketingsysteme für die Analyse der Krankenhauslandschaft und die Planung der Weiterentwicklung der klinischen Versorgung.

Wie Sie sehen, wird Geomarketing in der Praxis so vielfältig genutzt, dass dieses Buch keinerlei Anspruch auf Vollständigkeit, ja nicht einmal auf Repräsentativität erheben kann. Wenn Sie aber nach Lektüre dieses Buchs Geomarketing besser verstehen, wenn Sie interessante Anwendungsbereiche für Geomarketing entdecken konnten, dann hat das Buch seinen Zweck erfüllt. Wenn es dazu beigetragen hat, Sie vom Nutzen des Geomarketing-Einsatzes zu überzeugen, wird es Ihnen auch helfen, die (Mit-)Entscheider im Unternehmen davon zu überzeugen!

Während Sie sich nun möglicherweise unterhaltsamerer Lektüre zuwenden, beschäftigt mich die spannende Frage, wie sich Geomarketing im Zeitalter des Internets weiter entwickeln wird. Bedeutet Digitalisierung im Vertrieb, dass Vertrieb zukünftig nur noch online stattfindet und ein Vertriebsaußendienst nicht mehr benötigt wird? Welchen Einfluss wird die Globalisierung haben? Hat der Grundsatz „All business is local" noch Bestand, wenn immer mehr Waren online gekauft werden? Haben die Influencer in den sozialen Medien mehr Einfluss auf das Konsumverhalten als das Wohnumfeld des Konsumenten? Führt Big Data zum „gläsernen Konsumenten"? Wenn Sie Antworten auf diese Fragen haben, lassen Sie es mich wissen!

Werner Tappert
tappert.werner@web.de

Anhang

A1 Literatur- und Quellenverzeichnis

Autobahn Tank & Rast: Das Unternehmen. Bonn. https://tank.rast.de/unternehmen.html (10.06.2020); https://www.raststaetten.de (27.07.2020).

AZ Direct GmbH: Postalische Werbung/Direct Mail. Gütersloh. https://www.az-direct.com/site/multichannel-marketing-produkte/postalische-werbung/direct-mail/ (10.06.2020).

AZ Direct GmbH: Zielgruppengenaues E-Mail-Marketing. Gütersloh. https://www.az-direct.com/site/multichannel-marketing-produkte/e-mail-marketing/ (05.06.2020).

BDEW Bundesverband der Energie- und Wasserwirtschaft e. V.: Pressemappe „Entwicklung der Strompreise". Berlin. https://www.bdew.de/presse/pressemappen/entwicklung-der-strompreise/ (20.06.2020).

BDZV Bundesverband Digitalpublisher und Zeitungsverleger e. V.: Zeitungen und ihre Leser in Stichworten 2019. https://www.bdzv.de/maerkte-und-daten/marktdaten/zeitungen-in-zahlen-und-daten/ (10.06.2020).

Bill, Ralf (2016): Grundlagen der Geo-Informationssysteme. Hardware, Software und Daten. 6. Auflage. Wichmann, Berlin/Offenbach.

Bundesamt für Kartographie und Geodäsie (BKG): Webdienste. Frankfurt am Main. www.bkg.bund.de (28.11.2020).

Bundesamt für Landestopografie swisstopo: Kostenlose Geodaten. Wabern. https://shop.swisstopo.admin.ch/de/products/free/free_geodata (28.11.2020).

Bundesamt für Statistik: Institutionelle Gliederungen. Neuchâtel. https://www.bfs.admin.ch/bfs/de/home/statistiken/querschnittsthemen/raeumliche-analysen/raeumliche-gliederungen/Institutionelle-gliederungen.html (18.03.2020).

Bundesinstitut für Bau-, Stadt- und Raumforschung (BBSR) im Bundesamt für Bauwesen und Raumordnung (BBR): INKAR. Bonn. www.inkar.de (28.11.2020).

BVDA – Bundesverband Deutscher Anzeigenblätter e. V.: Anzeigenblattplanung leicht gemacht. Berlin. www.advertizor.de (10.06.2020).

crossvertise GmbH: Radiosender. München. https://www.crossvertise.com/radiowerbung/radiosender/bayern3 (26.11.2020).

DDS Digital Data Services GmbH (2019): PLZ8-Flyer. Karlsruhe.

DESTATIS – Statistisches Bundesamt: Tabellen. Wiesbaden. www.destatis.de (28.11.2020).

DSGVO: in der aktuellen Version des ABl. L 119, 04.05.2016; ber. ABl. L 127, 23.05.2018. https://dsgvo-gesetz.de (10.06.2020).

FAW – Fachverband Außenwerbung e. V.: Frequenzatlas für Deutschland. Frankfurt am Main. https://faw-ev.de/frequenzatlas-fuer-deutschland (10.06.2020).

Feix, Claudia (2007): Bedeutung von Geo Business Intelligence und Geomarketing zur Entscheidungsunterstützung unternehmerischer Planungsprozesse im Kontext wirtschaftlicher Liberalisierung (Dissertation). Berlin.

Frerk, Thorsten (2018): Außendienststeuerung im Vertrieb. In: Herter/Mühlbauer (Hrsg.): Handbuch Geomarketing. Wichmann, Berlin/Offenbach.

General-Anzeiger Bonn GmbH: US Militär in Deutschland. Bonn (30.7.2020).

Gesellschaft für integrierte Kommunikationsforschung mbH & Co. KG: Best for planning. München. https://gik.media/best-4-planning/ (10.06.2020).

GET AG: Cockpit – Intelligente Vertriebssteuerung leicht gemacht. Leipzig. https://www.get-ag.com/produkte/cockpit/ (10.06.2020).

Gruppe Nymphenburg Consult AG: Ihre Zielgruppe(n) neuropsychologisch segmentiert. München. https://www.nymphenburg.de/identitaetsorientierte-markenfuehrung-limbic.html (19.05.2020).

Herter, Michael/Mühlbauer, Karl-Heinz (Hrsg.) (2018): Handbuch Geomarketing. Wichmann, Berlin/Offenbach.

IFH – Institut für Handelsforschung (2019): Studie „Handelsszenarien Nordrhein-Westfalen 2030". Köln.

Infas360 GmbH: casa consumer. Bonn. https://infas360.de/marktdaten/mikrogeographie/ (24.11.2020) und PAGS-Flyer. Bonn (24.11.2020).

Kothe, Peter (2019): Online-Filialaktivierung. Vortrag auf den DDS Data Days, Frankfurt, September 2019.

Kraftfahrt-Bundesamt: Produkte der Statistik. Flensburg. https://www.kba.de/DE/Statistik/Produktkatalog/produktkatalog_node.html (28.11.2020).

Leiberich, Peter (Hrsg.) (1997): Business Mapping im Marketing. Wichmann, Heidelberg.

Lutum+Tappert DV-Beratung GmbH: QB-Monitor. Bonn. https://www.qb-monitor.de (27.11.2020).

Michael Bauer International GmbH (2020): Mobile Trace Data. Karlsruhe.

Michael Bauer Micromarketing GmbH (2020): Sinus-Milieus® in der Microgeographie. Düsseldorf. https://www.mb-micromarketing.de/zielgruppendaten/sinus-milieus/ (16.06.2020).

Microm GmbH: Limbic® Geo Types – Neurowissenschaftliches Zielgruppenmodell in den Raum übersetzt. Neuss. https://www.microm.de/loesungen/daten/limbic-geo-types/ (16.06.2020).

motionlogic GmbH: Homepage. Berlin. www.motionlogic.de (15.06.2020).

Nitsche, Martin (1998): Micromarketing – Daten, Methoden, Praxis. Ueberreuter, Wien.

Olbrich, Gerold/Quick, Michael/Schweikart, Jürgen (1996): Computerkartographie. Springer, Berlin/Heidelberg.

OOH-Magazin 1/2020; FAW Fachverband Außenwerbung e. V. (Hrsg.): Stellenbestand der klassischen und digitalen Plakatmedien 2019. https://www.ooh-magazin.de/2020-01/24/index.html (25.05.2020).

Post CH AG: Adresspflege/Straßenverzeichnis mit Sortierdaten. Bern. https://www.post.ch/-/media/post/kundenadressen-pflegen/dokumente/strassenverzeichnis-mit-sortierdaten.pdf (18.03.2020).

RMS Radio Marketing Service GmbH & Co. KG (2009): RadioXpert Handbuch. Hamburg. www.radioxpert.de.

Schüssler, F. (2000): Geomarketing – Anwendungen Geographischer Informationssysteme im Einzelhandel. Tectum, Marburg.

Senatsverwaltung für Stadtentwicklung und Wohnen, Berlin. https://www.stadtentwicklung.berlin.de/planen/basisdaten_stadtentwicklung/lor/ (15.06.2020).

Senozon AG: Das Senozon Mobilitätsmodell. Zürich. https://senozon.com/modell/ (15.06.2020).

Sinus-Institut (Sinus Markt- und Sozialforschung GmbH): Sinus-Milieus® Deutschland. Heidelberg. https://www.sinus-institut.de/sinus-loesungen/sinus-milieus-deutschland/ (16.06.2020).

Statistik Austria: Regionale Gliederungen. Wien. http://www.statistik.at/web_de/klassifikationen/regionale_gliederungen/index.html; http://www.statistik.at/web_de/klassifikationen/regionale_gliederungen/regionalstatistische_rastereinheiten/index.html (18.03.2020).

STUDIO GONG GmbH & Co. Studiobetriebs KG: HOT FUNKPAKET. Nürnberg. https://www.studio-gong.de/angebote/kombinationen-broadcast/item/63-hot-funkpaket.html (26.11.2020).

Telefónica: Corporate News, 10.10.2018. München. https://www.telefonica.de/news/corporate/index.html?year=2018;month=10 (15.06.2020).

Weischer.Media: Zielgruppen entlang ihrer veränderten Customer Journey erreichen. Hamburg. https://weischer.media/de/de/aussenwerbung/blickwinkel/zielgruppen-entlang-ihrer-veränderten-customer-journey-erreichen/ (29.05.2020).

Wikipedia: Stichwort „Business Intelligence". https://de.wikipedia.org/wiki/Business_intelligence (27.11.2020); Stichwort „Geotargeting". https://de.wikipedia.org/wiki/Geotargeting (24.03.2020).

Zeitungsmarktforschung Gesellschaft der deutschen Zeitungen (ZMG) mbH: Zeitungs-Verbreitungsatlas. Frankfurt am Main. https://www.die-zeitungen.de/media/planungstools/zeitungs-verbreitungsatlas.html (26.08.2020); https://www.die-zeitungen.de/media/planungstools/regiomds.html (28.11.2020).

Zensus 2011: Statistische Ämter des Bundes und der Länder, vertreten durch den Präsidenten des Statistischen Bundesamts. Wiesbaden. www.zensus2011.de (16.06.2020).

A2   Abbildungsnachweis

Abb. 1.1	MasterCoach
Abb. 1.2	easymap © Kartengrafik: eigene Darstellung
Abb. 1.3	eigene Darstellung
Abb. 1.4	easymap © Kartengrafik: eigene Darstellung
Abb. 1.5	easymap © Kartengrafik: eigene Darstellung
Abb. 1.6	easymap © Kartengrafik: eigene Darstellung
Abb. 1.7	easymap © Kartengrafik: eigene Darstellung
Abb. 1.8	easymap © Kartengrafik: eigene Darstellung
Abb. 1.9	easymap © Kartengrafik: eigene Darstellung
Abb. 1.10	Michael Bauer Mircomarketing GmbH
Abb. 1.11	easymap © Kartengrafik: eigene Darstellung
Abb. 1.12	easymap © Kartengrafik: eigene Darstellung
Abb. 1.13	easymap © Kartengrafik: eigene Darstellung; GeoBasis-DE/BKG 2020
Abb. 1.14	easymap © Kartengrafik: eigene Darstellung; Senatsverwaltung für Stadtentwicklung und Wohnen, Berlin; GeoBasis-DE/BKG 2020
Abb. 1.15	easymap © Kartengrafik: eigene Darstellung; Senatsverwaltung für Stadtentwicklung und Wohnen, Berlin; GeoBasis-DE/BKG 2020
Abb. 1.16	easymap © Kartengrafik: eigene Darstellung
Abb. 1.17	easymap © Kartengrafik: eigene Darstellung
Abb. 1.18	easymap © Kartengrafik: eigene Darstellung
Abb. 1.19	easymap © Kartengrafik: eigene Darstellung
Abb. 1.20	easymap © Kartengrafik: eigene Darstellung; swisstopo
Abb. 1.21	easymap © Kartengrafik: eigene Darstellung; swisstopo
Abb. 1.22	easymap © Kartengrafik: eigene Darstellung
Abb. 1.23	easymap © Kartengrafik: eigene Darstellung
Abb. 1.24	easymap © Kartengrafik: eigene Darstellung
Abb. 1.25	Eigene Darstellung mit fiktiven Daten
Abb. 1.26a	BBSR Bonn 2020
Abb. 1.26b	BBSR Bonn 2020
Abb. 1.26c	BBSR Bonn 2020
Abb. 2.1	Eigene Darstellung
Abb. 2.2	Eigene Darstellung
Abb. 2.3	easymap © Kartengrafik: eigene Darstellung mit fiktiven Daten

Abb. 2.4	easymap © Kartengrafik: eigene Darstellung mit fiktiven Daten
Abb. 2.5	easymap © Kartengrafik: eigene Darstellung mit fiktiven Daten
Abb. 2.6	easymap © Kartengrafik: eigene Darstellung
Abb. 2.7	easymap © Kartengrafik: eigene Darstellung mit fiktiven Daten; GeoBasis-DE/BKG 2020
Abb. 2.8	easymap © Kartengrafik: eigene Darstellung; BKG 2020; Michael Bauer International GmbH
Abb. 2.9	easymap © Kartengrafik: eigene Darstellung
Abb. 2.10	easymap © Kartengrafik: eigene Darstellung; BKG 2020
Abb. 2.11	easymap © Kartengrafik: eigene Darstellung mit fiktiven Daten; BKG 2020
Abb. 2.12	easymap © Kartengrafik: eigene Darstellung; BKG 2020
Abb. 2.13	Google Maps
Abb. 2.14	easymap © Kartengrafik: eigene Darstellung; BKG 2020
Abb. 2.15	easymap © Kartengrafik: eigene Darstellung
Abb. 2.16	Eigene Darstellung mit fiktiven Daten
Abb. 2.17	easymap © Kartengrafik: eigene Darstellung mit fiktiven Daten
Abb. 2.18	easymap © Kartengrafik: eigene Darstellung mit fiktiven Daten
Abb. 2.19	easymap © Kartengrafik: eigene Darstellung mit fiktiven Daten
Abb. 2.20	easymap © Kartengrafik: eigene Darstellung mit fiktiven Daten
Abb. 2.21	Datenquelle: infas360 GmbH; easymap © Kartengrafik: eigene Darstellung
Abb. 2.22	Datenquelle: infas360 GmbH; easymap © Kartengrafik: eigene Darstellung
Abb. 2.23	Datenquelle: Destatis 2020; easymap © Kartengrafik: eigene Darstellung
Abb. 2.24	Datenquelle: Destatis 2020; easymap © Kartengrafik: eigene Darstellung
Abb. 2.25	Datenquelle: infas360 GmbH; easymap © Kartengrafik: eigene Darstellung
Abb. 2.26	Datenquelle: infas360 GmbH; easymap © Kartengrafik: eigene Darstellung
Abb. 2.27	easymap © Kartengrafik: eigene Darstellung mit fiktiven Daten
Abb. 2.28	Datenquelle: infas360 GmbH; easymap © Kartengrafik: eigene Darstellung
Abb. 2.29	easymap © Kartengrafik: eigene Darstellung mit fiktiven Daten; BKG 2020
Abb. 2.30	easymap © Kartengrafik: eigene Darstellung
Abb. 2.31	easymap © Kartengrafik: eigene Darstellung mit fiktiven Daten

Abb. 2.32	Eigene Darstellung
Abb. 2.33	easymap © Kartengrafik: eigene Darstellung
Abb. 2.34	easymap © Kartengrafik: eigene Darstellung
Abb. 2.35	easymap © Kartengrafik: eigene Darstellung
Abb. 2.36	easymap © Kartengrafik: eigene Darstellung
Abb. 2.37	easymap © Kartengrafik: eigene Darstellung
Abb. 2.38	easymap © Kartengrafik: eigene Darstellung
Abb. 2.39	easymap © Kartengrafik: eigene Darstellung
Abb. 2.40	easymap © Kartengrafik: eigene Darstellung
Abb. 2.41	Datenquelle: Zeitungsatlas, ZMG; easymap © Kartengrafik: eigene Darstellung
Abb. 2.42	Datenquelle: Zeitungsatlas, ZMG; easymap © Kartengrafik: eigene Darstellung
Abb. 2.43	Datenquelle: Zeitungsatlas, ZMG; easymap © Kartengrafik: eigene Darstellung
Abb. 3.1	easymap © explorer Kartengrafik: eigene Darstellung mit fiktiven Daten; Microsoft Corporation 2020; HERE 2020
Abb. 3.2	easymap © Kartengrafik: eigene Darstellung mit fiktiven Daten
Abb. 3.3	Microsoft Corporation
Abb. 3.4	Microsoft Corporation
Abb. 3.5	Datenquelle: General-Anzeiger Bonn GmbH; easymap © Kartengrafik: eigene Darstellung
Abb. 4.1	Datenquelle: GET AG; easymap © Kartengrafik: Lutum+Tappert DV-Beratung GmbH
Abb. 4.2	Datenquelle: GET AG; easymap © Kartengrafik: Lutum+Tappert DV-Beratung GmbH
Abb. 4.3	Datenquelle: GET AG; easymap © Kartengrafik: Lutum+Tappert DV-Beratung GmbH
Abb. 4.4	easymap © Kartengrafik: eigene Darstellung mit fiktiven Daten
Abb. 4.5	Eigene Darstellung
Abb. 4.6	Eigene Darstellung mit fiktiven Daten
Abb. 4.7	easymap © Kartengrafik: eigene Darstellung mit fiktiven Daten
Abb. 4.8	easymap © Kartengrafik: eigene Darstellung mit fiktiven Daten
Abb. 4.9a+b	easymap © Kartengrafik: eigene Darstellung
Abb. 4.10	Eigene Darstellung mit fiktiven Daten
Abb. 4.11	Eigene Darstellung mit fiktiven Daten; BKG 2020
Abb. 4.12	Eigene Darstellung

Anhang

Abb. 4.13	easymap © Kartengrafik: eigene Darstellung mit fiktiven Daten
Abb. 4.14	easymap © Kartengrafik: eigene Darstellung
Abb. 4.15	Eigene Darstellung mit fiktiven Daten
Abb. 4.16	easymap © Kartengrafik: eigene Darstellung
Abb. 4.17	Eigene Darstellung mit fiktiven Daten
Abb. 4.18	easymap © Kartengrafik: eigene Darstellung
Abb. 4.19	easymap © Kartengrafik: eigene Darstellung
Abb. 4.20	easymap © Kartengrafik: eigene Darstellung
Abb. 4.21	easymap © Kartengrafik: eigene Darstellung
Abb. 4.22	easymap © Kartengrafik: eigene Darstellung mit fiktiven Daten
Abb. 4.23	easymap © Kartengrafik: eigene Darstellung; Datenquelle: www.raststaetten.de
Abb. 4.24	easymap © Kartengrafik: eigene Darstellung; Datenquelle: www.raststaetten.de
Abb. 4.25	Deutsche Post World Net, MRSC
Abb. 4.26	Deutsche Post World Net, MRSC
Abb. 4.27	easymap © Kartengrafik: eigene Darstellung
Abb. 4.28	easymap © Kartengrafik: eigene Darstellung
Abb. 4.29	ZMG Zeitungsatlas
Abb. 4.30	ZMG Zeitungsatlas
Abb. 4.31	ZMG Regiomds
Abb. 4.32	ZMG Regiomds
Abb. 4.33	ZMG Regiomds
Abb. 4.34	ZMG Regiomds
Abb. 4.35	easymap © Kartengrafik: eigene Darstellung; Datenquellen: crossvertise GmbH, STUDIO GONG GmbH
Abb. 4.36	RadioXpert, Handbuch; RMS Radio Marketing Service GmbH & Co. KG
Abb. 4.37	AZ Direct GmbH
Abb. 4.38	AZ Direct GmbH
Abb. 4.39	SINUS 2020; Michael Bauer Micromarketing GmbH
Abb. 4.40	Michael Bauer Micromarketing GmbH
Abb. 4.41	Michael Bauer Micromarketing GmbH
Abb. 4.42	GET AG

easymap © ist eine eingetragene Marke der Lutum + Tappert DV Beratung GmbH, ein Unternehmen der infas Holding AG.